先秦秦汉时期岭南社会与文化考索

——以考古学为视角

赵善德　著

暨南大學出版社
JINAN UNIVERSITY PRESS

中国·广州

图书在版编目（CIP）数据

先秦秦汉时期岭南社会与文化考索：以考古学为视角/赵善德著. —广州：暨南大学出版社，2014. 6
ISBN 978 -7 -5668 -1043 -4

Ⅰ. ①先… Ⅱ. ①赵… Ⅲ. ①考古学—研究—广东省—先秦时期 ②考古学—研究—广东省—秦汉时期 Ⅳ. ①K872. 65

中国版本图书馆 CIP 数据核字（2014）第 116558 号

先秦秦汉时期岭南社会与文化考索——以考古学为视角
著　　者：赵善德

策划编辑：史小军
责任编辑：吴筱颖
责任校对：周泽铭　卢凯婷

地　　址：中国广州暨南大学
电　　话：总编室（8620）85221601
　　　　　营销部（8620）85225284　85228291　85228292（邮购）
传　　真：（8620）85221583（办公室）　85223774（营销部）
邮　　编：510630
网　　址：http：//www. jnupress. com　http：//press. jnu. edu. cn
排　　版：广州市天河星辰文化发展部照排中心
印　　刷：深圳市新联美术印刷有限公司
开　　本：787mm ×960mm　1/16
印　　张：17. 75
字　　数：291 千
版　　次：2014 年 6 月第 1 版
印　　次：2014 年 6 月第 1 次
定　　价：39. 80 元

序

白驹过隙，转眼间我已年过半百，善德兄长我几岁，已近退休。人过中年就喜于回顾，历届同窗、亲朋故旧相聚之时，昔日趣事、校园典故，便成为谈话的主旋律，间或“学术”一把，说说在做些什么研究。善德曾谈起打算把其授课心得和文稿整理成一个系列，并作为一本专著出版，以此对自己以往的学术生涯有个总结和交代。我深以为是，并当即商定，由我来协助其整理相关资料。随后善德将其电子版素材发给了我。由于杂务缠身，整理工作时断时续，至2013年底，总算按内容类别和时间早晚理出个头绪，作为初稿向善德交差。

览毕提交给出版社的书稿，知善德已在我整理的初稿基础上作了较大幅度的增删，内容更加简练，线索越发清晰，真是“谁家的孩子谁知道”。善德兄由北大毕业后，就一直在暨大从事教学与科研工作，始终致力于岭南考古学研究，与广东考古学界交往颇深，对于自己深思熟虑的东西，自然是驾轻就熟了。

治考古者，尤其是一线考古人员，多由地层堆积、器物排队入手，先推定一个年代，然后作一番比较，分析一下文化内涵，论证出其为某种文化性质，一篇成果就此出炉。如果能发现某个类型，命名某支文化，就更是沾沾自喜，感觉已是成果斐然了。善德则另辟蹊径，将考古与自然地理等多数考古人所不甚了解或没有顾及的偏自然科学领域的学术成果相结合，对岭南先民的生活环境、生存手段、人口规模及其迁徙、分合的基本动因等，都有深入研究和独到见解，对秦汉时期岭南史也颇有建树，在学界可谓独树一帜。对此读者定会得出自己的结论，我在此不必过多饶舌。

我曾长期在北方从事考古工作，调到广东后，才开始关注岭南考古，对青铜时期文化作过一点儿皮毛研究。初来乍到，人地两生，善德兄在提供资料、学界交往方面多所提携，让我受益良多。

开篇就提到回顾，这里就不妨再回顾一番。善德和我同年入读北大考古专业。当时的粮食是按大米、面和粗粮分类定量供应的，每月只有七斤大米。如果每天正餐吃掉七两米饭，十天后就无“饭”可吃了。善德从南方来，吃不惯面食，求助于我以“面票”换“米票”。于是，每月生活委员发放粮票那天，我就找他米、面交换。直到现在，他还常聊此事。1987年，善德返北大进修严文明教授的“新石器考古”研究生课程，我也正好考取李伯谦教授的“商周考古”研究生，两人又在燕园同处了一年。这算是同窗中又有“私交”。

岁月蹉跎，少年不再，“思考人生”成为主题，写些文字也是想留下点儿人生脚印。出版学术著作对于学人亦属大事，受邀作序者，首当鸿学硕儒，次则学界精英。本人学浅才疏，善德兄嘱我为之，是念当年同学一场，情谊使然；也显示出其淡然、低调的处事作风。作为普通人的我们，虽未能大红大紫、大富大贵，但能够幸运地读书、安稳地工作、平静地生活，或亦可聊慰人生了。

就此住笔，忝以为序。

杨　杰

2014 年 4 月 1 日

目　录

绪　言

一、研究内容与结构

本书主要利用考古资料和研究成果，尽最大的可能复原先秦秦汉时期岭南地区的历史。在运用考古学的理论和方法的过程中，注意借助与考古学相关的其他学科的知识和研究成果及其他史料，实事求是地释读考古资料，科学、合理地借鉴考古学研究成果，进而力求客观地复原历史。鉴于远古和古代关于岭南地区的史料的局限，并不强求研究历史的方方面面，只追求所涉及的某些方面的历史客观性。

在恢复某些方面历史的基础上，尽可能勾画出历史发展的进程，并以文化学的视角，挖掘和阐释历史或考古资料中所蕴含的文化特质或人类行为的基本法则，历史的变迁与这些基本法则的关系，等等。

虽然早在夏末商初，岭南就已经开始与岭北发生文化交往，但秦始皇统一岭南后才促使了汉、越两种文化的真正碰撞；之后从南越国的建立至东汉末，汉、越文化日渐密切融合。因而，秦始皇统一岭南成为岭南先秦秦汉社会演变的关节点。

二、空间范围：岭南的珠江流域

（一）岭南的空间范围

在中国自然地理中，存在着由一系列北东—南西走向的山岭组成的南岭山脉，其中以大庾、骑田、都庞、萌渚和越城五岭最为著名，故又称“五岭”。南岭山脉位于湘、赣南部和桂、粤交界，东连武夷山，西接云贵高原，东西绵延 1 000 多公里，平均海拔 1 000 米左右。它是长江水系与珠江水系的分水岭，是中国南亚热带与中亚热带天然分界线，也是南北生物分布的一条重要界线。[①] 自此以南 300 多公里以及今广东境内的沿海地区，中间再无高山峻岭阻隔，相对于“中国”整个地理单元来说，“岭南”是一个下位的地理单元。所以有学者说：“学术界对岭南的领域有不同的见解，但多数人意见认为，岭南包括今广东省、海南省和广西大部分

① 《珠江志》编纂委员会编：《珠江志》卷 1，广东科技出版社，1991 年，第 148 页。

地区。”①

诚然，自然地理单元最显著的界线是地理屏障，如果宽泛地说，南岭山脉以南的地区即为“岭南”。但是，自然地理单元毕竟是由自然地理因子在一定层次上组合而成的地理环境整体；若综合考察南岭山脉以南地区的地貌界带、土壤界带和植被界带，岭南这个自然地理单元的西“界带”，还必须根据下文分析而重新划定②（请参阅珠江水系岭南地区图）。

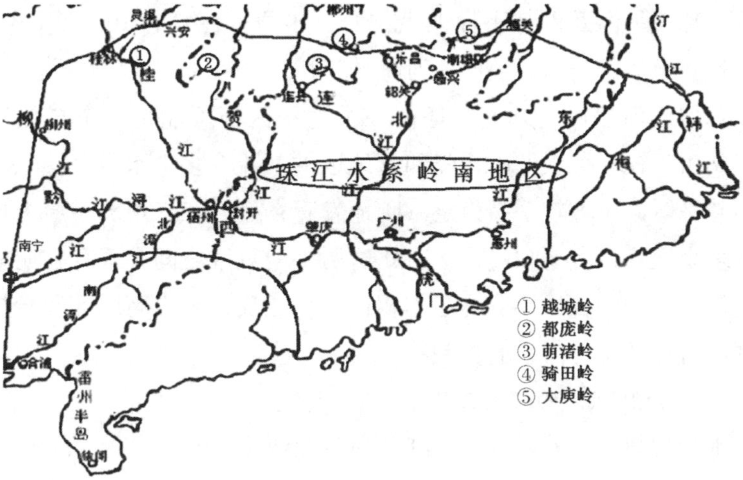

珠江水系岭南地区图

1. 南岭山脉以南西部的四个地貌区③

其一，处于西江流域最西部的是云贵高原区。这里碳酸盐岩分布广泛，岩溶发育；河流阶地不发育。

其二，云贵高原与桂、粤的中低山丘陵、盆地间的过渡地带，乃黔桂高原斜坡区。这里山脉走向多变，广布碳酸盐岩，岩溶发育；河流阶地不

---

① 李权时主编：《岭南文化》，广东人民出版社，1993 年，第 4 页。

② 以下将分析的地貌、土壤和植被等地理因子，其部分分布区域已经超出了“南岭以南”的范围，但为了确认“岭南”这个自然地理单元的西部界带，我们以西江流域为横轴，借之比较进行分析。

③ 《珠江志》编纂委员会编：《珠江志》卷 1，广东科技出版社，1991 年，第 152 ~ 153 页。

发育。

其三，面积约占西江流域的70%、位于高原斜坡区以东除珠江三角洲平原以外的高大地区，称为桂、粤中低山丘陵和盆地区。地貌特点是：总趋势周边高，中间低；区内山地丘陵混杂，以中低山及丘陵为主，其余为盆地、谷地；该区河流众多，水量充沛，河床纵剖面渐趋平缓，岸坡较平缓稳定，阶地发育。

其四，珠江流域东南部是著名的珠江三角洲平原区。地貌较为简单，主要分为冲积平原及网河平原两大部分，平原上兀立着160多个由丘陵、台地和残丘组成的丘岛，地层为河海交互相。

以自然地理学视之，上述任何一个地貌区都可能是一个自然地理单元。但是由于桂、粤中低山丘陵和盆地区的河流众多、水量充沛，河床纵剖面渐趋平缓，岸坡较平缓稳定，阶地发育；而珠江三角洲平原上还遗留着160多个丘陵、台地和残丘，因此这两个地貌区之间并不存在明显的界带，进而，它们的自然环境是基本相似的。相反，云贵高原区和黔桂高原斜坡区的自然环境，与它们相差甚远。

2. 南岭山脉以南西部的土壤①

按地带规律分布着红壤、砖红壤和砖红壤性红壤、黄壤、石灰土等。

其一，红壤一般呈红色和黄红色，但南岭山地主要为暗红壤。一般土壤结构良好，土层深厚，有明显的发生层次，呈酸性反应，有一定的保水性，其表层有机质含量4%~7%，表土呈灰棕色，肥力较高。主要分布于云贵高原海拔600~800米以下的河谷、盆地，广西北部山地、岩溶洼地及砂页岩低山丘陵和广东北部山地。

其二，砖红壤和砖红壤性红壤，呈红色至棕红色。土层深厚，剖面层次明显，土质黏重，透水性差，土温高，酸性大，肥力较低。分布于广西南部一带柳江的柳城县、郁江的横县以下及广东的西部和东南部，以及横县以上郁江流域及桂南一带。

其三，黄壤呈黄色。一般海拔600~800米以上为黄壤分布区，如云贵高原和广西西北部700~1 200米以上的山地。发生层次明显，有机质含量

---

① 《珠江志》编纂委员会编：《珠江志》卷1，广东科技出版社，1991年，第104~168页。

多，呈强酸性反应。

其四，山地草甸土。土层很薄，一般不超过 50 厘米，只分布于海拔 1 500米以上的山地。

其五，石灰土。这是发育于石灰岩上的一种岩成土壤，主要分布于云南、贵州的石灰岩地区，广西的桂林、柳州、南宁、百色、河池等地区的石灰岩区域，广东的连州、英德等石灰岩山地；云浮和阳春等地区也有少量分布。

其六，滨海盐土和滨海砂土。分布于沿海地带。前者以氯化物为主，一般呈中性；后者一般不具盐渍化特征，呈酸性，多为灰白色或黄色。

上述最适合于农作物生长的土壤是第一种暗红壤及第二种砖红壤和砖红壤性红壤，主要分布于西江和北江的中游河谷地区，而现代珠江三角洲平原除了狭窄的沿海地带分布着盐土和砂土之外，其余地区的土壤均为来自珠江中游河谷的淤积物。因此，珠江中游河谷地区与珠江三角洲地区的土壤环境也是相似的。

3. 南岭山脉以南西部的植被①

其一，南、北盘江流域上游的植被。主要类型为中亚热带的常绿栎类林和松林，林下植被有热带大叶型木本山玉兰等，也有一些温带种类。

其二，南、北盘江下游及红水河河谷丘陵地区的植被。可分为亚热带植被和热带植被。亚热带植被以栓皮栎、白栎为主的落叶栎林在中山地带占优势，云南松林分布于落叶栎林的下部或与之交错分布，在松林和栎林的缓冲地带分布有松栎混交林；灌木层多为毛杨梅、乌饭树（又名南烛）、假木荷等；草本层则以五节芒、棕茅、石芒草等为主。该地区海拔 800 米以下为热带北缘雨林、季雨林及南亚热带植被交错分布区，面积不大，其中仅在三面陡坡的沟谷底部出现热带北缘沟谷雨林，多已遭破坏，代之以次生阳性树种。原始的热带季雨林已全部毁灭，代之而起的是广大的草坡，黄背草、扭黄茅等形成局部优势，覆盖率为 70% ~85%，低平地区则多臭根子草。

其三，西江中游广西盆地的植被。可分南北两部分，其分界线东起广

---

① 《珠江志》编纂委员会编：《珠江志》卷 1，广东科技出版社，1991 年，第 169 ~ 172 页。

西容县天堂山的南坡，往西经广西北流、玉林、横县、南宁，再过武鸣、右江盆地北缘至百色西部边界。分界线以北属亚热带常绿阔叶林带，分界线以南属北热带常绿季雨林带。盆地北部的植被组成又分西半部和东半部。西半部以滇青冈、毛化香、短翅黄杞、红木荷等具有旱生特征植物为主，西北角则分布有云南松。同时，西部地区的一些山岭，东坡降水量远比西坡多，植物也有差异，大明山东北坡有喜湿的竹柏、脉叶罗汉松等，西坡的武鸣一带喜湿树种则很少见。

盆地南部的原生植被是热带季雨林，多由常绿的热带树种组成。该地区内石灰岩丘陵的天然植被为蚬木林，其上层大树主要为蚬木、核果木、金丝李、假肥牛树、闭花木、木棉等珍贵硬材；灌木以大剑叶木、滇木瓜等为主。砂页岩、花岗岩丘陵低山的天然植被为榄类林；灌木丛中以桃金娘、余甘子、大砂叶、黄牛木为多，局部地区还有热带典型植物坡柳。

其四，广东丘陵及珠江三角洲植被。在粤北地区，天然植被具有亚热带向热带过渡的性质，在植被的建群种和优势种中，60%以上是热带科属，即以含有热带树种的常绿阔叶林为主。常绿阔叶林被破坏后，取而代之的是针叶稀树群落。在亚热带季雨林中，热带和亚热带种类混生，乔木一般分两层，林下热带性灌木种类繁多，附生藤本也较发育。亚热带季雨林被破坏后的次生植被为针叶稀树群落。

河流沼泽植被有沉水植物、浮水植物和挺水植物。

在珠江河口地区背风地形泥质土壤中，分布有一些红树林，其组成为红树科植物。而在滨海沙质土中则多生长针叶、肉茎、有刺、耐盐的植物，在距海较远处生长露兜、仙人掌、刺篱木、酒饼簕、两面针等常绿刺灌丛。

仔细分析上述的植被分布可知：最西北的南、北盘江流域上游植被区，是含有一些温带种类栎类林和松林的植被区。南、北盘江下游及红水河河谷丘陵植被区，是松林分布于落叶栎林的下部或与之交错分布的植被区——虽然也存在热带北缘雨林、季雨林及南亚热带植被，但面积不大，交错分布在海拔800米以下地带。也就是说，这两个植被区的植被基本上属于温带林类，与下面将涉及的南岭以南地区的植被存在着较大差异。

在西江中游广西盆地的植被区中，由于珠江干流之一的西江由西向东展布，江南岸地势低缓，江北岸地势较高而略为陡峭，造成了西江南岸与北岸的气候差异，最后导致其植被呈现南、北分界；而在其北区的西部，大致以大明山为界，东坡降水量远比西坡多，植物也有差异，大明山东北坡有喜湿的竹柏、脉叶罗汉松等，西坡的武鸣一带喜湿树种则很少见。因此可以认定，广西南宁至武鸣偏东一线是该植被区细分为东、西植被区的界带。

在广东丘陵及珠江三角洲植被区中，由于珠江干流之一的北江是由北向南流布的，虽然江西岸地势较高而陡峭，江东岸地势低缓，会造成两岸气候的差异，但因为南北通道的畅通，导致其植被只是呈现出从北向南渐次过渡的特征；同时，因为由西江、北江和东江汇合而成的珠江流布的特殊性，又造成了它在南岭以南的流域地区形成纵向的四个自然地理单元：南岭低山丘陵地带、珠江三角洲冲积平原、珠江三角洲北部网河平原和珠江三角洲南部网河平原。① 因此它们的植被区类型过渡也就与水文和地貌、地理因子相对应了，即南岭低山丘陵地带以含有热带树种的常绿阔叶林为主；珠江三角洲冲积平原为热带和亚热带种类混生林；珠江三角洲北部网河平原分布有沉水植物、浮水植物和挺水植物；珠江三角洲南部网河平原则分布有一些红树林，或针叶、肉茎、有刺、耐盐的植物，以及露兜、仙人掌、刺篱木、酒饼簕、两面针等常绿刺灌丛。

4. 岭南空间区域的界定

综上所述，南岭山脉是一道天然的地理屏障。这道地理屏障既是中国南亚热带与中亚热带的分界线，又是南北生物分布的天然分界线。因此首先要确定南岭以南与南岭以北的地理环境是截然不同的。然而从南岭最西的越城岭南麓的广西兴安到桂林一带，往西南至柳州偏西一带，再往西南到南宁偏东一带，一直至北部湾顶端的中越边境，又存在一条北东—南西走向的地理界带，界带以东的地貌、土壤和植被大同小异，具有一定的共性，而与界带以西者差异较大。换言之，本书的岭南为：南岭山脉以南（不包括海南岛）至海，西起广西的兴安，连接桂林、柳州偏西、南宁偏东、北部湾顶端的中越边境一线以东至海的空间范围。

（二）岭南区内的韩江流域、桂南粤西南区和珠江流域

在自然地理中，岭南又分布着韩江（广东也习称梅江—韩江）流域、

---

① 《珠江志》编纂委员会编：《珠江志》卷 1，广东科技出版社，1991 年，第 134 页。

桂南粤西南区和珠江水系的部分流域这三大地区。

1. 韩江流域

韩江位于南岭山脉以南地区东北部，是广东省的第二大河流。上游是源于福建省长汀县北的武夷山东南麓的汀江和源于广东省紫金县白山岽的梅江，在广东省大埔县三河坝汇合组成，自此至河口称韩江；三河坝下至广东省潮州市为中游；潮州市以下至汕头市附近注入南海为下游，全长约325公里。流域面积3.43万平方公里，广东约占70%，福建约占30%。韩江上游的梅江长180公里，汀江长260公里，河道狭窄，曲折多滩，比降大，不利航行；中游水势增大，流量丰富；下游比降缓和，分叉如网，水运便利。韩江三角洲以潮州市为顶点，以每年约10米的速度向前推进，面积约1 200平方公里。①

2. 桂南粤西南区

这一地区主要包括现代行政区划中的广东省的阳江市、茂名市和湛江市，以及广西壮族自治区的玉林市南部、北海市和钦州市辖区。我们依据这些地区政府网站的资料和“珠江水系岭南地区图”了解桂南粤西南区的自然地理情况。

（1）桂南区。

广西地势由西北向东南倾斜，桂东南有云开大山，桂南有大容山、六万大山、十万大山等。河流分属珠江、长江、红河、滨海四大流域的五大水系。属珠江流域的有西江水系和北江水系，流域面积占全自治区陆地面积的85.2%；属长江流域的有洞庭湖水系，主要为湘江上游；属红河流域的有百都河，经越南流入北部湾；属滨海流域的是独流入海的桂南沿海诸河，流域面积占全自治区陆地面积的10.7%。玉林地处桂东南丘陵台地，境内山地、丘陵、谷地、台地、平原相交错，尤以丘陵、台地分布较为广泛。北海地势从北向南倾斜，东北、西北为丘陵，南部沿海为台地和平原，三面环海，森林覆盖率达28.6%。

（2）粤西南区。

阳江市东北有天露山屏障，西北有云雾山环绕，地势由北向南倾斜，境内最长河流为漠阳江，全长199公里，南北贯穿全市，自北向南流入南

---

① 以上资料来自《辞海》相关条目。

海。湛江市地势北高南低，大部分是海拔 100 米以下的台地。鉴江为粤西南区最大的河流，它源于南开大山南麓，向南流经吴川市注入南海，吴川市境内长 46.3 公里。茂名市位于阳江、湛江两市南北之间。

总而言之，该区犹如以雷州半岛南端为圆心的扇形，它的弧即西、北、东三面，为低山丘陵所包围，它的弧向圆心角延伸的部分为台地。由于山是低山以及扇形的半径长约 200 公里，故造成台地中的河流少而短促、径流量小，以及锋面雨少（这里非赤道地区对流雨也少），因而除了台风季节，一年中干旱的时间较长，而台风带来降水的同时，也带来灾害。易言之，尽管这里日照时间长、气候温湿、土壤肥沃，但在社会生产力较低的情况下，发展农业经济受到了限制。

3. 珠江流域

(1) 西江、北江和东江。①

珠江水系由西江以及北江、东江和珠江三角洲诸河组成。全长 2 214 公里，流域面积 453 690 平方公里。

西江是珠江水系的主干河流，发源于云南省曲靖市区西南 60 多公里的马雄山东麓的双层石灰岩“水洞”，洞水至贵州省蔗香双江口南盘江汇合北盘江后称为红水河，至广西象州三江口与柳江汇合后称为黔江。黔江流至广西桂平汇合郁江后称为浔江。浔江至梧州市与桂江汇合后始称西江。河段划分以南盘江至红水河为上游，黔江至浔江为中游，西江为下游。西江水系共有一级支流 114 条，其中集水面积 10 000 平方公里以上的 5 条，1 000 ~ 10 000 平方公里的 23 条，100 ~ 1 000 平方公里的 86 条。

北江干流发源于江西信丰县石碣大茅山，流经粤北在三水思贤滘与西江相汇，一部分水流经思贤滘向西汇入西江并注入珠江三角洲，另一部分水流向东注入珠江三角洲。从源头至韶关市沙洲尾为上游，从沙洲尾至清远飞来峡为中游，飞来峡至三水思贤滘北滘口为下游。北江有一级支流 30 条，其中连江集水面积 10 061 平方公里，1 000 ~ 10 000 平方公里的 8 条，100 ~ 1 000 平方公里的 21 条。

---

① 《珠江志》编纂委员会编：《珠江志》卷 1，广东科技出版社，1991 年，第 104 ~ 129 页。

东江发源于江西寻乌县的桠髻钵山，从源头至龙川合河坝以上干流称为寻乌水，合河坝以下始称东江。干流流经广东龙川、河源、紫金、惠阳、博罗、东莞等县市，在东莞石龙镇流入珠江三角洲。东江水系一级支流25条，其中集水面积1 000平方公里的7条，主要有贝岭河（亦称安远水）、新丰江、西枝江等，100～1 000平方公里的18条。

（2）珠江三角洲的形成与发育。

对于珠江水系的分解，上引《珠江志》代表了地理学界的观点，北江和东江虽然均发源于今江西省，但其集水区基本分布于南岭山脉南部，故北江和东江的流域地区基本属于本书的岭南范围。西江源远流长，只有其中游和下游流域地区属于岭南地区。

在岭南珠江水系的流域地区中，珠江三角洲的形成和地貌颇为特殊，需要特别说明。现代珠江三角洲之地域，在最后冰期时为大陆架平原，但已具有深切的河谷系统。冰后期海水倒灌，至大西洋期时（距今约7 500～6 000年）海平面约高出现代海平面1米，使它变为三角形海湾，顶端地区为古河口，其间山丘变成岛屿。稍后，海平面基本稳定在现代的水平上，现代珠江三角洲平原才逐渐地、自北而南地、镶嵌式地形成。[①]

珠江三角洲包括西江三角洲、北江三角洲和东江三角洲。前者是以今三水的思贤滘、新会的崖门、珠江口虎门为顶点的三角洲地区；后者是以东莞市石龙、广州市黄埔、珠江口虎门为顶点的三角洲地区。[②] 这是狭义的珠江三角洲。本书使用的是广义的珠江三角洲的概念，它西起肇庆，东至惠州，北起清远，南到海边，主体面积约1.1万平方公里。[③] 现代珠江三角洲平原是由多条直接入海的河流所形成的大小三角洲相互穿插、相互连接而成的，形状不规则的复合三角洲。[④] 珠江三角洲平原的这种不同于

---

① 《珠江志》编纂委员会编：《珠江志》卷1，广东科技出版社，1991年，第134页；李平日等：《珠江三角洲一万年来环境演变》，海洋出版社，1991年，第65页。

② 《珠江志》编纂委员会编：《珠江志》卷1，广东科技出版社，1991年，第133～134页。

③ 任美锷等主编：《中国自然区域及开发整治》，科学出版社，1992年；广东省地质矿产局：《广东省区域地质志》，地质出版社，1988年；陈正祥：《广东地志》，天地图书有限公司，1978年。

④ 司徒尚纪：《珠江传》，河北大学出版社，2001年，第5页。

其他江河三角洲平原的“网河”地貌，源于珠江水系河径流汇集（或分支）于狭义的三角洲的顶点后，通过8条水道注入南海：其中，西、北江在思贤滘汇合后即进入网河区，这里有崖门、虎跳门和磨刀门由北向南注入珠江口，有横门、洪奇门（沥）和蕉门由西北向东南注入伶仃洋；东江自石龙分支出东江北干流与东江南支流，即进入网河区，但这2条河道均纵向流入狮子洋经虎门出海。因而，西、北江三角洲的“网河特征”远比东江三角洲的显著，并且面积较之更大。

珠江三角洲的多水道入海和它的独特形成过程，使其平原的形成经历了深水域→浅水域→“浦田”① →河流交错的陆地这几个过程。在距今约6 000年以后的时间里，围田区（即北部网河平原）经过比较漫长的浅水域形成“浦田”后，才逐渐形成河流交错的陆地；但在冲积平原，这个过程却较为短暂，淤积向南推进，形成过程与一般的江河三角洲基本相同。镶嵌式地形成主要是指现在的沙田区（即南部网河平原），在最后冰期和冰后期的海平面变化、南中国海的风流和沿岸流、地球自转力的共同作用下，该区的一些海湾或岛屿间，在距今7 000年前后，形成了一些海湾沙丘或连岛沙坝或沙堤—泻湖体系的过程。②

4. 三地地理环境比较

比较珠江流域与韩江流域和桂南粤西南区地理环境的基本情况得知：

其一，珠江源远流长，流域面积大，既有山地资源，又有冲积平原和三角洲资源，资源丰富、多样互补、易于获取，自然灾害偶发的或然性和制约性相对较低，既有利于经济起步，又有利于持续发展；韩江短促，流域面积小，三角洲形成较晚，中游可供利用的山地资源单纯，自身发展空间受制约，台风偶发的或然性和制约性相对较高；在生产力水平尚低而灌溉农业和海洋经济尚未得以发展的情况下，桂南粤西南地区可谓资源贫乏，同时该区时有干旱和台风，很大程度上制约了经济的起步和发展。

其二，珠江流域居于岭南之中，辐辏通衢，与西、北、东三面的交往极为便利，具有左右逢源之优势，与海外交往通畅，也具有资源优势和较

---

① 这样的地方珠江三角洲人称为浦田：雨季或降水量特多的一些年份为水域，其余时候泥沼地。

② 黄镇国等：《珠江三角洲形成、发育、演变》，科学普及出版社广州分社，1982年。

为雄厚的经济腹地；韩江流域和桂南粤西南地区则嫌偏东或偏西，虽与海外交往也通畅，但缺乏腹地资源优势和经济基础。

其三，由于珠江流域具备上述自然环境和地理位置上的优越性，人们在此地有效地适应环境的谋生方式和文化内容将更为合理和丰富，进而更能兼容并蓄、充实自身，并主动地影响其他社会；韩江流域和桂南粤西南地区的地理环境则相对逊色，谋生方式和文化内容将欠丰富，社会发展的动力和文化的影响力相对较弱。

简而言之，岭南的三个地理空间中，珠江流域地区更有利于人类采集狩猎经济→渔猎经济→初始农业经济→集约化农业经济历程的推进，以及特色文化的形成、积淀和发展。

然而，如果动态地考察一个地域的经济起步和繁荣，以及文化的形成、积淀和发展，则可能揣摩到：在经济起步和文化形成的初期，人群有效地适应自然环境而形成了由生产技术决定的文化核心，再由此衍生出一系列文化要素。在这一时期，文化核心和文化要素虽有所积淀，但更敏感于自然环境，即所谓文化的形成服从于对自然环境的选择与对资源的认识和开发。随着生产技术完善和改进以及文化积淀的加深增厚，它逐渐形成具有一定特色的谋生方式和传统文化。在这个过程中，传统文化顽强地发展着（例如调整人群的规模和文化的结构），与自然环境的关系变得不太敏感，但由于生产力水平的逐步提高与谋生方式的日渐复杂，它对社会环境却比较敏感，于是进入了文化的发展期。即使是具有相对深厚传统的地域文化，面对社会环境的重大质变，也必须合理地扬弃传统的文化要素，恰当地植入域外的文化因素，把旧的文化发展成为新的文化，即所谓“变则通，不变则亡”。

同时，一个地域文化在它的演变过程中，还会形成文化分布空间上的中心区和波及区的差别。在大多数的情况下，一个地域文化，在它不同的演变时期中，其中心区和波及区是有变化的。即使某一地区是这个文化中跨越演变时期的中心区，它的波及区也会发生变动。

因此，如果主要以考古资料和研究成果复原岭南的历史，以文化为视角分析和综合各个时期、各个方面的文化特质，首先要关注和研究的是其间的珠江流域。这里研究得比较清晰了，将其作为一个参照系，其他两个地区的研究也就来得容易了，进而便可将研究的空间范围扩充至整个岭南。当然，在研究珠江流域的历史和文化时，也必须注意低山丘陵、冲积平原和网河平原不同地区的地理环境变化，与文化发展的阶段性之间的啮合关系，希望主要利用考古资料研究先秦秦汉岭南的历史和文化历程；而希望厘清珠江流域水系岭南地区的历史，则需要优先研究珠江三角洲。

三、时间范围：先秦至两汉

珠江水系岭南地区的早期人类遗存可以追溯到广东封开的峒中岩人牙化石①和广东韶关的马坝人头骨②，它们的年代为距今约 14.8 万年和 12.9 万年，属于我国早期智人中较晚的类型。③ 封开罗沙岩遗址出土了距今约 7.9 万年和 2.24 万年的人类牙齿化石。④ 但是这些遗存过于单薄，分布稀疏，遗存间的年代缺环颇大，因此我们并不能实证地说明该地区的文化遗存是同一个血缘集团和他们的后裔所创造的。此外，香港黄地峒的遗存⑤，发掘者认为乃距今约 4 万年的旧石器时代遗存，以及番禺的一些遗存也是属于旧石器时代的⑥，但疑点尚多⑦，我们暂时搁置之。

分析广西柳州白莲洞洞穴遗址⑧各堆积层次的 C－14 年代数据发现，可以以 14 650 ± 230 年（东部第六层）为界，此年代至 7 080 ± 125 年间，文化堆积基本上是连续的；至最早的 37 000 ± 2 000 年则有间断（其间的

---

① 宋方义等：《广东封开峒中岩动物群和人牙化石的研究》，封开县博物馆等编：《纪念黄岩洞遗址发现三十周年论文集》，广东旅游出版社，1991 年，第 38 ~ 39 页。

② 吴汝康等：《广东韶关马坝发现的早期古人类型人类化石》，《古脊椎动物与古人类》1959 年第 2 期。

③ 吴新智：《马坝人在人类进化中的位置》，广东省博物馆等编：《纪念马坝人化石发现三十周年文集》，文物出版社，1988 年，第 3 ~ 7 页。

④ 张镇洪等：《广东封开县罗沙岩洞穴遗址第一期发掘简报》，《人类学学报》1994 年第 4 期。

⑤ 吴伟鸿等：《香港深涌黄地峒遗址试掘简报》，《人类学学报》2006 年第 1 期。

⑥ 曾祥旺：《广东番禺钟村大乌岗发现的旧石器》、《广州番禺飘峰山旧石器遗存》，《南方文物》1996 年第 2 期、1997 年第 4 期。

⑦ 孙德荣：《香港近年的考古发现与研究》，《考古》2007 年第 6 期。

⑧ 易光远等：《广西柳州白莲洞石器时代洞穴遗址发掘报告》，《南方民族考古》1987 年第 1 期。

18 450 ±410 年至 21 575 ±150 年又连续)。[①] 柳州的鲤鱼嘴遗址包含有距今大约 10 000 ~7 000 年的、早晚两期文化遗存。[②]

广西桂林市临桂县大岩洞穴遗址，共有 6 期的文化堆积，从旧石器时代晚期至新石器时代中期的前 5 期都衔接得比较紧密，具体年代距今约 15 000 ~7 000 年。[③] 桂林甑皮岩遗址，其“史前文化堆积可以分为五个时期，代表了当地从距今大约 12 000 年到 7 000 年史前文化的发展及演变过程”[④]。

在粤西和粤北地区比较著名的晚期智人或早期新人遗存有封开黄岩洞[⑤]、英德青塘朱屋岩等洞穴[⑥]，以及英德云岭牛栏洞[⑦]和阳春独石仔洞穴[⑧]等。

可见，在更新世末期到全新世初期，确实存在着具有一定数量的早期人类，持续较长时间地在南岭山脉西部的岩溶地区谋生：据统计，有洞穴遗址 40 多处[⑨]，但以桂林至柳州一带为密集。如此，我们便有理由推测，这些早期人类或已逐渐地发生血缘关系，结成群队，并不断增殖人口而成为创造珠江水系岭南地区历史的主体人群。鉴于桂林大岩和甑皮岩遗存连续堆积的时间最长，而甑皮岩披露的资料最为丰富，以及与后续的考古资料存有更多联系，因此，我们涉及创造历史的人群便从距今大约 12 000 年前的甑皮岩人开始，这也是本书研究时间的上限。

---

① 以上的年代数据引自赵朝洪：《中国从旧石器时代向新石器时代过渡阶段研究的新进展》，见北京大学中国传统文化研究中心编：《文化的馈赠 · 考古学卷》，北京大学出版社，2000 年。

② 何乃汉等：《柳州市大龙潭鲤鱼嘴新石器时代贝丘遗址》，《考古》1983 年第 9 期。

③ 傅宪国等：《桂林地区史前文化面貌初现》，《中国文物报》，2001 年 4 月 4 日。

④ 巫惠阳等：《广西桂林甑皮岩洞穴遗址的试掘》，《考古》1976 年第 3 期；中国社会科学院考古研究所等：《桂林甑皮岩》，文物出版社，2003 年，第 447 页。

⑤ 宋方义等：《广东封开黄岩洞遗址综述》，封开县博物馆等编：《纪念黄岩洞遗址发现三十周年论文集》，广东旅游出版社，1991 年。

⑥ 广东省博物馆：《广东翁源县青塘新石器时代遗址》，《考古》1961 年第 1 期。

⑦ 广东省文物考古研究所等：《英德云岭牛栏洞遗址》，英德市博物馆等编：《英德史前考古报告》，广东人民出版社，1999 年。

⑧ 邱立诚等：《广东阳春独石仔新石器时代洞穴遗址发掘》，《考古》1982 年第 5 期。

⑨ 焦天龙：《更新世末至全新世初岭南地区的史前文化》，《考古学报》1994 年第 1 期。

在桂东北地区，时间和空间上距离甑皮岩洞穴遗址最近的旷野遗址为资源县晓锦遗址①，其第一期文化遗存的年代距今约6 500～6 000年，第二期则为距今6 000～4 000年，第三期为距今4 000～3 000年。通过对第一期文化堆积所取土样的孢粉测定，孢粉中含有禾本科成分，因此当时人类可能开始通过种植水稻来补充食物来源。距离甑皮岩20多公里的大岩遗存，洞内堆积可分为相互衔接的五期，年代距今约15 000～4 500年。第六期文化遗存堆积在洞口，与堆积于洞内的前五期文化遗存无后继关系。可见桂东北地区最早阶段的旷野遗存是年代上衔接于最晚阶段的洞穴遗存，也零星分散。这说明人们走出溶洞后四处扩散。

诸如甑皮岩人或大岩人等从溶洞走出旷野后，他们的谋生活动由攫取经济活动逐步地转变为生产性经济活动。因为珠江水系岭南地区野外食物资源丰富而易于攫取，季节性波动略小尚可保证以太阳年为周期的食物供应，淀粉、蛋白质和维生素三类营养物质的种类互补也基本满足人类体质的增长需要，所以，以渔猎采集为主导产业的谋生活动，可持续的时间较长。大致在中国历史上的商周之际，珠江三角洲地区社会才进入以农业经济为主导产业的经济，从而完成了珠江水系岭南地区的经济社会转换。由于这个转换是人们在地理环境发生变迁，社会生产力发展到较高水平的背景下，有效地调整适应环境策略的结果，因而社会经济发展的潜力很大，灵活性极强，至东周晚期，至少在东江冲积平原已经形成了古代商品经济相对发达的农业经济社会，其经济和文化影响力波及整个珠江三角洲，由此，整个岭南珠江流域的社会结构也发生了相应的变化。恰逢此时，秦朝数十万军队直驱岭南，推行郡县制，促成了岭南地区封建化的完成，也促进了越、汉民族和文化的交融，乃至于东汉末的完成。因此，本书研究的时间下限为两汉时期。

---

① 何安益等:《广西资源县晓锦新石器时代遗址发掘简报》,《考古》2004年第3期。

第一章

先秦岭南文化遗存分布的启示

笔者在梳理两广先秦考古资料时发现，古遗址的分布具有时空集结性的特征，即某一时段某一地理单元的文化遗存丰富，其他地理单元贫乏；下一时段另一地理单元的文化遗存丰富，其他地理单元贫乏。而且这地理单元的空间范围基本吻合于地理学的划分（见“珠江水系岭南四个子地理单元分区图”），我们可将这种分布的变化简明为“文化遗存分布密集度的变化表”。

文化遗存分布密集度的变化表

分布时间	南岭南麓	冲积平原	南部网河平原	北部网河平原
12 000 ~ 7 000 年	丰富	低地为水域	贫乏	低地为水域
7 000 ~ 5 000 年	丰富转向贫乏	贫乏	贫乏转向丰富	贫乏
5 000 ~ 4 000 年	贫乏转向丰富	贫乏	丰富转向贫乏	贫乏转向丰富
夏商时期	较丰富	贫乏转向丰富	贫乏	贫乏转向丰富
两周时期	较丰富	丰富	贫乏	丰富转向贫乏

冰后期海进，使今珠江三角洲地区变成大海湾。大西洋期的海岸线在今肇庆市以北、四会市稍南、佛山市三水区芦苞镇以北、广州市花都区稍南、东莞市企石镇附近一线[①]，现今的南岭南麓南缘与冲积平原北缘交界的一些低山丘陵，当时也是滨河口的，适合于渔猎采集。与之相对应，在距今12 000 ~ 7 000 年，南岭南麓地区也分布着诸如本书绪言所提及的一系列文化遗存，比较密集。南部网河平原的高山变成岛屿，并不十分有利于谋生，仅有如下文将要述及的个别遗址零星分布（但请注意，距今约7 000年是它们的时间上限）。其余地区为水域，未发现文化遗存。

① 《珠江志》编纂委员会编：《珠江志》卷 1，广东科技出版社，1991 年，第 135 页图 1 - 4“珠江三角洲演变图”；李平日等：《珠江三角洲一万年来环境演变》，海洋出版社，1991 年，第 56 页图 2 - 10“珠江三角洲全新世海进范围”及第 57 页。

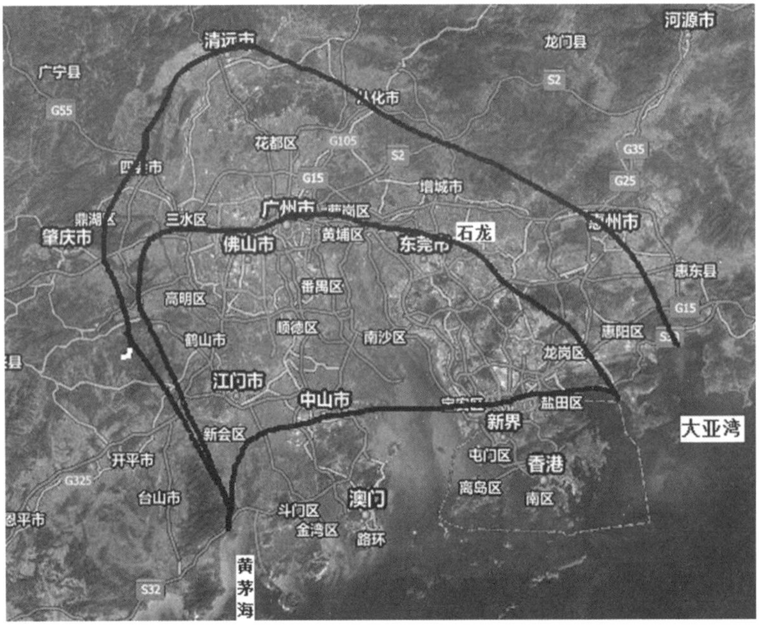

珠江水系岭南四个子地理单元分区图

（注：底图采自谷歌卫星地图）

在距今7 000～5 000年，南岭南麓南缘由河口转变为河流中游，谋生资源较前贫乏，或导致文化遗存贫乏；相反，南部网河平原海岛及其海湾却因为具有资源优势而麇集了人口，并生成咸头岭文化[①]以及其他一些未可甄定为一个“考古学文化”的遗存（详后）。因而我们在上表中表述为“丰富转向贫乏”和“贫乏转向丰富”。其余地区在大片的水域中、孤立的高地上偶有文化遗存，故被界定为“贫乏”。

“距今4 000年前后……西、北江三角洲的滨线已推至顺德县龙江、都宁、西海，番禺县紫泥、沙湾、市桥、市楼、莲花山、化龙，广州东郊南岗一带。”[②] 笼统一点说，大致相对于上表中距今约5 000～4 000年，是今

① 李松生：《试论咸头岭文化》，见深圳市博物馆编：《深圳考古发现与研究》，文物出版社，1994年；邓聪等：《大湾文化试论》，见香港中文大学中国考古艺术研究中心：《南中国及邻近地区古文化研究》，中文大学出版社，1994年；李海荣等：《广东深圳市咸头岭新石器时代遗址》，《考古》2007年第7期。

② 李平日等：《珠江三角洲一万年来环境演变》，海洋出版社，1991年，第73页。

珠江三角洲成陆变化的过渡时期。在南部网河平原，随着沙丘逐渐向海延伸，沙质土中多生长针叶、肉茎、有刺、耐盐的或低级的沙生草本植物，泻湖逐渐淤积成陆，泥质土壤中红树林发育[①]，地域内的资源递减。在北部网河平原，众多入海水道淤积而成的小块陆地隔水零散分布，水体营养丰富，水生资源日增。也许正是资源的一减一增，导致遗存的分布一是"丰富转向贫乏"，另一是"贫乏转向丰富"。

这一时间段的冲积平原还是一片水域或沼泽地，无法麇集人群；也仅见增城金兰寺[②]、东莞园洲[③]和博罗葫芦岭[④]寥寥几处单薄的遗存，属"贫乏"之列。

之所以把南岭南麓地区表述为"贫乏转向丰富"，主要是在距今约4 800 ~ 4 300年发育了石峡文化[⑤]。石峡文化是指广东曲江石峡遗址四期遗存中的第二期遗存，经过系统的资料整理发现，它是由第一期遗存发展演变生成的；而第一期遗存的创造者很可能是今桂林一带洞穴先民的一支"后裔"[⑥]。但石峡文化的分布范围西界在封开县的杏花河，南界在英德市北部，东界于连平县附近，北界到江西省清江县樊城堆。在文化的发展过程中，它的北部分布区越过了南岭山脉这个地理屏障，并接受昙石山文化、良渚文化、典型龙山文化的影响[⑦]，但又仅与珠江三角洲地区有着低

---

① 《珠江志》编纂委员会编：《珠江志》卷1，广东科技出版社，1991年，第171页。

② 莫稚：《广东考古调查发掘的新收获》，《考古》1961年第12期；莫稚：《南粤文物考古集》，文物出版社，2003年。

③ 吴海贵：《广东东莞市园洲贝丘遗址的发掘》，《考古》2000年第6期。

④ 参黄观礼主编：《博罗县文物志》，中山大学出版社，1988年，第13 ~ 19页。

⑤ 广东省博物馆等：《广东曲江石峡墓葬发掘简报》，《文物》1978年第7期；苏秉琦：《石峡文化初论》，《文物》1978年第7期。

⑥ 赵善德等：《边疆考古特色：追踪文化遗存的创造者——珠江水系岭南前几何印纹陶文化遗存分析》，见中山大学人类学系等编：《边疆民族考古与民族考古学集刊》（第1集），文物出版社，2009年。

⑦ 赵辉：《珠江三角洲地区几何印纹陶的出现和文化的发展》，见张忠培、许倬云主编：《中国考古学的跨世纪反思》（上），商务印书馆（香港）有限公司，1999年；黎家芳：《石峡和与东南沿海原始文化的关系》，广东省博物馆等编：《纪念马坝人化石发现三十周年文集》，文物出版社，1988年；吴汝祚：《试论石峡文化与海岱、太湖史前文化区的关系》，广东省博物馆等编：《纪念马坝人化石发现三十周年文集》，文物出版社，1988年。

层次的文化交往。

夏商时期的南部网河平原，虽有一些规模较大的聚落，如珠海的宝镜湾[①]和棠下环[②]、深圳的向南村[③]、香港的涌浪[④]等。但综观珠海诸遗址[⑤]，香港的南丫岛深湾[⑥]、白芒[⑦]，深圳的叠石山[⑧]和其他遗址[⑨]，其共同特征是："前几何印纹陶文化"的聚落只有个别的延续麇居，但文化堆积很单薄。可见咸头岭文化在夏商之际开始走向衰微之后，南部网河平原就没有再度繁荣。

与之对称的是，北部网河平原在夏商时期和西周时期，却是遗存密集，文化繁荣。关于这一点我们将在下文设专目述论。

上文述及石峡遗址共有四个时期的文化遗存，姑且不论第三期遗存与石峡文化的谱系关系，只要它们以及较之晚近的遗存存在，即可表明人们在南岭南麓地区的谋生活动未曾中断；此外，在石峡附近也曾发现鲶鱼转等遗址[⑩]。这都足以说明南岭南麓地区在夏商（尤其是商）时期的遗存是"较丰富"的。

冲积平原的成陆是珠江中游泥沙向河口渐次淤积的过程，也是不断改变北部网河平原生态环境的过程。无论是主要靠"水"谋生的北部网河平原人群，还是主要靠"陆"谋生的南岭南麓人群，都能够体会到冲积平原南缘的资源优势。于是，出现了一些夏商（尤其是商）时期的遗存。例

---

① 广东省文物考古研究所等编：《珠海宝镜湾——海岛型史前文化遗址发掘报告》，科学出版社，2004 年。

② 古运泉等：《珠海平沙棠下环遗址发掘简报》，《文物》1998 年第 7 期。

③ 叶杨等：《深圳市南山向南村遗址的发掘》，《考古》1997 年第 6 期。

④ 招绍瓒等：《香港涌浪新石器时代遗址发掘简报》，《考古》1997 年第 6 期。

⑤ 这些遗址除了上文提及者外，余可参阅《珠海考古发现与研究》中的"调查篇"。

⑥ 秦维廉编：《南丫岛深湾考古遗址调查报告》，香港考古学会，1978 年。

⑦ 邓聪等：《香港大屿山白芒遗址发掘简报》，《考古》1997 年第 6 期。

⑧ 文本亨等：《深圳市叠石山遗址发掘简报》，《文物》1990 年第 11 期。

⑨ 杨耀林等：《深圳市先秦遗址调查与试掘》，见深圳市博物馆编：《深圳考古发现与研究》，文物出版社，1994 年。

⑩ 莫稚等：《广东曲江鲶鱼转、马蹄坪和韶关走马冈遗址》，《考古》1964 年第 7 期。

如，东江流域的村头①、西江流域的河宕②、三江汇流的广州南沙的鹿颈村③等遗址。因而上表表述为“贫乏转向丰富”。

两周时期的南部网河平原，如上所述，自咸头岭文化走向衰微之后没有再度繁荣，故言遗存“贫乏”。

两周时期的冲积平原，可谓珠江三角洲乃至岭南地区的“中心地”，遗存丰富，文化多彩，特色鲜明。它的遗存从“丰富”，进而成为“中心地”并非“突变”，应是北部网河平原人群及南岭南麓人群不断北移和南移的结果。因为冲积平原两周社会的经济形式是农业经济，与南岭南麓夏商时期的相同，“南移”只不过是文化在空间上的扩张，并不颠覆其传统文化，因而原地仍保留着“较丰富”的文化遗存。但对于原本是以“占有经济”为主要经济形式的北部网河平原社会来说，则是文化的“蛙跳”，这对于人群的空间结构将产生很大的影响，故从遗存分布的角度上说，“丰富转向贫乏”是合理的——我们也将设专目阐述冲积平原两周时期的生产生活情况，其间的实证材料容后详述。

珠江水系岭南地区先秦遗址分布的时空集结性特征，蕴含着各方面的丰富信息。我们未可尽掘其藏，仅在本书考索生产生活以及文化演进的过程和动因两大历史实际。

珠江水系越过南岭山脉，由西江、北江和东江流进狮子洋进而入海。在其岭南地区，可将这“三江”流经的区域，以地质、地貌标准简单划分为岩溶地区、狭义珠江三角洲地区（下文称南部三角洲地区）和广义珠江三角洲中不包括狭义珠江三角洲的其余地区（下文称北部三角洲地区），再按地区分别复原，研究其生产生活状况。

---

① 李岩：《东莞村头遗址第二次发掘简报》，《文物》2000 年第 9 期；另，《村头发掘报告》即将由文物出版社出版，其中一些更详细的资料，承蒙报告整理人李岩和娄欣利垂告，谨此致谢，并在下文涉及时不再注明。

② 广东省博物馆等编著：《佛山河宕遗址——1977 年冬至 1978 年夏发掘报告》，广东人民出版社，2006 年。

③ 广州市文物考古研究所：《广州南沙鹿颈村遗址的发掘》，广州市文物考古研究所编：《广州考古五十年文选》，广州出版社，2003 年。

第二章

先秦南岭南麓岩溶地区居民的生产生活复原研究

中国岩溶地貌的总面积约为300万平方公里。若以秦岭—淮河一线为中国地理的南北分界线，可将中国岩溶地貌分为南、北两区。其中南方区的岩溶洞穴最为发育，尤以滇、黔、桂、川、鄂、湘、粤七地为多，发育有数以万计的岩溶洞穴。[①] 以桂林地区为中心的南岭南麓岩溶地区，也是世界上岩溶峰林发育最集中、最典型的地区。考古工作者已在漓江流域的石灰岩洞穴中发现了数十处原始人类文化遗存，诸如广西桂林甑皮岩[②]、宝积岩[③]、庙岩[④]、大岩[⑤]，广西柳州白莲洞[⑥]、来宾盖头洞[⑦]，广东翁源青塘诸洞穴[⑧]、英德牛栏洞[⑨]和怀集等遗址[⑩]。它们是南岭南麓岩溶地区新石器时代早期文化的代表，其中甑皮岩遗存是迄今为止考古文献最为丰富的一处，因此它也是生产生活复原研究的核心资料。

甑皮岩洞穴遗址发现于1965年，经过1973年和2001年的两次发掘获知，文化堆积主要分布在主洞和矮洞。文化堆积自洞口往里向左侧呈坡度倾斜，最厚处达3.2米，总面积约260平方米。堆积文化遗物包括螺壳、兽骨、炭屑和陶片等；化学沉积物包括石钟乳、石笋、石梯田、层状钙华板和穴珠。发掘资料整理人将文化遗存分为六期，前五期年代分别为距今约：12 000～11 000年，大体相当于地质年代的全新世初期；11 000～

---

① 袁道先：《中国岩溶学》，地质出版社，1994年，第114页。

② 巫惠阳等：《广西桂林甑皮岩洞穴遗址的试掘》，《考古》1976年第3期；中国社会科学院考古研究所等：《桂林甑皮岩》，文物出版社，2003年。

③ 王令红等：《桂林宝积岩发现的古人类化石和石器》，《人类学学报》1982年第1期。

④ 谌世龙：《桂林庙岩洞穴遗址的发掘与研究》，见英德市博物馆等编：《中石器文化及有关问题研讨会论文集》，广东人民出版社，1999年，第150～165页。

⑤ 傅宪国：《临桂县大岩石器时代洞穴遗址》，《中国考古学年鉴》，文物出版社，2002年。

⑥ 易光远等：《广西柳州白莲洞石器时代洞穴遗址发掘报告》，《南方民族考古》1987年第1期。

⑦ 贾兰坡等：《广西来宾麒麟山人类头骨化石》，《古脊椎动物与古人类》1959年第1期。

⑧ 广东省博物馆：《广东翁源县青塘新石器时代遗址》，《考古》1961年第1期。

⑨ 英德市博物馆等编：《英德史前考古报告》，广东人民出版社，1999年，第102页。

⑩ 宋方义等：《广东封开、怀集岩溶洞穴调查简报》，《古脊椎动物与古人类》1981年第3期。

10 000 年和10 000 ~9 000 年，相当于全新世早中期；9 000 ~8 000年和8 000 ~7 000 年，相当于全新世中期。第六期为宋代文化遗存。

因此本章所涉及的年代为距今约 12 000 ~7 000 年。

第一节 岩溶地区地理环境

地理环境是指一定社会所处的地理位置以及与此相联系的自然环境的总和。

一、地理位置

本书的岩溶地区主要是指北面的南岭南麓山区：以桂林（北纬 24°15′23″~26°23′30″，东经 109°36′50″~111°29′30″）为中心，向西至广西柳州一带，往东到广东翁源一带，南面可延伸到西江和北江沿岸的一些丘陵地带，比如广西的来宾以及广东的怀集和英德。

二、自然环境

自然环境是由物理因子（地质、地貌、土壤、气候、降水和水文等）和生物因子（植物群落和动物群落）构成的自然综合体。①

（一）物理因子

1. 地质、地貌

如果将黔东南—桂北一带视为一个地盾区，那么这里乃西接黔东南—桂北地盾和黔桂准地台的南岭准地槽区，其东南以会昌（江西省境内）、英德、梧州、钦州一线与粤东南准地台分界。这里山脉走向多变，广布着碳酸盐岩，岩溶发育。

---

① 由于本章所涉及的地质年代业已进入全新世，因而较多地使用当代的地理学资料和研究成果来阐述自然环境的物理因子的情况，而生物因子则尽量利用多种学科的资料和研究成果进行复原。主要参考《珠江志》编纂委员会编：《珠江志》卷 1，广东科技出版社，1991 年，第 104 ~168 页。

地貌特点是：总趋势周边高，中间低；区内山地丘陵混杂，以中低山及丘陵为主，其余为盆地、谷地；该区河流众多，水量充沛，西北地区河流阶地不发育，但往东南河床纵剖面渐趋平缓，岸坡较平缓稳定，阶地略为发育。

2. 土壤、气候、降水和水文

南岭南麓山地岩溶洼地及砂页岩分布较为广泛，发育于石灰岩上的一种岩成土壤，散布其间。河谷、盆地则主要为暗红壤。土壤结构一般良好，土层深厚，有明显的发生层次，呈酸性反应，有一定的保水性，其表层有机质含量为4% ~7%，表土呈灰棕色，肥力较高。

虽然南岭山脉的海拔不高，但对阻挡南下的寒潮和东南来的台风起着重要作用。同时，该区地处低纬度亚热带季风气候区，全年以偏北风为主，风速不大。光照充足，年平均日照时数超过1 000小时，无霜期超过300天。气候温和，年平均温度18℃ ~20℃，年最高气温39.4℃，年最低气温 -4.9℃。

这里年降水量达1 500 ~2 000毫米。由于山岭阻挡作用，春季静止锋在南岭南麓驻留长达2个月，春雨尤为丰富；夏秋之交多台风雨，冬季则多锋面雨，降水季节分配较均匀。

该区的地表水和地下水均比较丰富。地表水集中在西江和北江及其支流，同时区内山地丘陵混杂，又形成了众多湖泊。地下水藏量丰富，主要为孔隙水、裂隙水和岩溶水三大类。

（二）生物因子

1. 植物群落

现在该区植物群落属于亚热带常绿阔叶林带范围的南缘，天然植被具有亚热带向热带过渡的性质，在植被的建群种和优势种中，60%以上是热带科属，即以含有热带树种的常绿阔叶林为主。常绿阔叶林被破坏后，取而代之的是针叶稀树群落。在这种过渡带中，热带和亚热带植物种类混生，乔木一般分两层，林下热带性灌木种类繁多，附生藤本也较发育。

在桂林一带，植物种类繁多，高等植物从蕨类开始统计共2 329种，分属于247科969属，其中桂林原产1 166种，外来和作物栽培种1 163种。自然植被有针叶林：种类以马尾松为主，还有柃、樟、白栎、栀子、油桐、檵木、枫香、泡桐、金樱子、水杨梅、假黄杨、乌饭树、桃金娘、冬青属等；常绿落叶混交林：以青冈栎为主，还有黄荆、紫堇、九里明、珍珠梅、小栾树、斜叶榕、海桐花、铜钱树、刺叶冬青、楼梯草属等；常绿落叶混交残林：种类有榆树、青檀、乌冈栎、菜豆树、沙皮树、山胶木、圆叶乌桕等；枫杨林：有乌桕等，漓江河岸以枫杨为主；火棘、雀梅藤灌丛：种类有竹叶椒、三叶薯、石山棕等。草丛植物种类以草本为优势，具体又分为田埂杂草草地：种类有粽叶、蟋蟀草、雀稗属、马唐属、狗尾草属、牛鞭草属等；四边地杂草草地：有黄茅、陶牙根、蜈蚣草；低山丘陵旱生草地：种类有鸭嘴草、画眉草、水蔗草、黄背茅、臭根子草等。①

根据对甑皮岩2001年的采样和分析②，遗存所处年代的植物群落大致如下：

在距今约12 000～11 000年，文化层中孢粉极其稀少，有木本的山麻杆属、松属，草本的豆科，蕨类的凤尾蕨以及三缝孢子和环纹藻。综合其他学科的研究结果得出，遗址附近的环境主要是非常稀疏的草地植被，但不排除少量乔木的存在，当以喜温凉的如松属及比较耐旱的禾本科、蒿等植物为主，其间还分布了可作食物的蕨类、根茎类、豆科和禾本科植物。

距今约11 000～10 000年，孢粉包括松属、禾本科、菊科、凤尾蕨、单缝类孢子、环纹藻和三缝孢子。随着全新世的升温期的到来，松属减少，喜暖湿的藻类增加，菊科等耐旱植物可能表示着不同小环境的共存，松、蕨类、禾本科都是人类可利用的自然资源。

距今约10 000～9 000年，发现了相当多的花粉，包括松属、栎属、枫香属、桑属、野桐属以及大量草本的十字花科、蕨类，表明遗址附近除了松科以外，其他木本植物，包括阔叶乔木如栎属和亚热带常见的枫香属开始出现，而蕨类和藻类孢子数目的明显增加也指示了当时比较温暖湿润的气候，遗址附近应是针阔叶林稀树草地环境，各种植物资源比较丰富。

距今约9 000～8 000年，花粉中无患子属、刺朔麻属、山麻杆属的成分有所增加，还有少量的栎属、栲属阔叶乔木的花粉，说明遗址附近有亚

---

① 《珠江志》编纂委员会编：《珠江志》卷1，广东科技出版社，1991年，第169～172页；桂林市地方志编纂委员会编：《桂林市志》，中华书局，1997年，第141页。

② 中国社会科学院考古研究所等：《桂林甑皮岩》，文物出版社，2003年，第254～270页。

热带阔叶林木及灌木生长。大体而言，遗址附近应是稀树草地植被，禾本科植物植硅石出现较多，也出现了少量的木兰目、竹亚科和黍亚科的植硅石，块茎植物在本期依然存在，豆科花粉丰富，许多可食用的豆科植物应该是史前居民采集的对象。

距今约 8 000 ~ 7 000 年，花粉不多，综合植硅石的分析结果，显示此时木本植物以松属为主，也有喜暖湿的杉属、栎属、棕榈科，亚热带阔叶乔木成分增加了；草本中禾本科植物仍有一定量的存在，其中少数属于黍亚科、早熟禾亚科，蕨类和藻类的孢子占多数。

植物群落总体而言以草地植被为主，有少量林木在遗址附近生长，在气候比较温暖的时期针阔叶林木的数量可能有所增加。蕨类植物孢子在遗址各期遗存中始终都有发现，反映了蕨类植物在甑皮岩史前植物群中是主要的种类。

2. *动物群落*

这里现在的野生动物种类依然比较丰富。譬如桂林一带的动物种类即有1 593种，分属于 60 目 295 科。其中，脊椎动物有 5 纲 272 种：哺乳纲分布的种类和数量比较少，隶属于穿山甲科、兔科、竹鼠科、仓鼠科、鼠科等 14 科；鸟纲是脊椎动物中比较大的一纲，计有 184 种，包括雉科、隼科、鹰科、鹡鸰科、鸭科、鹮科、鹳科、鹭科、鸬鹚科等 43 科；两栖纲包括蛙科、姬蛙科、树蛙科、蟾蜍科；爬行纲包括龟科、鳖科、游蛇科、眼镜蛇科等 7 科；鱼纲有鲤科、鳢科、鳅科、鮨科、鲶科、合鳃科、鳗鲡科、胡子鲶科。软体动物只有瓣鳃纲的 3 科 14 种：蚌科的巨角无齿蚌、背瘤丽蚌、中国尖嵴蚌等 11 种；蚬科的黄蚬、河蚌；贻贝科的淡水壳菜——贝、蚌、蚬的肉质富含蛋白质和氨基酸，与人类关系十分密切，除了可供人食，也可用于饲养家畜、家禽，更为淡水鱼类的天然饲料。节肢动物在桂林分布较多，包括昆虫纲、多足纲、软甲纲和蛛形纲，计有 1 287 种，隶属 5 纲 21 科。①

甑皮岩遗址两次发掘共出土哺乳动物遗骸 37 种，鸟类 20 种，贝类 47 种，鱼 1 种，鳄鱼 1 种，鳖 1 种，螃蟹 1 种，共计 108 种。对此动物群生

① 桂林市地方志编纂委员会编：《桂林市志》，中华书局，1997 年，第 209、214 ~ 221 页。

活环境的分析举例如下①：

哺乳动物中，肉食性的豺栖息于山地、丘陵和热带丛林里；豹于森林或树丛；虎于森林、矮林灌丛和岩石较多的山地；貉于草原、河谷，靠近河流和湖泊附近的树林里；花面狸栖息于裸岩地、灌木丛或亚热带森林；大灵猫于高草及灌木丛林中；小灵猫、椰子猫于多树山地；水獭于河流、溪水或湖泊中；食蟹獴于有河流溪涧的山地杂木林区。

草食性的牛栖息于阔叶林、针阔混交林或稀树草地中；梅花鹿于山地草原、混交林和森林边缘，在多岩石的地方或茂密的大森林中较少；水鹿于高草地、稀树草原、季雨林与阔叶林；小麂在森林边缘的杂草丛或小山、小丘陵的低谷中；赤鹿主要栖息在山地、丘陵、草丛、密林中；麝于森林、灌丛和高山草甸地带；苏门羚于山坡森林或高山岩崖上等；獐于山边或长有草的旷野，亦有在沼泽地或有芦苇的河岸；豪猪居于草地、山坡或密林中；猕猴在河岸的岩壁、石山的地面、森林中；红面猴栖息于略有树木、多岩石的山上，属热带或亚热带动物；中华竹鼠于山坡上的竹林；兔于杂草丛或山坡灌丛中。

杂食性的野猪于较低湿的草地、灌木丛或阔叶林中；猪獾、狗獾多在湖泊、河、溪旁边及森林、山坡的灌丛栖息。遗址中的哺乳动物属于森林性的数量不多，占优势的动物为麂和梅花鹿两种鹿类：麂生活于山地密林的周围和丘陵等地；梅花鹿常在山区草地和森林的边缘活动。

鸟类中，比较典型的如石鸡栖息于干燥的山谷间、暴露的岩坡上；鸭科动物属于水域鸟类；鹮于山边溪流附近的树林或沼泽里；鹳于沼泽或近水地带；池鹭、草鹭于池塘、沼泽之类丛生隐蔽物的浅水地带。

软体动物的贝类中，中国圆田螺生活在水草茂盛的河流、湖泊、池塘、河沟内，对寒冷干燥气候有极大的适应性；短褶矛蚌栖息于沙底或者泥底的池塘、河流及湖泊内；背瘤丽蚌于水质澄清透明或水流较湍急的河流，以及与其相通湖泊的水较深之处；圆顶珠蚌栖息于池塘、河流及湖泊沿岸，泥底和沙底均有大量发现；蚬栖息于淡水、咸淡水的湖泊、江河、池塘及沟渠内，底质多为泥底、沙泥底或沙底；斯氏扁脊螺、大口伞管螺

---

① 中国社会科学院考古研究所等：《桂林甑皮岩》，文物出版社，2003 年，第 281 页。

等几种陆生螺大多适应温暖潮湿的环境，生息于腐殖质较多的灌木丛中。

鱼类遗骸的出土表明当时遗址附近有相当面积的水域。而河流水系中，生长茂盛的水草和各种浮游植物是草食鱼类的主要食物；丰富的蚌科、田螺科、蚬科软体动物，为肉食鱼类提供了充裕的饵料；其他多毛类的疣吻沙蚕、甲壳动物、环节动物等也成为许多鱼类和虾类良好的食物来源。

从这些出土动物的生活环境可以看出，甑皮岩遗址附近的地貌环境为森林、灌木丛、草地、石山、河流或湖泊、沼泽等。另外，动物群中绝大部分成员为热带、亚热带的现生种类，有的主要分布在长江以南（如麂类和竹鼠），有的更偏于南方，而更多的是在更接近于热带地区的气候环境下生活（如椰子猫、板齿鼠、象、水牛和犀），其中有的仅生存于我国现今的云南西双版纳地区。例如水鹿，它分布的北界可达我国的康定、理塘，已越过了北回归线 5°～6°①，说明当时的气候比现在更为温暖湿润，人们可利用的自然资源更为丰富多样。

第二节　岩溶地区先民生存方式复原

上文关于岩溶地区地理环境的阐述，意在表明先民生存于岩溶地区的潜在资源。下面，我们将主要利用考古资料，阐明先民是运用何种手段将“资源”② 转化为“生活资料”而生存的。

一、溶洞可居

上面所列举的众多岩溶洞穴遗存，其中有早到距今约 14.8 万年和

① 李有恒等：《广西桂林甑皮岩遗址动物群》，《古脊椎动物与古人类》1978 年第 4 期。

② 联合国环境规划署对自然资源的定义是：在一定的时间、地点条件下，能够产生经济价值，以提高人类当前和未来福利的自然环境因素和条件。通常包括矿物资源、土地资源、水资源、气候资源与生物资源等。这里把已经被利用的自然物质和能量称为“资源”，将来可能被利用的物质和能量称为“潜在资源”。

12.9 万年的广东封开峒中岩人牙化石和曲江的马坝人头骨。但更值得重视的是，广西柳州的白莲洞自东部第六层（14 650 ± 230 年）至最晚近的文化堆积（7 080 ± 125 年），在时间上是基本连续的；桂林大岩洞穴遗址从旧石器时代晚期至新石器时代中期的前五期堆积也都衔接得比较紧密（15 000 ~ 7 000 年）；桂林甑皮岩其“史前文化堆积可以分为五个时期，代表了当地从距今大约 12 000 年到 7 000 年史前文化的发展及演变过程”[①]。

由此可见：一是溶洞可居；二是距今约 7 000 年前，似乎各个洞穴的居民都走出了溶洞。

溶洞可居是因为：其一，相对恒定的温度可以使在此穴居的原始人类免受严寒酷热之苦——洞内温度稳定、湿度高、黑暗无光、生物量少等，空气中负离子浓度远大于洞外，空气质量一般属最洁净空气。[②] 其二，甑皮岩到了距今 12 000 年左右，由于气候变得炎热，洞内的地下河常年不断提供水源，洞外周围分布的湖沼、水塘和水洼地，蕴藏有丰富的水生螺蚌，还有不少的峰丛山地，是原始先民从事捕捞、采集、狩猎的良好环境。[③] 其三，人们居住的溶洞其洞口一般都高于洞外地表并且较小，可以半封闭或生火以防兽害。其四，如果由于“睡”而需防潮，人们可用石质的砍砸器砍斫细小的树枝垫以为“床”，用切割器或小型的石锛或蚌刀来切削竹篾编织以为“席”。

在现今的桂林市辖区内，分布在各种地貌类型区内且人类可进入的洞穴数以千计。已调查、考察、测绘的有 300 多个，其中以峰林平原中洞穴数量最多，约占调查洞穴总数的 90%。[④]

距今约 7 000 年时，人们走出溶洞是因为：其一，现知南方溶洞的文

---

① 中国社会科学院考古研究所等：《桂林甑皮岩》，文物出版社，2003 年，第 447 页。

② 朱德浩等：《洞穴自然环境系统的观测及研究——以广西柳州响水岩为例》，《中国岩溶》2005 年第 4 期。

③ 中国社会科学院考古研究所等：《桂林甑皮岩》，文物出版社，2003 年，第 17 ~ 18 页。

④ 中国社会科学院考古研究所等：《桂林甑皮岩》，文物出版社，2003 年，第 7 ~ 9 页；桂林市地方志编纂委员会编：《桂林市志》，中华书局，1997 年，第 159 页。

化堆积一般均为钙华板所叠压，大西洋期（距今约 7 500 ~ 6 000 年），降水量大为增多，溶洞中渗水量和沉淀的碳酸钙也随之增多，因此钙华板一般形成于大西洋期。其二，在钙华板形成的过程中，溶洞中无时不在滴水，不但过度潮湿，而且无法躲避如“雨”般的滴水（即使没有形成钙华板的溶洞也如此）[①]，溶洞已经不可居。

二、生产生活器具的资源和利用

（一）石器

甑皮岩遗址出土的生产生活器具，以质料为标准划分有石、骨、角、牙、蚌和陶 6 种（其实还应该有制陶的设施和工具，以及木、竹和草藤等质料者，因为未被发现只能在论述需要时适当涉及）。

甑皮岩出土石器的岩性大部分是砂岩和石英砂岩，此外有少量属于变质岩的板岩、角岩等。这些岩性的石料，结构比较均匀且硬度较高，经过加工后容易形成比较规整而且薄锐的刃缘或刃锋，并且比较耐用，是比较合适的石材。例如砂岩，它是由石英、长石等彼此分立的碎屑与硅质和碳酸盐质胶结而形成的，结构稳定，密度和硬度适中，比较容易加工，是最好的石料，因而它的使用比例最高，有 80% 左右。[②] 同时，砂岩和砾石在漓江河漫滩上俯拾皆是。这就表明甑皮岩先民已经具备了相当的石器制作水平。

甑皮岩发掘出土的石器器类有石锤、砍砸器、切割器、尖状器、棒形石凿、穿孔石器、锛形器和磨制石锛等。由于前 3 类乃最常见、常用者，其他偶见可忽略。又从功能的角度考虑，棒形石凿与石锤相近，均为加工器具的石器，尖状器与切割器相近均为刮削的器具，符合本书立意，故归为一类制作表 2 - 1。

---

① 参赵善德等：《边疆考古特色：追踪文化遗存的创造者——珠江水系岭南前几何印纹陶文化遗存分析》，见中山大学人类学系等编：《边疆民族考古与民族考古学集刊》（第 1 集），文物出版社，2009 年。

② 中国社会科学院考古研究所等：《桂林甑皮岩》，文物出版社，2003 年，第 371 页。

表 2－1 甑皮岩发掘出土主要石器数量统计

	石锤（件）	砍砸器（件）	切割器（件）
第一期	64（含棒形石凿 10）	158	50（含尖状器 10）
第二期	9	44	5
第三期	9	18	1
第四期	2	—	—
第五期	7	3	—
合　计	91，占器类总数 24.6%	223，占器类总数 60.3%	56，占器类总数 15.1%

甑皮岩的发掘区域均在溶洞内，即这些石器均出土于洞内。棒形石凿为间接打击法制作石器时的中介物。石锤以扁圆形的为多，器身散布有崩疤、凹疤和打击麻点。使用痕迹见于器侧周围边缘的，多用于打击石料以制作石器（如砍砸器和切割器等）；见于两面之间的，可能用于击打植物纤维（如树皮等）。

砍砸器用于砍斫树木和竹藤，以及敲打兽骨。它的出土量大且比例高。这说明它的重复利用率颇高，也表明人们在使用切割器敲骨剥肉时需要与之配合。

下文我们会详细阐述藤、竹和木在先民狩猎采集的生产和生活中的重要作用。而这些植物质料，即使是整条地被使用，也是要修整的，但在大多数情况下，藤、竹是必须切开去瓤才能使用的，因而切割器既可剥骨切肉，也可刮切各种薯类食物，还可用于切削木棍以及刮取竹篾和藤皮，等等。

上述三种石器在第一期和第二期较多地出土于洞内，意味着人们制作器具的活动也在洞内进行，表明新石器早期的较早阶段人们对溶洞的依赖性，到了较晚阶段，人们或许另觅别洞作业，或者因为提高了操作的熟练程度使之更为便捷而在洞外作业。

（二）陶器

制作陶器有两种原料。一种是黏土。它在干燥时呈粉末状，但遇水变软并有黏性，半干后可以成形。另一种是羼和料，它无论是干燥还是被泡在水里，都是较坚硬的、颗粒状的矿物质，没有黏性后也不会破裂。烧好的陶器炊煮食物再加热时也能迅速散热而不会导致陶器开裂。甑皮岩出土的陶器属于人类早期的原始陶器。陶土材料原岩有硅质泥岩、粉砂质硅质泥岩、粉砂质泥岩、细砂质泥岩、细砂粉砂质泥岩、钙质泥岩等，羼和料有方解石、石英颗粒等。制作陶器坯胎时，必须在黏土中加进一定量的羼和料，才能够成形而不变形，并且从烧制各期陶器的化学组成的变化来看，制陶者逐步认识了该地区出产的陶器原料，经过了从就地取材的随机取土到随机选土，再到进行初步处理的发展过程。① 至于很多陶器中还含有一定量的炭，那是原料中含有的草木茎炭化后形成的。

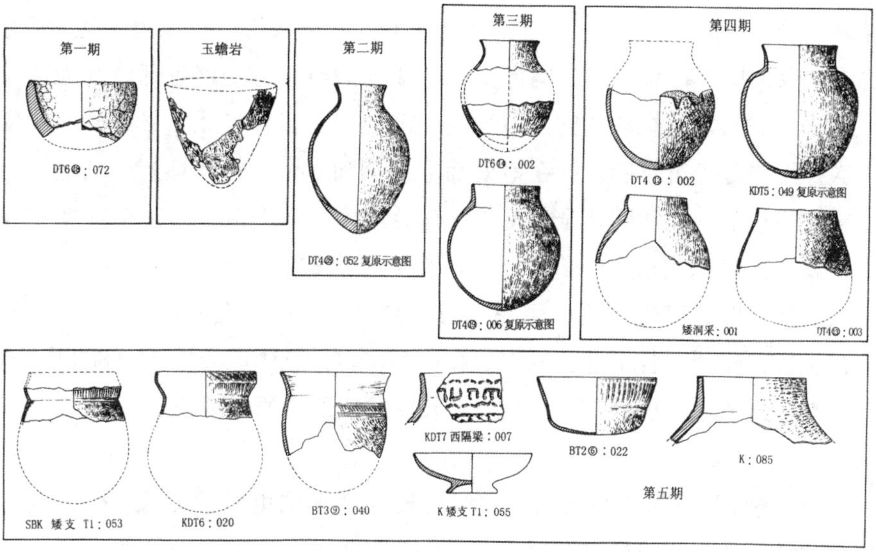

图 2－1　甑皮岩出土的陶器

（采自《桂林甑皮岩》的图 187）

甑皮岩的陶器主要是炊煮用的釜，采用“泥片贴敷法”成形，即先把半干的陶土做成一片一片，然后逐片贴敷成形。泥片含水量小会过硬，贴敷不牢，含水量大会软，无法成形，所以这个“半干”是有一定讲究的。虽然适度坯胎成形后比较牢固，但继续缩水后还要变形和松塌。因而成形后经过晾干缩水，还要进一步挤压坯胎使其牢固并调适器形的规整。“挤

---

① 吴瑞等：《广西桂林甑皮岩遗址陶器的科学研究》，《中国陶瓷工业》2005 年第 4 期。

压坯胎”就是将坯胎内部的水分挤压出表面，使陶土的结合更为紧密。一般来说，挤压可用双手置于坯胎内外，同时反方向用力，水分被挤压到表面后，胎面变软、变黏，再顺势抹平并调适器形。但甑皮岩的陶工则懂得提高效率，器内以砾石衬垫，器外用缠着草绳的短木棍反复滚压，再顺势抹平修整。这也是人们不断认识制陶工艺的结果。

陶器的烧制是对陶坯加热（不低于680℃）使其定形、变硬成为陶器；之后，当陶器被加热但只要温度低于烧成时的温度，它也不会变形、变软。早期的烧制可以是“露烧”，也可以是“窑烧”。前者是在平地上将干草和木柴与陶坯堆放在一起燃烧，约1小时后柴火烧尽，温度可达850℃左右，其间陶坯的烧成温度略低于此而成为陶器，但陶器各部位因为迎火或背火的关系，其烧成温度并不均匀。窑烧则有多种形式。最原始的是用一次性泥质薄壳窑烧制，即在地上铺上干草和木柴，将陶坯置于其上，再用干草将这堆燃料和陶坯全部覆盖，最后用稠泥浆涂抹覆盖干草（留有点火口和通气口），使表面形成一个厚约1厘米的薄泥壳，视之如小土包。点火燃烧，燃料变成灰烬，薄泥壳被烧结破裂，唯独陶坯被烧成了陶器。这样烧成的陶器，各个部位的火候会略为均匀，总体也会接近于850℃。[①]

甑皮岩较早阶段的陶器为露烧，较晚阶段的为原始窑烧。

（三）衣着

“树皮布”的做法是把剥下的树皮投放到水坑里沤发数天，使其变得略为柔软，然后捞出捶打，尽量去其海绵质而留存其纤维。经过干燥、梳理、捶压，即成为一块块的“布”。再用植物纤维“线”将若干块缝合，便可做成简易的蔽体之物。可见“树皮布”并非后人概念中用纤维线编织出来的布，其制成品也非现代概念中的衣服。据考证，记载这类布的最早文献乃《山海经》、《韩诗外传》，但在中国的起源还应早到新石器时代。

---

① 参娄欣利：《先秦东江三角洲陶器研究》，科学出版社，2010年，第二章“陶器工艺研究”。

同时，整个环太平洋地区分布有“树皮布文化”①。我们还从学者近年的调查与研究中获知，分布在海南岛中南部的黎族同胞也曾制作树皮布，今天的白沙、昌江、陵水、保亭等县博物馆均收藏有实物。2005 年，“黎族树皮布制作技艺”被认定为第一批国家非物质文化遗产保护对象。而今广西地区也可能是史前树皮布文化起源地。②

图 2－2　广西博物馆藏树皮布

（采自《广西或为史前树皮布文化起源地》一文）

一般来说，热带榕属植物以及构树、环纹榕、见血封喉等植物的树皮均可作为树皮布的原料，其中构树最为合适。构树学名楮树，乃落叶乔木，高可达 16 米。其果实味道香甜，好吃，树叶可以供作猪、牛、羊、鹿的饲料，故在台湾民间又俗称鹿仔树。虽然没有实物证据，但应基于以下三点：其一，诸如此类“厚皮”的树种，在我国的温带、热带均有分布，南岭南麓岩溶地区也有出产。其二，上文业已提及，甑皮岩那些“使用痕迹见于两面的石锤，可能用于捶击植物纤维”。其三，骨器“在器形方面，以细长形的锥、针一类器物为多……使用方面，虽然目前的微痕未能区别

---

① 凌纯声、凌曼立：《树皮布印纹陶与造纸印刷术发明》，台湾“中央”研究院民族研究所，1963 年，第一、八章；［英］雷蒙德·弗思著，费孝通译：《人文类型》，商务印书馆，1991 年，第 51 页；邓聪：《东南亚树皮布石拍之考古学考察》，《东南文化》2000 年第 11 期；吴春明：《“岛夷卉服”、“织绩木皮”的民族考古新证》，《厦门大学学报》2010 年第 1 期。

② 李大伟等：《广西或为史前树皮布文化起源地》，《中国社会科学报》，2014 年 1 月 4 日。

大部分有机质器物的使用痕迹，不过从器物的形态并参考个别器物微痕的形象，可能是用于渔猎及一些力度较小的活动如加工、处理动物毛皮和植物纤维之类。……这些器物可以用于锥、钻等石器工具难以完成的功能，特别是骨针的出现，为史前人类提供了制作衣服（兽皮或者植物纤维）的重要工具”①。故也可认定甑皮岩居民可能制作最粗糙的树皮布，缝制之以蔽体。

三、食物资源及其获取方式

最后冰期的结束即冰后期到来。冰后期气候普遍转暖，中、高纬度的冰川大量消融，海平面迅速上升，全球自然地理环境随之演进到现代面貌，这就是全新世。全新世的起始年代为距今约 12 000 年。然而，在过去的 1 万多年中，人类与自然环境关系的日益密切，使生物物种的数量和生物量下降的速度比地球历史上任何时候都要快。换言之，全新世越古老时期的生物物种的数量和生物量比越晚近时期的更为多样和丰富。此外，全新世晚近时期所见的生物物种更多的是驯养种；但除了个别是迁移物种之外，大多是从当地的野生种培育而来的。基于这两点，下文从两广明清志书中所列引的食物资源种类，其野生种肯定生存于距今约 12 000～7 000年的南岭南麓岩溶地区（同样的道理，以下各章也可以利用地方志的资料复原当地的自然环境，下文不再申明）。

人类正常生存的基本条件是人体所需的淀粉类、维生素类和蛋白质类三种基本营养物质的相对均衡。我们以此分类述其资源及获取方式。

（一）淀粉类

现代生活中常见的淀粉类植物，大多分布于南方，它们一般是由野生种培育而来的。

薯蓣又名淮山、山药，有块状或根状的地下茎，长可达 1 米多，肉质肥厚，营养丰富，果期为 7 月至 11 月。在华南地区广泛分布着薯蓣科各野生种。②

---

① 中国社会科学院考古研究所等：《桂林甑皮岩》，文物出版社，2003 年，第 403～404 页。

② 中国科学院中国植物志编辑委员会编：《中国植物志》（第 16 卷第 1 分册），科学出版社，1985 年，第 103 页。

“形如猪肝，大者重数十斤，肤色微紫，曰猪肝薯，亦曰黎峒薯”①，此为参薯（图2-3），又名脚板薯。南方现在仍有野生种存活。

甘薯（图2-4），“闽广薯有二种，一名山薯，彼中故有之，一名番薯……山薯形魁垒，魁垒形圆而长，其味则番薯甚甘，山薯稍劣；番薯皮有红白两种，香甘可代饭，十月间遍畦开花如小锦葵，粤中处处种之；又有甜薯，圆如鹅鸭卵；有猪肝薯，形如猪肝，重十余斤，皮紫，皆出粤地，唯番薯种自洋中来也”②。

芋头为多年生块茎植物，有水旱两种：旱芋瘦，水芋壮，芋魁有十余斤者。太史公言及：“秦破赵，赵人被虏略而迁之。诸迁虏求近处处葭阴（正义：今利州县）。唯卓氏曰：‘此地狭薄。吾闻汶山（正义：汶音珉）之下，沃野，下有蹲鸱（正义：蹲鸱，芋也。言邛州临邛县其地肥又沃，平野有大芋等也）。’乃求远迁，致之临邛，大喜。后富拟于人君。”③ 这段文献表明：时至战国晚期，其一，沃野物饶对人们社会生活的重要性；其二，南方物饶实乃蕴藏着很多“野生”食物资源。

木薯（图2-5）是灌木状多年生作物，块根肉质，富含淀粉。木薯耐旱耐瘠，最适宜在年平均温度27℃左右，日平均温差6℃～7℃，年降雨量1 000～2 000毫米，土层深厚，土壤酸碱度为pH6.0～7.5的环境中生长。野生种众多，大致可分为甜、苦两个品种类型。现栽培种广泛分布于中国华南地区。

图2-3　参薯

图2-4　甘薯

图2-5　木薯

① （清）屈大均：《广东新语》卷27《草语·藷》，中华书局，1985年，第711页。

② （清）《广西通志》卷89《舆地略十·物产一·桂林府》，凤凰出版社，2010年，第317～327页。

③ 《史记》卷120《货殖列传》，中华书局，1959年标点本，第3278页。

上述均为块茎类植物，获取比较简易，用木棒略为掘其松动即可连根拔起，把块根拗下；一些石器和骨器也可用于切割此类植物。考虑到“在长达几千年的历史进程中甑皮岩人经营过稻作农业生产的可能性极小，而且在其采集的野生植物种类中似乎也不包含野生稻的成分”①，但栽培根茎繁殖类植物的农业形式却可能存在。因为块茎类植物的无性繁殖方式使栽培过程相对简单，被遗弃的食剩残块上只要保留有小芽，来年即可自行萌发成长，一旦人们发现和了解到这个现象，就很可能有意识地加以培植。

古文献中“甘藷”一名始见于《异物志》：“甘藷似芋，亦有巨魁，剥去皮，肌肉正白如脂肪，南人专食，以当米谷。”据已故著名农学家丁颖的调查和考证，它就是20世纪中粤南琼州一带所种植的甜薯，或因薯有毛而称毛薯，或因茎有刺而称簕薯。它不同于明代引进的旋花科的甘薯：“中国原有之甘藷为薯蓣科，为中国古代南方重要食物之一。”② 甘藷和芋一样，是云南苦聪族、海南岛黎族、台湾高山族等南方少数民族人民最早种植的作物之一，如同藏族始种麦，汉族始种粟。③

晚期的甑皮岩人可能已经种植这些薯蓣科的植物，但尚无实证。因为“许多重要的块茎类栽培植物的薯蓣科的薯蓣属（Dioscorea）就属于不产植硅石的植物种类”④。

此外，“百合，一名蒜脑薯，根如大蒜，味如山薯。桂林处处有之，惟全州最多以作粉”。百合花期在夏月，果期在秋月，生长于林下、山谷溪边或半山湿润之地。⑤

“雕苽，俗名茭白，又名茭笋，结实即菰米。”菰的经济价值大，秆基嫩茎为真菌寄生后，粗大肥嫩，称茭瓜，是美味的蔬菜；颖果称菰米，作

---

① 中国社会科学院考古研究所等：《桂林甑皮岩》，文物出版社，2003年，第297页。

② 李根蟠等：《民族与物质文化史考略》，民族出版社，1991年，第一章第四节之二。

③ 李根蟠等：《中国南方少数民族原始农业形态》，农业出版社，1987年，第128~135页。

④ 中国社会科学院考古研究所等：《桂林甑皮岩》，文物出版社，2003年，第294页。

⑤ 中国科学院广西植物研究所编：《广西野生食用植物》，广西壮族自治区科委情报研究所，1961年，第32页。

饭食用，有营养保健价值；全草为优良的饲料，为鱼类的越冬场所。[①]

荸荠，俗称马蹄，又称地栗，莎草科，荸荠属。浅水性宿根草本，球茎含丰富维生素，可清热生津。盛产于两广，《广西通志》云“临桂产者佳”。

这些植物采集起来并不困难。

（二）维生素类

桂林境内野生果类有梅、桃、李、柑、柚、梨、枇杷、黄皮、荔枝、橄榄、逃军粮、特乃子、无花果、醋林子等20余种[②]。

广东地区的果属有：枣、栗、柿、梨、蔗、柑、柚、橄榄、乌榄、杏、梅、金橘、枇杷、秋风子、千岁子、桂水子、不纳子、宜母子、石榴、人面、荔枝、龙眼、毛韶子、丹黏子、罗望子、庵摩勒、荸荠、莲房、茨菰、蕉子、黄皮、杨梅、银杏、花红、稜、桃、藕、菱角、芭蕉、杨桃、季木子、黄淡子、余甘、香橼、沙棠、金纽子、钟桃子、甜瓜、九层皮、土檀果、羊齿子、奈子、毛锥子等[③]。

“梨各乡皆有，以象属溪头江谷山以及含属雷公寨所产尤美。”

“柚，一名条诗，秦风所谓有条即此有红白瓤两种，属内所产花实繁茂。”

“杨梅，一名杌，子如弹丸，色赤，五月中熟，甘酸。”

“枇杷，即庐橘，夏熟，属内最夥。”

“荔枝龙眼，属内所产，肉薄味酸，然韶州各属俱无，惟邑独有。”[④]

南岭南麓盛产各类竹子，竹笋也是上好的食物。总之，南岭南麓地区维生素类食物资源相当丰富，并且徒手即可采撷。

---

① 中国科学院中国植物志编辑委员会编：《中国植物志》（第9卷第2分册），科学出版社，1985年，第18页。

② （清）《广西通志》卷89《舆地略十·物产一·桂林府》，凤凰出版社，2010年，第317～327页。

③ （清）《广东通志》卷22《物产》，凤凰出版社，2010年，第201～210页。

④ （清）《英德县志》卷16《物产略》，岭南美术出版社，2009年，第385、501～502页。

（三）蛋白质类

1. 植物类

许多植物，如菱角、栗、笋、雕苽的花茎，百合的鳞茎，油脂类植物的种子和根茎中，含有丰富的脂肪和蛋白质。

"栗有三种，大者板栗，又名大栗；顶圆末尖者名旋栗，又名锥栗；小者似板栗而细如橡子，名茅栗，树极小。"

"笋，湘源县十二月食之斑皮竹笋，诸笋无以及之……笋各州县出，有甜苦二种，兴安猫竹生冬笋最佳，胜于春笋。"①

许多植物的籽实或块根中含有丰富的油脂、蛋白质（氨基酸），可食用，例如山茶属植物、紫茎属植物以及松子、瓜子、胡桃、榛、银杏、油茶、香榧、华榛、山桐子、光皮树、白檀、竹柏、仿栗、马尾松、野核桃、野木瓜等。

2. 动物类

（1）陆生动物。

昆虫有：绿金蝉、蟋蟀、飞鱼虫、天虾等。

"飞鱼虫，一名椰子虫，比蜣螂颇长，而头不扁，春末夏初飞鱼时方出，昼藏草中，暮栖树，饮露，儿童绳系以戏而炙食之。蚁，有黄黑数种，小黄极多易嗅，沾饮馔其小黑者，土人取其目，为醢酱诸治食之。"②

"天虾，状如大飞蚁，秋社后有风雨，则群堕水中。有小翅，人候其堕，掠取之为鲊 。南方有飞虫，有翅如飞蛾，其尾如蟋蟀，色白，身长似小虾然。夏秋之间，晚飞蔽天，堕水，人以长竹竿横江面，使风约之，如萍之聚。早乃棹舟搏取，缕肥肉，合以为鲊，味颇美。然此夜堕水，次早即取乃可用，稍迟一夕，已脱而化矣。"③

---

① （清）《英德县志》卷16《物产略》，岭南美术出版社，2009年。

② （明）《琼台志》卷8《物产》（天一阁藏明代方志选刊），上海古籍书店，1982年。

③ （清）《广西通志》卷91《舆地略十二·物产三·梧州府》，凤凰出版社，2010年，第352页。

这里的“天虾”指龙虱和桂花蝉之类水生昆虫，实证中东汉人已开始食用①。

两栖爬行类有：水龟、神龟、蛤蟆、穿山甲、蛇等。

这些动物的捕捉比较简单。我们接触过海南岛尖峰岭地区的黎族人，他们打蛇不是用硬棍子而是用富有弹性的红藤，因为硬棍子打出去只有一个点着地，难于打准、伤蛇，但红藤打出去则像鞭子一样乃一条线着地而更易伤蛇。至于捕捉“大者能吞鹿食人”的蟒蛇，红藤只用于自卫，蟒蛇忌人体的渍汗气味，若抛去汗味极浓的布料蒙之，它会变得柔顺，就很容易捕捉了。

禽鸟类：山凤凰、交趾鸭、长鸣鸡、鹭、鹮、鹳、鹤、石鸭、翡翠、鸥、燕、鹰、鹘、鹞、鸲鹆、鹁鸽、喜鹊、山呼、鹦鹉、雉鸡、白鹇、黄莺、秦吉了、五色雀、剪刀雀等。

捕捉鸟类，大洋洲土著人一般是模拟它们的啼鸣声尽量接近后，再用其特制的投矛器投掷木矛或狼牙器或“回旋刀”击之②；台湾邵族人常利用吊绳陷机捕鸟：有水平和竖立两种，其消息棒上常放些鸟食，引诱鸟来啄食，从而触动陷机吊绳便可缚住其脚爪③；而“罗雀”，中国古已有之④。

哺乳类动物中，鹿科在各期的分析结果中数量都占半数以上，其次为豪猪，其他动物的数量很少，如山马、猴、黄羊、竹鼠、麂、熊、豹、狸、獭、野牛等。遗址中出土的大量兽骨说明狩猎应当是主要的经济活动之一，许多骨骼上还存留有切刮、敲砸以及烧烤痕迹，无疑属于食余之物。⑤ 石器中不见箭头、投枪一类的狩猎工具，仅有用于加工兽骨的切割器，我们猜测先民的狩猎工具不是用石料，而是用诸如兽骨（如骨镞）、

---

① 参徐恒彬：《广东德庆大辽山发现东汉文物》，《考古》1981 年第 4 期。

② ［苏］C. П. 托尔斯托夫等主编，周为铮等译：《普通民族学概论》，科学出版社，1960 年，第 54 页。

③ 余清梅：《台湾少数民族——邵》，台海出版社，2008 年。

④ 《史记》卷 120《汲郑列传》，中华书局，1959 年标点本，第 3114 页：“始翟公为廷尉，宾客阗门；及废，门外可设雀罗。”

⑤ 李有恒等：《广西桂林甑皮岩遗址动物群》，《古脊椎动物与古人类》1978 年第 4期。

竹、木等其他材料制成的，且是依靠一些特殊的方法狩猎。

例如海南的黎族，其狩猎方法保留着浓厚的原始遗风，如装圈、装打棒、套弹索、挖陷阱等，这或对我们了解远古人狩猎方法有所帮助。

装圈：将一根长绳固定于树干，另一端结成活套，在野兽出没之处挖一个 1 立方米左右的土坑，上面覆以树枝树叶，并将活套隐藏其中，野兽经过踩进活套便掉进坑被捕获。这种方法比较适合捕捉体型较大的哺乳动物，如野猪、鹿等。

装打棒：又称“雷打头”。在猎物过往的下坡路段，取长 2 米左右的木棍横于路面，横木中间安一根约半米高的木桩，木桩顶端挂上横担，横担一侧挂木棍，另一侧用绳拴住连接到重物上，在重物处拉一条绳横过路面，猎物过路时碰着连接重物的绳子，重物脱落，木棍被牵动砸下，使得猎物受惊而蹿跳，撞到安在这里的尖利竹扦而受重伤或死亡。

套弹索：在野兽的行迹处，挖一浅坑，埋好薄板，薄板上系上活套，套的另一端在下拉成弓状的小树上，野兽走过踩到木板，弯树随即弹起，猎物就被套住吊在半空中。

挖陷阱：在野兽活跃的地方，挖一土坑，在坑面用细树枝铺上并覆盖一层树叶或茅草，再铺上薄薄的一层原土，坑底插上数量不等、尖利的竹扦或木棍，野兽掉入坑中即被竹扦刺伤或刺死。[①]

（2）水生动物。

水生动物的蛋白质类食物比较丰富，例如容易打捞的短褶矛蚌、背瘤丽蚌、圆顶珠蚌、中国圆田螺和蚬等贝类以及鲤科鱼类。贝类的生长年龄一般都超过一年，所以基本上全年都可以采食，且几乎不需要任何工具，站在水中徒手撷取即可。遗存中的许多陆生螺均被敲掉尾部，尤其是个体大的圆田螺，壳尾往往无存，只有小的田螺和环棱螺尚多保存，说明甑皮岩原始先民喜食个体大的圆田螺[②]，并懂得去壳顶而易食的道理。

遗存各期普遍出土骨鱼镖、骨镞等与渔猎有关的器物[③]，部分锋尖微

---

① 这些方法引自高泽强等：《海南黎族研究》，海南出版社、南方出版社，2008 年，第 41 ~42 页。

② 张子模：《甑皮岩洞穴遗址及其年代浅析》，《南方文物》1989 年第 1 期。

③ 中国社会科学院考古研究所等：《桂林甑皮岩》，文物出版社，2003 年，第 243 页。

钝，刃部光滑发亮，当为长期使用、摩擦所致，可知先民经常采用叉鱼方法捕鱼。叉鱼主要是投叉较大的鱼，鱼叉一端削尖一端穿有绳子，投射者手持鱼叉，轻步走在河中，发现游鱼便投射鱼叉插之，再通过绳子连叉带鱼慢慢拖至岸边取鱼。更进步的就是用弯弓弹射鱼叉射鱼。①

其他捕鱼的方法可参考一些少数民族古老捕鱼资料②：

涸渔：选择鱼多的小溪涸水处，竭泽而渔。捕鱼人只需涉足浅水中，即可徒手将鱼捕获。岩溶地区溪河众多，并且落差较大，很容易分河段围堵竭泽而渔。

毒渔：即把含毒汁的藤根，用石头砸破，取其毒汁注入溪水上游使其流入业已围堵好的下游溪水中，使鱼中毒缺氧，漂流水上，徒手取之。甑皮岩石器中遗留有不少带麻点的石锤，当为捣藤根毒汁所用。

图2-6　鱼筌

（采自《普通民族学概论》一书的图六“克瓦基乌特尔人捕鲑鱼的堤笼”）

筌渔：鱼筌乃竹编的椭圆体篮子，其口部扣着被称为“龙须”的装置，鱼虾由筌口进入就只能留在筌内了。人们在溪流狭窄处堰造隘口以放

---

① 高泽强等：《海南黎族研究》，海南出版社、南方出版社，2008年，第44～45页。

② 中华文化通志编委会编：《中华文化通志·民族文化·壮、布依、傣、仡佬、京族》，上海人民出版社，1998年，第521页。

置鱼筌，并导溪水带鱼而下，流入鱼筌，不时取筌打开“龙须”取鱼（详见图2－6）。

四、一年一周期的社会生活

南岭南麓居民的社会经济类型为渔猎采集经济。民谚说：“什么季节吃什么。”下面，我们将按季节顺序简单复原其社会生活。

（一）春季（阳历2月至4月）

这是野生食物稀少的季节。在陆生食物中，淀粉类食物几乎没有，维生素类可能只有春笋和芋头茎等可以采集。芋头是块茎类植物，这时候它的块茎尚未长大成熟，但剥下它外围的一些茎叶并不妨碍其生长，有些芋头的茎叶可以鲜煮食用，有些晒干了可以煮食。蛋白类食物中，两栖爬行类和禽鸟类等各种陆生动物则比较活跃。前者经过数月的冬眠，天气转暖后四处活动，虽然并不肥美，但比较容易寻觅而捕捉之。春季的鸟也是最多的，它们大都忙于交配、下蛋、孵化和哺育雏鸟，对周围环境的变化反应迟钝，容易被捕捉。

海南岛有句谚语是“一场春雨一场虾”。其中的科学道理是，春天万物萌生，“一场春雨”会给河溪里的节肢动物和软体动物带来更丰富的诸如菌类和浮游动物之类的饵料，那么虾、蟹和各种贝类动物便趋饵料而来。仲春时节是这些动物的繁殖期，活动异常活跃，易于捕捉。在这个生物链更高一端，至暮春时节又是鱼类的活跃时期。所以海南岛又有“清明蟹”、“春天黄鱼”最为肥美之说。

南岭南麓地区虽然不滨海，但仍可尽量利用诸如此类的陆生或水生食物资源，度过这个艰难的季节。不过，在南岭南麓尤其是桂林一带的新石器时代早期遗址中，最常见的是堆积的贝壳。这最直观的结论是先民们以丰富而易于采集的软体动物为主要食物；但这也可能是因为其他的骨骸多已腐朽所造成的错觉。

这些食物的最简单吃法是水煮或火烤。因为居民们已经学会了制作陶器，并且技术日臻完善，绳纹夹砂粗陶罐的底部常有烟熏痕迹；同时，在甑皮岩第二次发掘中，还出土了“用火遗迹”（DT4灶1），并在其土样中检测出两种共 49 粒蕨类孢子，这些植物是可食用的。① 火烤即直接把兽肉或植物果实接近（或投入）火堆进行加热至可食用。除了上述用火遗迹之外，甑皮岩遗址中大量的动物烧骨也可以反映出，用烧烤的方法加工食物较为普遍。

（二）夏季至秋季（阳历 5 月至 11 月）

这是一年中的收获季节。在整个收获季节的始终，各类动物资源都比较丰富。在甑皮岩的文化遗存中，几乎每一时期都发现有数量可观的骨制品、角制品、牙制品和蚌制品，它们包括锥、铲、镖、刀和针等（见表 2－2）。其中的骨、角、牙器均来自兽类，数量之多表明狩猎所获食物是主要的；利用它们来制作其他器具，比如鱼镖和蚌刀等，这表明攫取水生食物也在经济活动中占有相当地位。植物维生素类和淀粉类食物的成熟时期也在这个季节，故而丰富而易于采掘。

表 2－2　甑皮岩发掘出土骨、角、牙、蚌器数量统计②

	锥（件）	铲（件）	镖（件）	刀（件）	针（件）
第一期	骨 76，角 5，牙 1	骨 12，角 1	骨 2	蚌器 22	—
第二期	骨 22，角 1	骨 7	骨 1	蚌器 7	—
第三期	骨 41，角 1，牙 2	骨 2，角 1	骨 2	蚌器 14	骨 6
第四期	骨 5	—	—	蚌器 5	—
第五期	骨 5，角 1	骨 1	—	—	骨 2
合　计	骨 149，角 8，牙 3	骨 22，角 2	骨 5	蚌器 48	骨 8

（三）冬季（阳历 12 月至 1 月）

这两个月陆生资源中的淀粉类和维生素类食物，几乎没有任何品种可供采集。然而，由于自然资源的盛衰以太阳年为周期，循环反复，人们在一个地方谋生日久，便会理解这个规律并进而认识到：植物生长的季节性

---

① 中国社会科学院考古研究所等：《桂林甑皮岩》，文物出版社，2003 年，第 130、268 页。

② 数据采自中国社会科学院考古研究所等：《桂林甑皮岩》，文物出版社，2003 年，第 82～91、104～106、124～128、148～149、182～184 页。

远强于动物，而植物食物的采集要比动物的狩猎更为优先，从这个角度说动物食物是“可储存”的。随着南岭南麓居民对自然资源认识的不断深化，他们也会像中美洲墨西哥高地的远古先民那样，合理安排攫取各种食物的“时间表”以充分利用资源[①]；再加上冬天寒冷，陆生动物行动迟钝，因而冬季是狩猎的好季节。全新世早期南岭南麓的冬天稍暖于现代，在远古人的生理感觉中并不十分寒冷，还可以忍受水中觅食，因而捕捉水生动物也是冬季的主要经济活动之一。表2－2所列举的仅为动物骨骼所制作的器具，实际上还出土有相当数量的动物遗骸。因此，这一季节人们主要猎取动物食物，以补充蛋白质和脂肪营养。

第三节　小结

南岭南麓岩溶地区岩溶发育，原始人类文化遗存比较丰富，其中甑皮岩遗存更是考古资料最为丰富的一处，因此本章以其为核心资料，复原研究全新世早期即距今约12 000～7 000年的生产生活情况。

全新世早期自然环境中的物理因子与现代无异。该地区的地质、地貌特点是：周边高，中间低，山脉走向多变，岩溶发育，地表水和地下水都比较丰富，各种土壤基本呈酸性反应，有一定的保水性，肥力较高，年无霜期超过300天，年平均气温18℃～20℃，年降水量达1 500～2 000毫米，且降水季节分配较均匀。

全新世早期的野生生物物种数量和生物量比晚近时期的更为多样和丰富，故可借助当地志书所列引的食物资源种类，结合现代科技的出土遗存的研究，复原该地区的植物群落和动物群落。

植物群落具有亚热带向热带过渡的性质，即以含有热带树种的常绿阔叶林为主。乔木一般分两层，林下热带性灌木种类繁多，蕨类植物是主要的种类，附生藤本也较发育。野生动物种类比较丰富，桂林一带即有1 593种。其中软体动物和节肢动物较多，脊椎动物中的鸟纲是比较大的一纲，

① 参张光直：《考古学专题六讲》，文物出版社，1986年，第30～31页。

鱼纲和哺乳纲的种类及数量比较少。

距今约 12 000 年到 7 000 年，诸溶洞的文化堆积在时间上是连续的，证实了溶洞可居；此外，洞内相对恒定的温度和地下河的充足水源，洞外良好的谋生环境和可防兽害，等等，乃溶洞可居的客观因素。之后，由于大西洋期溶洞不断滴水导致无法居住，人们走出溶洞。

石器中的石锤既可用于制作诸如砍砸器和切割器等石器，也可用于捶打植物纤维，这是基础性的生产工具。此外，还包括用于砍斫树木、竹、藤及敲打兽骨的砍砸器；剥骨切肉或刮切各种薯类食物，或用于切削木棍以及刮取竹篾和藤皮的切割器。先民们都能够主动采集岩性合适的石材制作它们，这是生产力水平提高的标志。

陶器的原料能够从随机取土发展到随机选土，“绳纹”这种工艺纹饰普遍出现，是提高陶器质量和效率的结果，陶器的烧制当从露烧发展为原始窑烧，这是生产力的飞跃发展。

虽无实证，但基于该地区出产有厚皮的树种，出土了可用于捶击植物纤维的石锤及可用于缝制的骨针，仍可认定甑皮岩居民可能制作最粗糙的树皮布，缝制之以蔽体。

一年中的 5 月至 11 月，无论是淀粉类和维生素类的植物类食物，还是蛋白质脂肪类的动物类食物，都是采集的旺季。但随着对自然资源认识的不断深化，先民会合理安排攫取各类食物的“时间表”，优先攫取季节性强的植物类食物，而动物类食物大多留待冬季。

植物类食物中的薯蓣科植物，只要用木棒掘其松动即可连根拔起，再用一些石器和骨器切割，比较容易获取。并据相关迹象推测，晚期的甑皮岩人很可能培植薯蓣科植物。维生素类食物更是徒手可采。人们在此食物旺季可能只捕捉一些节肢动物，或利用模拟啼鸣声击打、吊绳陷机和罗雀等方法杀捕鸟类。

天气寒冷的 12 月至 1 月，植物类食物几乎断绝，但该地区的哺乳类动物丰富，出土兽骨中半数以上为鹿科，其次为豪猪，人们可能利用装圈、装打棒、套弹索、挖陷阱等方法猎取之。

2 月至 4 月是食物短缺的季节，但天气转暖，万物萌生，人们可以采集陆生的春笋和其他可食用的植物茎叶；也可捕捉多年生的软体动物、节肢动物和硬骨鱼类，乃至冬眠醒来的两栖类和爬行类动物。虽然它们在这个季节并不肥美，但可作为食物的补充。甑皮岩出土鱼镖5件，可见远古人常用鱼镖叉鱼；涸渔、毒渔、筌渔是众多少数民族古老的捕鱼方法，先民也可能采用。其他动物，只要熟悉其生长环境和生理特性，捕之甚易。

所有食物的最简单吃法是水煮或火烤，为之不难。

第三章

先秦珠江三角洲南部网河平原居民的生产生活复原研究

南部三角洲地区包括网河平原的沙田区（即南部网河平原）和围田区（即北部网河平原）。上文已经援引地理学的研究成果说明现代珠江三角洲平原的形成过程有两种途径：一种是与一般的江河相同的，泥沙由河口不断地向海推进，也就是常见的淤积而成的冲积平原；另一种是由于海洋的风流和沿岸流与地球自转力的共同作用，使一些海湾或岛屿间，形成了海湾沙丘或连岛沙坝或沙堤—泻湖生境，也就是地理学中所说的“镶嵌式地形成”。因而，现代南部网河平原的一些陆地相对于紧邻的北部网河平原，其形成及麇集居民的时间还要古老。就此，我们先探讨南部三角洲地区居民的生产生活情况，再述及北部三角洲地区的情况。

南部网河平原麇集居民的时间大概从距今 7 000 年前后开始，至距今 6 000年前后达到高潮。之后，人们为了有效地适应环境的变迁，以北向为主地择地分散谋生。又在距今 3 800 年前后，北部网河平原开始加快麇集居民的步伐，经过择地谋生的历练，至距今 3 000 年前后即中国历史上的商周之际，冲积平原上开始麇集更多的居民，逐渐地以其南部的今广州一带为中心地定居谋生，形成“越人系统”①。

南部网河平原地区大致相当于今中山市至深圳市稍北一线以南的地区（见第一章的珠江水系岭南四个子地理单元分布图）。这里的海湾或海岛之间，在距今 7 000 年前后，形成了一些高于海平面的沙质堆积体，在这样的陆地上面留存有文化遗存。就目前所获材料而言，这些遗存中以深圳市咸头岭遗址距今约 7 000 ~ 6 000 年的最为丰富，并具典型意义，故考古学界将与其相关的遗存甄定为“咸头岭文化”。之后，环境发生变化，人群分散，谋生策略以及由此产生的文化也随之改变。既然我们意在复原研究此地距今约 7 000 ~ 5 000 年人们的生产生活，就必须先重点关注和研究咸头岭这个时间段的遗存，再尽量统合相关遗存。

---

① 费孝通说：“现在沿海的越人已经都融合成了汉族，而这个越人系统至今还保住了西南一隅，主要是居住在山区的盆地里从事农业，这些地区的山腰和山上却住有苗瑶和其他山地小民族。这样一个分布颇广，人数又众的越人系统究竟怎样形成的历史，我们还没有具体材料予以说明。”参见费孝通：《中华民族的多元一体格局》，《北京大学学报》1989 年第 4 期。

第一节　“沙堤—泻湖生境”

一、珠江口的海岸堆积地貌

在地质结构上，南海地洼区中分布有珠江口地洼列和莺歌海—琼东南地洼列。其中的珠江口地洼列展布于广东岸外大陆架区中，是一个在中生代大陆活化造山带的基础上发展起来的新生代盆地地区，其基底岩石为早古生代变质岩和燕山期花岗岩。珠江口盆地的形成发展经历了三个阶段：晚白垩世—早第三纪初的初始裂陷阶段、渐新世—中新世初的陆缘扩张或陆缘裂谷阶段以及中新世晚期以来的整体凹陷阶段。珠江口盆地勘探资料表明，现今大陆架在始新世亦为大型的内陆湖盆，也有不少短程河流注入其中。所以尽管珠江水系的雏形早已出现，但许多河流可能仍未贯通，只是注入就近的湖盆。渐新世初，珠江口盆地开始大规模下沉，由陆变海并与华南大陆分离，其北缘出现了巨大的三角洲沉积；与大陆架的下沉相反，岭南大陆大幅度抬升，此时分割的河流可能开始贯通，并形成外流型河流，四级和四级以上水系基本形成，珠江和韩江水系由此诞生。①

也就是说，在地质结构上，珠江口是一个在中生代大陆活化造山带的基础上发展起来的新生代盆地地区。始新世之后，珠江口这个陆缘盆地继续拉伸裂陷，再经过整体凹陷的下沉作用，至中新世晚期最终发展为陆缘海中的地洼盆地系列。第四纪的全新世来说，海侵使珠江口变为海域，其陆缘地区的基底岩石为早古生代变质岩和燕山期花岗岩。日久天长，海岸的基底岩石是能够风化成“沙”而被搬运入海的。

海岸沙丘是海滩上被陆地搬运和海上搬运作波状起伏的沙质堆积体。考古学界习惯把坐落在上面的遗址称为沙丘遗址。但有些沙丘是顺岸分布，内侧与基本海岸相毗连的；有些沙丘却是与陆地以泻湖相隔的岸外堆积体。地理学界一般把后者称为堡岛或障壁岛或岸外沙堤。

沙堤“成因多样，大多数是冰后期海面上升的产物。冰后期低海面时

① 黄玉昆等主编：《岭南地质与矿产》，广东人民出版社，2003 年，第 120、159 页。

期，在沿岸风作用下，海滩上形成波状起伏的沙质堆积体，即海岸沙丘。同时，在涌浪上冲水流作用下于海岸线上形成泥沙堆积体，即滩脊。后来，海面上升淹没了沙丘或滩脊向陆的一侧，形成泻湖，原先的海岸沙丘或滩脊就演化成堡岛。也有一些堡岛是由于顺岸延伸的沙嘴基部被波浪或潮流冲断而形成”①。

在中国，“冰后期海平面变动的进程可分两个阶段：距今7 500年前，海平面上升速度较快，平均每年达到0.6～1.6厘米，7 500年以来海平面上升速度逐渐减小”。由于“海面迅速上升，海水进侵，淹没古沿岸平原时，泥沙在波浪的作用下于海岸线附近形成滨岸砂体。海面上升超过砂体后的平原高程时，海水淹没堤后地带，形成泻湖，滨岸砂体转变为滨外砂体”。这样，其间泻湖的发展方向是“封闭泻湖→半封闭泻湖→海湾泻湖”。② 换言之，咸头岭遗址所在的沙堤—泻湖体系是距今7 000年左右，由于冰后期海进而开始形成的。

当然，未排除咸头岭遗址所在的沙堤—泻湖体系中最老的第3道沙堤在距今7 500年左右开始形成，而次老的第2道沙堤形成于距今6 000年左右。因为，现代珠江三角洲在最后冰期时为大陆架平原，但已局部形成深切的河谷系统。冰后期海水倒灌，至大西洋期时海平面高于现代的约2米，使它变为漏洞状大海湾，顶端地区为古河口，山丘变成岛屿。稍后，海平面基本稳定在现代的水平上，现代三角洲平原才逐渐地、自北而南地、镶嵌式地形成。③

沙丘遗址所处的自然环境与沙堤遗址相比较，仅仅缺少了“泻湖”。但“沙堤—泻湖生境”这种独特的生态系统，对这些遗址居民的谋生策略而言，具有重大甚至是决定性的影响。因此有必要首先着重说明“沙堤—泻湖生境”的情况。

---

① 以上引文见《中国大百科全书·地理学》第184页的“海岸堆积地貌·隔岸地貌”。

② 李从先、陈刚：《冰后期海进海退和沙坝—泻湖沉积体系》，《海洋学报》1984年第5期。

③ 《珠江志》编纂委员会编：《珠江志》卷1，广东科技出版社，1991年，第134页；李平日等：《珠江三角洲一万年来环境演变》，海洋出版社，1991年，第65页。

二、“沙堤—泻湖生境”的具体介绍

（一）概况

冰后期气候变得温湿，南中国海基岩海岸的岩体不断风化产沙，又被经常性的雨水搬运入海；稳定的季风和岸浪又将海沙搬运而形成沙丘；最后由于上述因素与海进的共同作用，形成了由海湾陆地、泻湖和泻湖外浅海三个生物群落镶嵌组成的一种独特的生态系统，我们称之为“沙堤—泻湖生境”。一般而言，至大西洋期之末，“沙堤—泻湖生境”当已演替为生态学中的顶极群落①。

咸头岭“沙堤—泻湖生境”的形成过程描述：海湾陆地子生态系统首先演替至顶极群落，其多样和极其丰富的植物及动物的腐殖质，被山溪淡水搬运至泻湖和泻湖外浅海，使其水体营养丰富与盐度多样化，最后导致其水生资源的多样且极为丰富，同时具有稳定性和明显的个性特征。与此同时，泻湖和泻湖外浅海的水雾也为海湾陆地提供温湿的水分，加速各种类别的植物和动物的成长。由于大西洋期之末的海平面趋于稳定，泻湖逐渐淤积成陆，湖岸周围成为各种植物和动物麇集的优势空间，有助于各个子生态系统之间的资源互惠共生，而促使“沙堤—泻湖生境”不断获得动态之稳定。

咸头岭“沙堤—泻湖生境”的物理环境描述：海湾陆地顶极群落，形成时间最早，是咸头岭“沙堤—泻湖生境”形成的基础。在其演替过程中，不与外界隔绝，因此是由气候所决定的、最为稳定的生物群落。这样，在分析海湾陆地子生态系统的资源时，所依据的是当时珠江三角洲以及区内其他地方的物理环境（主要包括气候条件、土壤条件和降水量）。

泻湖外浅海生物群落最初形成于冰后期，此时它也不与外界隔绝，因此其特征也由区域物理环境所决定，但在整个“沙堤—泻湖生境”形成之后，它的小环境会受到海湾陆地和泻湖两个子系统的较大影响（例如盐度、营养度及某些物种的耐受性等）。

---

① 顶极群落（Climax Community），一个经过形成、发展和演替，最后趋于相对稳定的生物群落。这种群落本身维持其稳定的持久性，与其本身所处的环境条件维持平衡。见戈峰主编：《现代生态学》，科学出版社，2002 年，第 240 页。

泻湖顶极群落的情况与泻湖外浅海群落相似。但在整个“沙堤—泻湖生境”形成过程的后期与形成之后，它便基本与外界隔绝了，因此其个性特征明显：物种数目少，竞争和捕食并不十分激烈，而大种群随机灭绝的可能性也比较小。① 因为咸头岭泻湖的面积比较大，泻湖顶极群落还是抗干扰的。

现今的环珠江口地区，处于常绿阔叶林带到热带雨林的过渡带的最南端。② 今深圳大鹏镇辖区内，地形以丘陵、低山为主；年平均气温 22℃，最高气温 33℃，最低 1.4℃；相对湿度年平均 80%；降雨量年平均 1 933 毫米；属亚热带海洋性气候。③ 在距今 10 000～7 500 年，珠三角较冷，年均气温比现在低 4℃。7 500 年以来，气候同现在差不多，平均变幅 ±2℃。④ 但考虑到距今 7 500～5 000 年的中期，中国气候处于“仰韶高温期”⑤，这里还应更温湿些，故在分析“沙堤—泻湖生境”的植物群落时，主要参照纬度较之更低的雷州半岛和海南岛季雨林带的情况，并以咸头岭一带为主。

（二）自然资源分析

1. 植物资源

新石器时代中期以来珠江三角洲地区的植被种类大致有：栲属、杜英属、胡椒科、棕榈科、红树科、夹竹桃科、柞木属、石柯属、榄红树属、桉属、松属、水松属、杨梅属、栎属、栗属、桑科、胡桃属等木本植物，莎草科、禾本科、藜科等草本植物以及水龙骨科、凤尾蕨科、芒萁属、铁线蕨属、鳞盖蕨属等蕨类植物。⑥ 考古工作者在发掘珠海市宝镜湾遗址时，曾采集土样作过孢子花粉分析，统计显示在距今约 4 500 年前后，珠海的植被种属有：桑科、榕属、原皮树属、杨梅属、山龙眼属、紫金牛属、樟科、夹竹桃科、松属、马鞭草科、禾本科、蒿、菊科、水蕨、网蕨、芒

---

① 尚玉昌：《普通生态学》，北京大学出版社，2002 年，第 309～321 页。

② 侯学煜编著：《中国的植被》，人民教育出版社，1960 年，第 157 页。

③ 深圳市史志办公室辑：《深圳市十九镇简志》，海天出版社，1996 年，第 202～203 页。

④ 李平日：《六千年来珠海地理环境演变与古文化遗存》，见珠海市博物馆等编：《珠海考古发现与研究》，广东人民出版社，1991 年，第 265～272 页。

⑤ 竺可桢：《中国近五千年来气候变迁的初步研究》，《考古学报》1972 年第 1 期。

⑥ 李平日等：《珠江三角洲一万年来环境演变》，海洋出版社，1991 年，第 3～15 页。

箕、里白属、膜蕨、石松、海金沙、凤尾蕨、环纹藻等。[①]

本章以植物所含主要物质成分为标准分类，仅分析与人类谋生密切相关的根茎主要含淀粉类、籽实主要含脂肪类、籽实主要含维生素类和植株主要含纤维类四种植物资源。

（1）根茎主要含淀粉类。

木薯：灌木状多年生作物，野生种可分为甜、苦两个品种类型，现栽培种广泛分布于华南地区。20 世纪我国“三年自然灾害”时期，海南岛的民众便曾采掘野生苦品种加工充饥，若未经盐卤晒干便煮食，则会因中毒而头晕。

薯蓣科各野生种：薯蓣科乃缠绕草质藤本植物，其中的薯蓣，也叫山药或淮山；参薯（大薯）与薯蓣相似，区别在于栽培的块茎变异大，通常圆锥形或球形的块茎外皮为褐色或紫黑色。薯蓣科植物的栽培种或野生种，我国南方现在都很常见。人们熟悉的番薯，在华南地区尚未见到野生种，但同为旋花科蔓生草本的甘薯（甜薯）则有野生种，其营养价值比番薯更高。

（2）籽实主要含脂肪类。

山柚：别名山柑、山柑仔，常绿小乔木，其嫩叶可食，但由其成熟果子核仁经脱水精榨而获得的山柚油，现在民间还常用于孕产妇和老年人的体血调理。主要生长于低纬度、低海拔的树林里。

露兜：别名林茶、野菠萝，露兜树科，它近球形的复果由 50～70 个或更多的肉质的小核果集合而成，小核果中的白仁含丰富的植物脂肪。多见于亚洲和大洋洲的热带海岸地带，今咸头岭泻湖周边仍然多见。

黑莎草：黑莎草属，多年生、粗壮草本，籽实可榨油，产于华南和西南干燥草山上。

（3）籽实主要含维生素类。

荸荠：俗称马蹄，又称地栗，莎草科，荸荠属。浅水性宿根草本，球茎含丰富维生素，可清热生津，盛产于两广地区。

野蕉：芭蕉科，与常见的芭蕉科果蕉相似，但其果实内含籽，味酸。分布于广西、广东、福建、台湾等地，今珠海海岛仍可见到。

---

① 广东省文物考古研究所等编：《珠海宝镜湾——海岛型史前文化遗址发掘报告》，科学出版社，2004 年，第 359 页。

大果人面子：乔木，籽实状如花生米，棕色，富含油分，可食。华南地区多见。

山稔子：即桃金娘的果实。熟果味甘，含糖类和氨基酸等营养成分。华南多见。

山竹：藤黄属，常绿乔木，树高可达 15 米，果皮实硬，果肉雪白嫩软，味清甜甘香。华南常见。

荔枝：原产于我国南部，今广东、广西及海南岛雨林中仍可见到野生种。

龙眼：原产于我国南部及西南部，今海南岛可见到野生种。

杨桃：古称五敛子。“色青黄皮，肉脆软，味极酸，身有五棱，邑人呼镜为敛，故以为名，能解蛊毒，以蜜渍之，甘酸而美。《虞衡志》：五棱子即五敛子，又名羊桃，又名三敛。”我国为原产地之一。

柠檬：古称宜母果，“又名宜檬，俗呼林檬。制以为浆甘酸解暑”。我国为原产地之一。

木瓜：亦称万寿果，“实在树间，如柚，味香甜可人”。今两广常见。

柚子：古称油柚子，“山果也，皮滑如柰，色青黄，大如弹丸，味甘而微苦，食后香留舌木”[①]。华南盛产。

其实，在亚热带阔叶雨林中属于籽实主要含维生素类的植物相当丰富，现在市面上的“高级南果”中的相当部分，哪里都有野生种。我国“三年自然灾害”时期，海南岛民众，均攫采上述的野生植物块茎和籽实以充饥。

（4）植株主要含纤维类。

“藤之类不一，有黄藤、白藤、沙藤、金刚藤之殊。”[②]

红藤来源于林通科植物大血藤的干燥藤茎；白藤也叫省藤。现在人们所用的各类藤具，一般是由这两种藤编织而成的。我国云南、广东、广西、福建均有出产。

苘麻（青麻）：韧皮纤维灌木。连杆砍下后，沤于水中两天，即可剥其皮加工麻纤维制品。产于热带亚热带地区。

---

① 以上均见（清）舒懋官修，王崇熙等纂：《新安县志》卷 3《舆地略·物产》，台湾成文出版有限公司，1974 年，第 123～125 页。

② （清）舒懋官修，王崇熙等纂：《新安县志》卷 3《舆地略·物产》，台湾成文出版有限公司，1974 年，第 130 页。

2. 动物资源

深圳大鹏镇一带，今有野生动物 30 多种，包括蟒蛇、眼镜蛇、金环蛇、银环蛇、白鹳、穿山甲、大小灵猫、大壁虎、野猪、果子狸、豪猪、小鹿、野兔等。[①] 古代人们采食的动物大致有：

石蜜，“蜂属也……今邑人斲竹为笼，畜以为业。至四月取其酿，曰百花糖”。

蚺蛇（即蟒蛇），“大者能吞鹿食人……其肉可食，其皮可备鼓”。

鸟类有鹧鸪、鹌鹑、画眉、兜兜雀、豁鸡、江鸥等。

兽类有虎、猴、黄麖（“似鹿而小”）、地豗猪（“似猪而小，藏山麓穴中，夜则食薯芋，猎人捕之，一身皆不能伤，惟在软嘴处击之则倒”）、山猪（即豪猪）、獭（“水兽也，善捕鱼。猎人于春前捕之，取其皮以为裘”）。[②]

3. 泻湖和泻湖外浅海资源

（1）水体特征。

由于接纳溪水搬运的陆上腐殖质，因此泻湖水体营养丰富，是高生产力的生态系统；由于泻湖仅靠潮流通道与湖外浅海连接，因此水体缺氧，盐度多样化；水深 1 米左右，不断成陆；水体日照时数长。

大凡“沙堤—泻湖生境”，均生成于海岸曲折的海湾，海湾顶部及沿岸潮间带滩涂略宽，底质属于泥沙质及沙质类型，局部细沙及砾石，大部分沿岸潮间带狭窄。潮下带浅海大部分底质为泥或泥沙质，局部为沙质。海湾的顶部及东北部浅海水深多在 2 ~ 6 米，靠近西南面及湾口水深 10 ~ 15 米，除周围少数山地溪涧的径流注入外，无大河注入。海水盐度的季节性变化小，表、底一致（引者注：但靠近泻湖潮流通道的浅海，雨季咸、淡水交换尤其频繁）。海水温度年平均 21.6℃，平均水温 1 月最低，为 14.9℃；8 月最高，达 29.9℃；12 月至翌年 3 月的月平均水温皆在 20℃以下，属亚热带海域。[③]

上述水体构成了泻湖和泻湖外浅海的水生资源：丰富、季节性波动

---

① 深圳市史志办公室辑：《深圳市十九镇简志》，海天出版社，1996 年，第 207 页。

② 以上均见（清）舒懋官修，王崇熙等纂：《新安县志》卷 3《舆地略 · 物产》，台湾成文出版有限公司，1974 年，第 130 ~ 140 页。

③ 余勉余等：《广东省浅海滩涂增养殖渔业环境及资源》，科学出版社，1990 年，第 63 页。

小、易于攫取。

（2）食物网。

A. 自养生物。

泻湖和泻湖外浅海的自养生物除了岸边的红树林之外，还有水下大型植物、附生植物以及各种海域藻类。大型藻类主要有浒苔（基部以固着器附着在岩石上，生长在中潮带滩涂或石砾上。12 月至翌年 4 月是生长旺盛期。富含碳水化合物、蛋白质、粗纤维及矿物质，还含有脂肪和维生素）、石花菜、鹅肠菜、马尾藻，现有 250 种，大多为暖水性种类，广泛分布于暖水和温水海域，其中有的种类如羊栖菜可食用。① 然而，大鹏湾的浮游植物"春季种类较多，尤其是甲藻，不仅种类多，数量也大，主要种群有夜光藻；硅藻全年均有分布，数量上尤在夏季占绝对优势；除某些夏季常见藻类等继续占优势外，菱形海线藻、细长翼根管藻等种类也成为该季主要的优势种群；中肋骨条藻占有相当的优势"②。

在古代，"大叶苔，海藻，俗名马尾茜，人多采之以油醋拌食"。紫菜"生海崖石上"，故得来不易，但"为食品所珍，故销售甚广"。③

B. 低级动物。④

泻湖和泻湖外浅海的最低级动物包括：

螺贝类：此乃构成珠江口海湾海洋生物的主要类群。其中作为食用的主要种类有毛蚶、胀毛蚶、半扭蚶、粒帽蚶、翡翠贻贝、马氏珠母贝、企鹅珍珠贝、栉江珧、二色裂江珧、旗江珧、华贵栉孔扇贝、长肋日月贝、草莓海菊蛤、日本镜蛤、波纹巴非蛤、杂色鲍、泥东风螺、管角螺、瓜螺等。上述主要贝类以埋栖生活的占多数，如毛蚶、胀毛蚶、二色裂江珧、旗江珧等，它们的栖息范围遍及海湾的各水域；翡翠贻贝、马氏珠母贝、华贵栉孔扇贝、草莓海菊蛤等营附着生活的多见于石砾或沿岸礁区；泥东风螺、管角螺多见于海湾的湾口区域。在古代，人们在沿海潮间带捕捉到

---

① 曾呈奎主编：《中国海藻志》，科学出版社，2000 年，第 33 页。

② 吕颂辉等：《南海大鹏湾浮游植物种群的季节演替》，《暨南大学学报》（自然科学与医学版）1995 年第 1 期，第 118 ~ 119 页。

③（清）舒懋官修，王崇熙等纂：《新安县志》卷 3《舆地略 · 物产》，台湾成文出版有限公司，1974 年，第 122 页。

④ 海洋动物资源部分，主要引自余勉余等：《广东省浅海滩涂增养殖渔业环境及资源》，科学出版社，1990 年，第 63 ~ 64 页。

的螺类主要有蚝、沙螺、丫螺、潺螺（又称花螺，垂直分布于潮下带数米至数十米水深）、指甲蟹等。《新安县志》卷3《舆地略·物产》第138页云：“蚝，壳可以砌墙，可烧灰。肉最甘美”；“螺，种类亦繁”。

浮游动物：以沿岸暖水种类为主，其中有水母类、栉水母类、枝角类、介形类、桡足类、十足类等，优势种有显著的季节更替。[①] 古代人早已认识水母，云“每夏月，贾人集而货之，名曰海蜇”[②]。

甲壳类软体动物：“蟹族，类不一，水乡皆有。”[③] 有多分布于海湾东部海岸的远海梭子蟹（古人称蝤蛑）和小娘蟹（俗称外海蟹），也有生活于潮间带的石蟹和竹蟹（深水蟹）。而群栖于浅海海底的花蟹则可大量捕捉。[④]

虾“类不一，有沙虾、麻虾、斑节、金钩之名，大者曰龙虾”[⑤]，另有明虾、银虾。沙虾是生活在海边滩涂的中小型虾类；麻虾是产于海淡水交界处淡水中的一种野生小虾；明虾即对虾；银虾“状如绣针……稍大者出新安铜鼓角海，名铜鼓虾。以盐藏之，味亦美”[⑥]。

此外还有海龟。[⑦]

其他软体动物有墨鱼和章鱼。沿岸礁区的棘皮动物有糙海参、棕环海参和紫海胆等。[⑧]

C. 高级鱼类。

《新安县志》卷3《舆地略·物产》第132～136页所记与远古人们的捕食能力相关的高级鱼类有：

---

① 黄小平：《大鹏湾平洲岛附近海域生态环境特征及其演变过程》，《热带海洋学报》2004年第9期，第76～77页。

② （清）舒懋官修，王崇熙等纂：《新安县志》卷3《舆地略·物产》，台湾成文出版有限公司，1974年，第138～139页。

③ （清）舒懋官修，王崇熙等纂：《新安县志》卷3《舆地略·物产》，台湾成文出版有限公司，1974年，第138页。

④ 深圳市史志办公室辑：《深圳市十九镇简志》，海天出版社，1996年，第224页。

⑤ （清）舒懋官修，王崇熙等纂：《新安县志》卷3《舆地略·物产》，台湾成文出版有限公司，1974年，第139页。

⑥ （清）舒懋官修，王崇熙等纂：《新安县志》卷3《舆地略·物产》，台湾成文出版有限公司，1974年；（清）李调元撰：《南越笔记》，广陵书社，2003年。

⑦ 深圳市史志办公室辑：《深圳市十九镇简志》，海天出版社，1996年，第207页。

⑧ （清）舒懋官修，王崇熙等纂：《新安县志》卷3《舆地略·物产》，台湾成文出版有限公司，1974年，第137页。

“鲚鱼，至冬益肥”。鲚鱼平日栖息于浅海，繁殖季节大量从海中洄游至江河口半咸淡水区域产卵。

鲈鱼，喜栖息于河口咸淡水，也能生活于淡水。性凶猛，以鱼、虾为食。

“贴沙鱼，一名版鱼，种类不一……喜贴沙上，即《尔雅》所谓比目鱼也。一名鲽，咸淡水皆有之”。

“印鱼……不可常得”。但这种鱼以大鱼吃剩残渣为食，也食小鱼及无脊椎动物，可能常在泻湖浅海生活。

“鳜追鱼，海产鳝族也。味甘多脂”。“鳗鳝鱼，此与……鳜追、骨鳝、鹤鳝、沙鳝等同出海中”。鳝族一般埋栖咸淡水之交的沙质水底。

可能为远古人们所捕获的鱼类有：

石斑鱼主要种类有青石斑鱼和鲑点石斑鱼等。青石斑鱼为暖水性近底层鱼类，喜栖息在多岩礁海域中，用手钓及底拖网可捕获，味佳。鲑点石斑鱼为底层近海性鱼类，喜栖息在多岩石的海域中，用手钓可捕获，肉鲜美。①

鲷鱼有黄鳍鲷和黑鲷等。黄鳍鲷，大亚湾、大鹏湾皆有分布，以盐田至沙头角及澳头、稔山、范和港较多。黑鲷分布较广，沙头角、盐田、梅沙、澳头、稔山、平海一带皆有分布，多栖息于近岸礁区或砂、石砾底质海域。②

蓝子鱼分布广，盐田、大鹏澳、哑铃湾、金门塘数量最多，为暖水性近海鱼类。常见种类有黄斑蓝子鱼及褐蓝子鱼等。

斑鱼四季皆有，性长耐活，肉质极好，有红斑、青斑、泥斑等。多栖息于海崖岩礁处。③

此外，还有明清时期人们所捕食或认识的海鱼类：大者数十丈的海鳅，排齿如锯的锯鱼，肉厚细嫩的鲶鱼，鳞细而肉颇粗的马五（马母），用罾合围方可捕取的黄花鱼，大者数百斤的坭顶鱼，其味甚美的石斑鱼，春季捕获的马鲛，渔者合围取之的鲭鱼，春季时最盛的鳢鱼，皮肉俱美的

---

① 国家水产总局南海水产研究所等：《南海诸岛海域鱼类志》，科学出版社，1979年，第133～136页。

② 余勉余：《广东省潮间带生物调查报告》，科学出版社，1990年，第141页。

③ 深圳市史志办公室辑：《深圳市十九镇简志》，海天出版社，1996年，第224～225页。

青衣鱼，烹之甚美的飞鱼，等等。

D. 食肉类和鸟类动物。

分布于浅海及河口的海豚和海牛，《新安县志》称之为海猪和人鱼。以海鱼和水母等软体动物为主要食物的海鸬鹚和白腹军舰鸟，古代也多见，可推知海洋生物之丰富。

通过上面的分析，便可构建一张泻湖和泻湖外浅海食物网示意图如下。

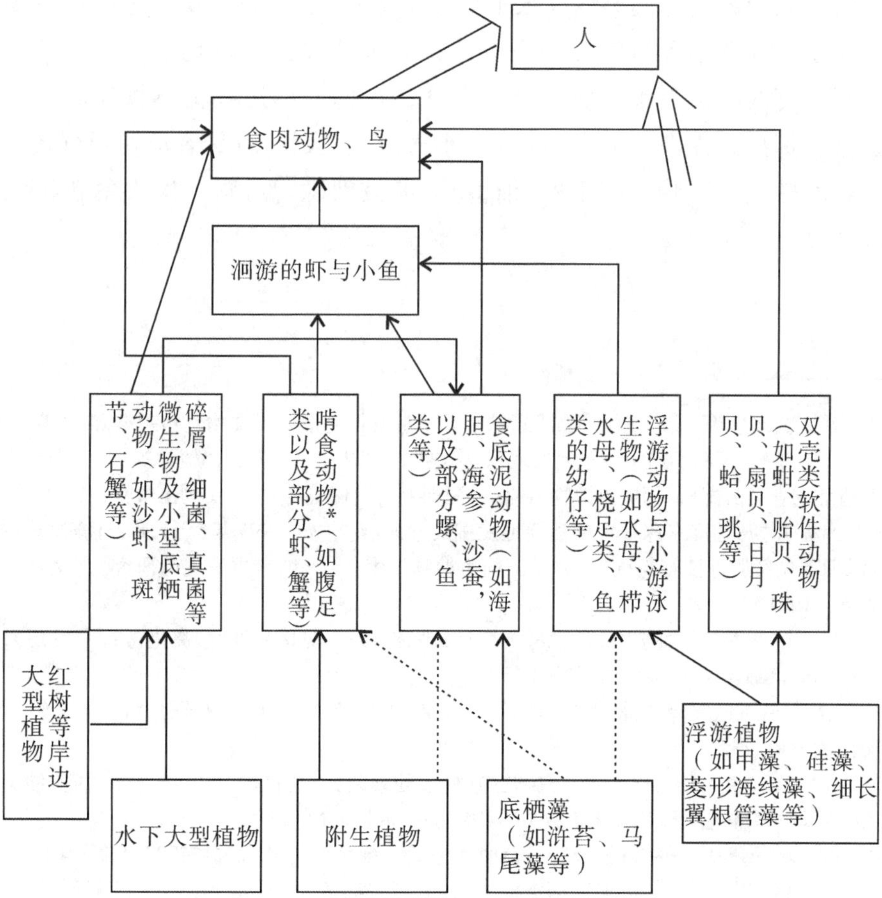

图 3-1　泻湖和泻湖外浅海食物网示意图

*啃食动物：也称沿岸啃草动物（littoral browsers），指啃食沿岸带海藻的动物。腹足类和虾、蟹均有代表，某些沿岸和岩礁间的鱼类也有以海藻为食的。

第二节　居民的生产生活复原研究

一、咸头岭遗址新石器遗存的年代及其形成过程

咸头岭遗址所在的大鹏湾东北的迭福湾，形成了从海往陆、由新至老排列着的，与海岸线大致平行的第 1 ~ 3 道沙堤；其文化遗存主要分布于最老的第 3 道沙堤和次老的第 2 道沙堤上，因此咸头岭遗址乃本章所言的沙堤遗址。实际上，在珠江口的两岸还有相当数量的沙堤遗址。例如，深圳市的大黄沙①、小梅沙②和大梅沙③，香港特别行政区的长沙栏④、丫洲⑤、沙下⑥、涌浪⑦、龙鼓洲⑧、深湾⑨、沙头角新村⑩、

---

① 文本亨等：《广东深圳市大黄沙沙丘遗址发掘简报》，《文物》1990 年第 11 期。

② 莫稚：《深圳市考古重要发现》，《文物》1982 年第 7 期；杨耀林等：《深圳市先秦遗址调查与试掘》，深圳市博物馆编：《深圳考古发现与研究》，文物出版社，1994 年。

③ 叶杨：《广东深圳大梅沙遗址发掘简报》，《文物》1993 年第 11 期；杨耀林等：《深圳市先秦遗址调查与试掘》，见深圳市博物馆编：《深圳考古发现与研究》，文物出版社，1994 年。

④ 区家发：《大屿山长沙栏考古调查试掘报告》，见区家发：《粤港考古与发现》，三联书店（香港）有限公司，2004 年。

⑤ 《香港吐露港丫洲的考古收获》，见邓聪等编：《东南考古研究》（第 3 辑），厦门大学出版社，2003 年。

⑥ 香港康乐及文化事务署古物古迹办事处编制：《香港的远古文化——西贡沙下考古发现》，香港康乐及文化事务署古物古迹办事处，2005 年。

⑦ 招绍瓒等：《香港涌浪新石器时代遗址发掘简报》，《考古》1997 年第 6 期。

⑧ 区家发：《龙鼓洲遗址调查报告》，见《香港考古学会会刊》（第 15 卷），2002 年；区家发：《龙鼓洲遗址抢救发掘简报》，见区家发：《粤港考古与发现》，三联书店（香港）有限公司，2004 年。

⑨ 秦维廉编：《南丫岛深湾考古遗址调查报告》，香港考古学会，1978 年。

⑩ 莫稚：《香港沙头角新村遗址考古发掘报告》，见《香港考古学会会刊》（第 15 卷），2002 年。

东湾仔北[①]和东湾[②]，中山市的龙穴[③]和白水井[④]，珠海市的后沙湾、草堂和棱角咀[⑤]，等等。

咸头岭遗址的五次发掘，均集中于第3道沙堤和第2道沙堤的部分区域。根据清晰的地层关系、各文化层陶器的特征及形式变化特点和器物组合关系，可以把咸头岭遗址新石器时代的遗存分为三期5段。即1、2、3段连接紧密为第一期，4段为第二期，5段为第三期。又根据2004年和2006年发掘中不同层位所出木炭样品碳十四的测年数据和大黄沙等遗址的碳十四测年数据推断，其绝对年代（距今）大致为：第1段，下限接近7 000年；第2段，下限6 600年前后；第3段，下限6 400年前后；第4段，下限6 200年前后；第5段，下限6 000年前后。

换言之，1985年至2006年五次在第3道沙堤和第2道沙堤发掘所获文化遗存的年代为：距今7 000～6 000年。这与上文所归纳的咸头岭遗址所在的沙堤—泻湖生境中最老的第3道沙堤在距今7 500年左右开始形成，而次老的第2道沙堤形成于距今6 000年左右基本吻合。

咸头岭文化遗存创造者的来源有三种可能：一是最后冰期末期之时，原在大陆架平原谋生的人们，为躲避冰后期初期海进而“高迁”至丘陵高地（即后来的海湾陆地）；二是大西洋期之早期，来自西江及其以北的地

---

① 邹兴华等：《香港马湾岛东湾仔北史前遗址发掘简报》，《考古》1999年第6期。

② 区家发等：《香港大屿山东湾新石器时代沙丘遗址发掘简报》，广东省博物馆等编：《纪念马坝人化石发现三十周年文集》，文物出版社，1988年；区家发等：《香港石壁东湾新石器时代遗址——1987、1988年两次发掘综合报告》，*Journal of the Hong Kong Archaeological Society*, 1986－1988，Vol. 12。

③ 李子文等：《中山市龙穴新石器时代沙丘遗址》，《中国考古学年鉴》，文物出版社，1992年。

④ 杨式挺等：《从中山市龙及白水井发现的彩陶谈起》，见香港中文大学中国考古艺术研究中心：《南中国及邻近地区古文化研究》，中文大学出版社，1994年。

⑤ 《淇澳岛后沙湾遗址发掘》、《三灶岛草堂湾遗址发掘》、《香洲区棱角咀遗址发掘》，均见珠海市博物馆等编：《珠海考古发现与研究》，广东人民出版社，1991年。

区的“南迁”者；三是二者的结合。[①] 无论如何，咸头岭遗址形成的过程均可表述为：冰后期海进时，人们先在各类资源丰富、互补，季节性波动小的迭福湾河谷丘陵谋生[②]；当海湾转变为泻湖时，水生资源更为丰富和易于攫取，于是人们的主要活动区域转移至沙堤，并随时间的推移，由第3道沙堤扩延到第2道沙堤。

二、生产生活复原研究

下面，我们将以文化遗存乃人们有效地适应生态环境的创造物为思路，联系上文所复原的生态环境，分析具体的文化遗存，以复原人们的谋生情况。

然而，在狩猎—采集社会人们的流动性较大，所创造的文化遗存少而分散，再加上沙堤遗址特殊的埋藏环境，得以保留的就更少而分散，囿于此，复原人们的谋生情况将尝试借助更多的民族志和民俗学材料。

（一）文化遗存所反映的基本情况

咸头岭遗址的发掘者利用五次发掘的材料以及珠江三角洲的相关材料，将咸头岭文化划分为六段三期，此处仅摘录其中与咸头岭遗存的相关部分，制作表3－1至表3－4。

表3－1　咸头岭文化和咸头岭遗址新石器遗存分期和年代

咸头岭文化期别和年代（距今）	咸头岭文化段别	咸头岭遗存段别
第一期（约7 000～6 400年）	第一段至第三段	咸头岭第一段至第三段
第二期（约6 400～6 200年）	第四段	—
	第五段	咸头岭第四段
第三期（约6 200～6 000年）	第六段	咸头岭第五段

---

① 这里文化遗存创造者的三种来源，只有“南迁”具有实证意义［参赵善德等：《边疆考古特色：追踪文化遗存的创造者——珠江水系岭南前几何印纹陶文化遗存分析》，见中山大学人类学系等编：《边疆民族考古与民族考古学集刊》（第1集），文物出版社，2009年］；其他两种仅存理论上的可能性，出于考古研究“未发现不宜说其无”之虑，兹列之。

② 因为曾在珠海棠下环遗址的发现有年代相当于咸头岭第三期5段前后，即咸头岭文化偏晚的彩陶（参古运泉等：《珠海平沙棠下环遗址发掘简报》，《文物》1998年第7期，第4～16页），所以，虽然至今尚未在咸头岭遗址周围的海湾山麓发现彩陶等遗物，但无法排除日后的调查或发掘将有新的发现。故备此说。

上表显示的事实有二：一是各期延续的时间均较短，但第一期略长；二是在第一、二期的文化内涵方面，咸头岭文化衔接比较紧密，但咸头岭遗存略有断缺，这也许意味着咸头岭人当时的生产和生活方式均发生了某些变化。

表 3－2　咸头岭遗址新石器遗存各段石器、石料统计

	锛	饼形器	凹石	锤	杵	拍	凿	砧	砺石	石料	合计
第一期1段	4件	—	3件	—	—	—	—	3件	2件	7件	19件
	21.1%		15.8%					15.8%	10.5%	36.8%	100%
第一期2段	3件	1件	5件	—	2件	1件	—	4件	—	7件	23件
	13.0%	4.4%	21.7%		8.7%	4.3%		17.4%		30.4%	100%
第一期3段	4件	1件	7件	2件	—	1件	1件	2件	3件	4件	25件
	16.0%	4.0%	28.0%	8.0%		4.0%	4.0%	8.0%	12.0%	16.0%	100%
第二期4段	13件	39件	6件	2件	15件	2件	—	3件	9件	38件	127件
	10.2%	30.7%	4.7%	1.6%	11.8%	1.6%		2.4%	7.1%	29.9%	100%
第三期5段	12件	5件	2件	—	—	1件	1件	1件	2件	7件	31件
	38.7%	16.1%	6.5%			3.2%	3.2%	3.2%	6.5%	22.6%	100%

上表显示的事实有三：一是第一期石器的种类少，第二、三期种类增多。这说明随着时间的推移，人们谋生的手段日益多样化。二是用于加工植物纤维的饼形器等，在第二期猛然增多。这意味着充分利用植物纤维的可能性增大。三是主要用于砍斫的石锛，在第三期猛然增多。这或许是生活方式有所改变。

表 3－3　咸头岭遗址新石器遗存各段陶质统计

	夹砂陶	泥质陶	合计
第一期1段	53.6%	46.4%	100%
第一期2段	55.9%	44.1%	100%
第一期3段	59.4%	40.6%	100%
第二期4段	63.4%	36.6%	100%
第三期5段	91.6%	8.4%	100%

上表显示的事实是：夹砂陶的比例，在第二期时已悄然提高，而至第三期则提高到极致。一般夹砂陶是用于炊煮食物，而泥质陶是用于盛、贮食物的。前者多，后者少，这或许说明人们在日常生活中并不倾向于贮存食物。

表 3－4　咸头岭遗址新石器遗存各段陶器类别统计

	釜	罐	圈足盘	圜底盘	钵	碗	杯	豆	支脚	器座	合计
第一期 1 段	52.2%	14.7%	25.5%	—	—	—	6.6%	—	1.0%	—	100%
第一期 2 段	53.5%	9.3%	28.1%	—	1.5%	—	5.2%	—	2.4%	—	100%
第一期 3 段	56.5%	9.5%	16.6%	—	3.5%	—	3.6%	7.4%	2.9%	—	100%
第二期 4 段	57.7%	—	35.4%	—	—	—	—	1.2%	3.2%	2.5%	100%
第三期 5 段	58.6%	—	—	3.0%	—	16.3%	—	8.4%	8.5%	5.2%	100%

上表显示的事实是：用于炊煮的釜类器物贯穿始终。各期段用于盛、贮的器物形制有别，第一期圈足盘和杯并行，但以圈足盘为主，第二期仅盛行圈足盘，第三期为碗所代替。这种器物的形制变异而功能不变，可能与文化的传播或无意的创新（文化的次要特质）关系较为密切，而与谋生手段（文化核心）的关系可能是随机的。

综合上述四表的数据及其所显示的事实，可获知三点基本情况：其一，遗址发掘者将 5 次发掘的文化遗存甄定为一个考古学文化是合适的，分期也是清晰的；其二，人们在日常生活中并不倾向于贮存食物（第三期的遗存反映得更为明确）；其三，第一期石器的种类少，第二、三期种类增多，特别是用于加工植物纤维的饼形器等在第二期猛然增多，主要用于砍斫的锛在第三期猛然增多。

下面结合文化遗存与“沙堤—泻湖生境”的形成和演变过程，尽量把握资源变化与技术进步①的动态联系，分析、复原上述三点基本情况中衍生出的下面四个问题：其一，遗存创造者的人群亲缘关系以及“人地关系”是稳定的（这是一群文化遗存被甄定为考古学文化的本质）；其二，野外食物资源相对充裕且季节性波动小，人们不倾向于贮存食物；其三，自第二期开始，自然资源的变化，促使人们充分利用了植物纤维；其四，至第三期，生产能力的提高和人口的增殖，允许人们相对顾及蔽体之物与居所，并加强与外界的交往。最后，综合上述四点以说明咸头岭人的谋生方式。

（二）资源变化与技术进步复原

1. 人群亲缘关系以及“人地关系”是稳定的

上面在述及“沙堤—泻湖生境”时，已经分析了它是由海湾陆地、泻湖外浅海和泻湖三个生物群落，依次演替至顶极群落镶嵌组成的，并不断获得动态稳定的、特殊的生态系统。同时述及咸头岭文化创造者来源的三种可能：“高迁”、“南迁”以及二者的结合。下面就此三种可能逐一分析其“人地关系”。

其一，若“高迁”，则在最后冰期末期之时，有人群在大陆架平原上谋生。而现今遗址所坐落的大鹏半岛西岸的小海湾的迭福湾，当时应是一片平原连接着一连串的丘陵山地；冰期气候对低纬度地区的植被影响小，丘陵山地上的生物群落与全新世相差不大，人们理应熟悉并利用丘陵山地的资源。随着冰后期尤其是大西洋期的到来，大陆架平原变为海域，人们迁至丘陵山地谋生而逐渐更有效地利用其资源；同时随着丘陵山麓的海湾浅海的形成，人们也会熟悉并利用水生资源。最后至“沙堤—泻湖生境”的形成，人们也就熟悉而有效地适应其生态环境并构建稳定的“人地关系”。

---

① 技术进步有狭义和广义之分。广义技术进步是指产出增长中扣除劳动力和资金投入数量增长的因素后，所有其他产生作用的因素之和。技术进步既需要发明、创造等硬技术，也需要管理等软技术。联合国环境规划署将自然资源定义为：在一定的时间和技术条件下，能够产生经济价值，以提高人类当前和未来福利的自然环境因素。本书将已经被利用的自然物质和能量称为“资源”，将来可能被利用的物质和能量称为“潜在资源”。可见技术进步不但可以充分利用资源，还可能将潜在的资源转化为资源加以利用；同时资源匮乏可能会加快技术进步。这就是资源变化与技术进步的关系。

其二，若“南迁”，须先辨明三个基础性问题：一是迁徙时间，二是迁徙者原居住地当时的生态环境，三是迁徙的动因与途径。

首先，迁徙时间不辨自明。因为咸头岭遗址新石器遗存乃目前可确认的、今珠江三角洲最早的文化遗存，所以其上限时间只能是距今约7 000年。

其次，迁徙者原居住地当时的生态环境。距今约11 000 ~ 7 000 年的西江及其以北地区，一方面，植被和气候经历了三个阶段的变化：疏林、温湿偏凉→阔叶植物为主的针阔叶混交林、暖热潮湿→针叶植物为主的针阔叶混交林、温暖稍干[①]，所以陆上资源实有日渐匮乏的趋势；另一方面，早期上述部分地区是临近江河入海口的，而随着海平面稳定和现代珠江三角洲的日渐形成，就逐步变为江河的中游了。因为历史地理学家在距今约6 500 年的“珠江三角洲演变图”上是这样画的：崖门—开平水口—江门—鹤山—高明明城—肇庆金利—肇庆—芦苞—黄埔—增城石滩—东莞企石—莞城—东莞长安—深圳南头[②]，所以水生资源也逐渐地由丰富向相对贫乏转变。但是，迁徙者是熟悉于攫取河口的陆上资源和水生资源的，而河口的生态环境与“沙堤—泻湖生境”大同小异。

再次，迁徙的动因与途径。具体的动因是，因为河口区域中易于渔捞的水生资源，比中游区域要丰富得多，传统攫取水生资源者自然会随河口的变动而迁徙，有效地适应环境的扩张。因为咸头岭遗址当时与西江及其以北地区阻隔着漏斗状大海湾，所以只能也只可能利用简单的木筏或独木舟顺水而下[③]。质言之，迁徙者已熟谙在河海中的活动。

---

① 王丽娟：《桂林甑皮岩洞穴遗址第四纪孢粉分析》，《人类学学报》1989 年第 2 期。

② 《珠江志》编纂委员会编：《珠江志》卷 1，广东科技出版社，1991 年，第 136 页图 1 – 4；李平日等：《珠江三角洲一万年来环境演变》，海洋出版社，1991 年，第 78 页图 4 – 3。

③ 居住在太平洋海域岛屿上的波利尼西亚人，在和欧洲人接触之前即用石器和贝壳加工木材，制作独木舟。迁徙者亦可为之。参［苏］C. П. 托尔斯托夫等主编，周为铮等译：《普通民族学概论》，科学出版社，1960 年，第 84 ~ 85 页；［英］雷蒙德 · 弗思著，费孝通译：《人文类型》，商务印书馆，1991 年，第 51 页。另，2006 年发掘的、年代稍晚于咸头岭第 5 段的广东高明古椰遗存中便发现有规整的木桨（据广东省文物考古研究所的《2006 年全国十大考古新发现申报材料》及正在系统整理中的材料，承蒙崔勇和李岩两位先生垂告，谨此致谢）。有桨便有船，可为旁证。

如此看来，“南迁”人群也完全可以跟随着“沙堤—泻湖生境”的形成过程，有效地适应其生态环境，或言“人地关系”是稳定的。

其三，若二者的结合，则会出现这种情况：一个人群流动、迁徙到新的自然环境中谋生，假如新地点存在着另一个人群，则由于不同传统文化面对相同的生态环境也会有不同的适应策略而使同一环境中的新、老文化既有区别又有联系。上述文字表明，由于当时西江及其以北地区的生态环境与“沙堤—泻湖生境”大同小异，因而两个人群的“传统文化”也会是大同小异的，至少是可以融合的。进而言之，“人地关系”也是稳定的。

需要提及的是，咸头岭遗址的西部沿着海岸线分布了诸如大黄沙、小梅沙和大梅沙等具有“空间上的连续性和时间上的稳定性”[①] 的沙堤遗址，虽然这些遗址居民的谋生活动是开放的，但由于遗址所处的生态环境相似，以及远古先民受生产能力的限制而导致文化内涵更受制于生态环境，咸头岭遗址居民的谋生活动即使是半开放的，也不与人群亲缘关系和“人地关系”的稳定相抵触。

2. 野外食物资源相对充裕且季节性波动小，人们不倾向于贮存食物

一般而言，若生态环境可能提供丰富的野外食物，远古先民在人口压力小的情况下，并不强烈追求贮存食物乃至发展种植业。然而，丰富的食物资源必须满足两个条件：其一，人类所需要的淀粉类、维生素类和蛋白质类三种基本营养物质的相对均衡。例如新几内亚中部高原的土著策姆巴加人，为了解决缺乏蛋白质类营养物质的困境，付出高昂的代价来养猪。[②] 其二，以太阳年为周期，各个季节的野外食物的季节性波动小。下面，我们考察具体的生态环境，分析咸头岭遗址的野外食物资源，看其是否满足上述两个条件。

（1）关于海湾陆地资源。

在第二章中所列举的木薯和包括淮山、甘薯在内的薯蓣科各野生种，现在的咸头岭遗址中均有生长，人们可在 6 月至 11 月采掘乃至晒干贮存，补充人体所需要的淀粉类营养物质。

此外，这里盛产的各种植物果实，也可提供维生素类营养物质。例如，野

---

① 张光直：《考古学专题六讲》，文物出版社，1986 年。

② ［美］马文·哈里斯著，李培茱等译，陈观胜校：《文化人类学》，东方出版社，1988 年，第 62～67 页。

杨桃、野蕉、山稔子从5月就开始结果成熟；稍后，人面子和山竹也可被采食；球茎含丰富维生素的荸荠，现在还是南方人清热生津的佳品。至秋冬之交，还可攫取富含植物蛋白质和脂肪的黑莎草、山柚和露兜。

冬春两季陆上资源主要是提供蛋白质类营养物质。深圳大鹏镇一带，今有野生动物30多种。古代人可采食的动物大致包括青蛙、蟒蛇、穿山甲、果子狸在内的两栖动物和爬行动物。这些动物的捕捉比较简单，远古人只需利用简易的石器和木器即可获取。居住在非洲卡拉哈里沙漠的布须曼人，不知农耕和畜牧，“除吃兽肉和鸟肉外，还吃青蛙和蝗虫，炸蝗虫是为美味”①。蟒蛇“大者能吞鹿食人”，但人们只要熟悉其习性，捕捉也并不困难。20世纪80年代，我们在海南岛尖峰岭地区，就亲睹了当地黎族同胞用竹编笼子装着20多斤重的大蟒蛇到收购站售卖。运笔至此，不禁想起唐代柳宗元《捕蛇者说》中永州蒋氏捕捉野产异蛇的技能。诸如鹧鸪、鹌鹑、画眉和兜兜雀等各种鸟类，大洋洲土著人模拟它们的啼鸣声尽量接近后，再用其特制的投矛器投掷木矛或狼牙器或“回旋刀”击之②；咸头岭遗存中虽未发现此类木器，但可以相信其居民也可利用木器或石器或竹编器打击或诱捕飞禽。至于如猴、黄麖、地陇猪、豪猪和獭等兽类，只要运用简易的木器和石器，借助多人的力量，则完全可以捕杀——1981年进入世界遗产名录的北美野牛“死亡之涧”，乃史前印第安土著居民利用他们对地形的熟悉和对野牛习性的了解，将牛群追赶到悬崖使其坠崖死亡，而成为最大的围猎场之一。

（2）关于泻湖和泻湖外浅海资源。

水生资源主要为居民提供蛋白质类食物。虽然7月至8月是台风季节，12月至1月时有寒潮南下，但台风暴雨和寒潮均来去匆匆，恶劣天气的时间很短，所以人们一年四季均可攫取水生资源。况且，冬春两季陆上蛋白质类资源仍可补充。

可见，咸头岭遗址的野外食物资源可以满足营养种类互补与季节供给互补两个条件。

---

① ［苏］С. П. 托尔斯托夫等主编，周为铮等译：《普通民族学概论》，科学出版社，1960年，第237页。

② ［苏］С. П. 托尔斯托夫等主编，周为铮等译：《普通民族学概论》，科学出版社，1960年，第54页。

3. 人们最初主要直接利用海湾陆地资源，并利用水生资源互补以谋生

理论上，常绿阔叶林带或热带雨林带中动物的生物量很低，人们若长时间过分地依赖海湾陆地攫取蛋白质类食物，必然会失衡。但是，经过第一期500多年的演变，“沙堤—泻湖生境”已演替为顶极群落，泻湖和泻湖外浅海的水生资源也随即呈现出稳定性、复杂性、多样性、生物量最高的特征，人们对其中的各种资源当可充分认识并有效利用。在狩猎—采集社会中，当人们投入“生产”的热量（输入）仅稍大于所获食物可能取得的热量（输出）时，在技术不变的情况下，人们可能扩张（“生产”的地域按比例扩大），也可能强化（增加人力而不扩大“生产”的地域），但接踵而来的便是改变技术，否则由于自然资源的过度损耗，输入将大于输出。[①] 在“沙堤—泻湖生境”这种特定的生态环境中，由主要利用海湾陆地资源到主要利用泻湖和泻湖外浅海的水生资源，既是扩张，也是强化，更是改变技术的过程。下面将参考相关民族志和民俗的资料，以及我们的亲身经历和调查，阐述攫取水生资源的具体手段。

需要说明的是，我们认为，咸头岭居民进一步发掘海湾陆地资源，以及转化至主要利用泻湖和泻湖外浅海的水生资源的改变技术行为，肇始于第二期。具体说，是咸头岭遗址新石器遗存的第二期和第三期，人们已发明和利用了植物纤维网，而第一期尚无。为了行文的方便，这个问题留待下文论证，这里仅阐述第一期未利用植物纤维网的获取方式。

其一，照海。人们利用鱼、虾、蟹在刚涨潮时特别活跃又趋光的特点，在天刚黑便涨潮和没有月光的晚上，在浅海中缓走，火光照海，没有距离感的鱼、虾、蟹只管迎光而来，很容易被捕捉。螃蟹徒手捕捉即可，鱼、虾则须借助竹编成鸡笼状的鱼罩罩住再抓。这种方法特别适用于泻湖与泻湖外浅海的作业。

其二，打蟹。因为螃蟹喜啃红树等树木的树皮和在红树林泥沼中打洞，海南岛有些红树林滩涂地带，螃蟹麇集。夏季朔、望日大潮时，小螃蟹和毛蟹随着潮水的上涨，爬到红树、海莲树、蜡烛果树、须叶藤树（均属红树科）上，很容易被捕捉。与此相近，中国东海沿岸及岛屿的“滩涂上，蟹洞，鳗穴，蛏子藏在泥涂下，牡蛎生在礁岩上。人工采集之，不需

---

① ［美］马文·哈里斯著，李培茱等译，陈观胜校：《文化人类学》，东方出版社，1988年，第56～62页。

要高深的技术、先进的工具，也不需要群体协作”[①]。参阅上文中的“泻湖和泻湖外浅海食物网示意图”即可得知，咸头岭遗址当时也盛产螃蟹，其居民当可用此法捕捉之。

以下乃台湾高山族各族群的几种简易的捕鱼方法[②]，实际上，人类各族群也同样有所应用。

其三，涸渔。选择鱼多的小溪涸水处，竭泽而渔。捕鱼人只需涉足浅水中，即可徒手将鱼捕获。咸头岭遗址注入泻湖的小溪，落差较大，利用这种方法可更省力。

其四，毒渔。把含毒汁的藤根，用石头砸破，取其毒汁注入上流溪水中，使鱼中毒缺氧，漂流水上，徒手取之。因为咸头岭遗址水域与海潮畅通，水产资源可在短时间内得到补充，故此法亦可取；而文化遗存中的石杵与凹石应为捣藤根毒汁所用。

其五，筌渔和箔渔。鱼筌乃竹编的椭圆体篮子，其口部扣着被称为“龙须”的装置，鱼、虾只能进不能出。在溪流狭窄处堰造隘口以放置鱼筌，并导溪水带鱼而下，流入鱼筌，打开“龙须”取之。

筌渔再发展即“箔渔”（图 3 -2）。居住在今北部湾顶端海岛的京族人，对此非常熟练。[③] 渔箔即竹编的“篱笆”，编插于水中可控制鱼、虾的游动路向。京族人一般沿着海滩裂沟两旁设置由宽渐窄、由大到小、状如漏斗的渔箔沟，再于其中设置三个依次大小并相互连通的箔漏（即特制的鱼筌）。这些设置在涨满潮而尚未退潮时完成。退潮时，已被渔箔围于其内的鱼、虾只能随退去的潮水钻入三个箔漏之中。海南岛文昌市有一条长约 20 公里的港汊，由清澜港深入并穿过县城，其中段沿岸主要是沼泽地，但又多被高墩切割成小片水域，只要人们对这些小片水域略加塞堰，便可造成仅存一条水道与潮水连接的圩。圩中的食物网结构与咸头岭泻湖的基本一致。圩的主人只要每天潮水涨满时放置鱼筌，潮水退低时收筌，其收益便可供其衣、食。因此说，咸头岭人在无植物纤维网的情况下，一是借助淡水小溪的复杂地形，经常利用筌箔相结合的捕鱼法；二是借助泻湖与

---

① 姜彬主编：《东海岛屿文化与民俗》，上海文艺出版社，2005 年，第 226 页。

② 许良国等编：《高山族风俗志》，中央民族学院出版社，1988 年，第 35 ~37 页。

③ 中华文化通志编委会编：《中华文化通志 · 民族文化 · 壮、布依、傣、仡佬、京族》，上海人民出版社，1998 年，第 521 页。

泻湖外浅海的“潮流通道”，编插渔箔和安置箔漏，坐收渔利。南方多竹，而编织纹乃遗存中陶器常见的纹饰，咸头岭人当熟谙各种竹编工艺而编织鱼筌等器具。

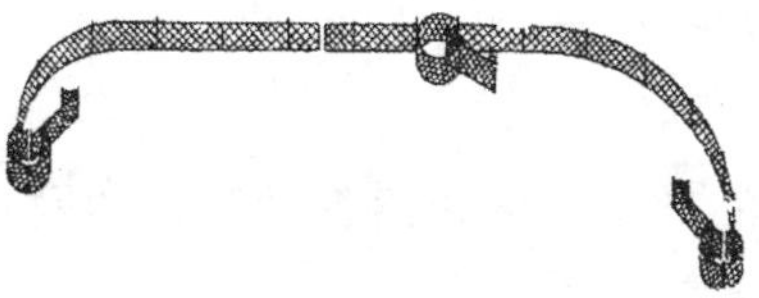

图 3－2　箔渔网

图 3－3　推缉网

图 3－4　扳罾网

图 3－5　小拉网

采自《东海岛屿文化与民俗》的图 27～29、33）

其六，厚藤拉网。厚藤盛产于暖海沙滩，长者近 10 米。把十数条带叶的厚藤缠纽在一起，加重，近 10 米长的“拉网”便做成了。用时，二人将之置于坡度平缓的浅海中，拖动至岸上时，水退回但被水连带拖上的鱼、虾、蟹则留在岸上，可手捉。我们孩童时曾如此“玩耍”过。诚然，海湾的远古居民不一定在实际作业中利用之，但可能在偶然玩耍中获得创造的灵感。

图 3－6　厚藤

4. 人们最后主要直接利用水生资源，并利用海湾陆地资源互补以谋生

面对“瓢舀鱼”的丰富资源，人们在利用筌渔与箔渔或者玩耍“厚藤拉网”的过程中，很容易观察到这种现象：编织物特别是柔软的编织物，能够把水中的鱼、虾、蟹“捞”离水面而易于捕捉。于是，人们会在“柔软的编织物”和“捞”的方向上思考与实践。

（1）“柔软的编织物”—— 麻网的产生。

先说“柔软的编织物”—— 麻网的产生，再介绍各种简易的网具及其使用方法。

由“沙堤—泻湖生境”演替为顶极群落的过程观之，海湾陆地资源乃随着全新世和大西洋期接踵而至，而先于泻湖和泻湖外浅海之形成和演替的。从文化遗存的年代上说，遗址居民也是在“沙堤—泻湖生境”尚未演替为顶极群落时便已进驻此地而有效地利用其资源谋生的。因此人们最先主要利用的应是海湾陆地资源。然后，才可能进一步发掘海湾陆地资源及转化至主要利用泻湖和泻湖外浅海的水生资源。

在中国仰韶文化等诸多遗存中，很容易发现渔网的证据，不必赘述。当时所编织和使用的无疑是麻网。

“在查干淖尔（引者注：位于今吉林省松原市前郭尔罗斯县境内，北纬45°09′30″，东经124°03′34″），渔民使用的网叫麻网，麻网是用麻的纤维编制而成的。秋季的时候，渔民们把麻割下来，成捆地使车拉回去，投放到村中大水坑里去沤，俗称‘沤麻’。……麻经过沤发，外皮就会从杆上脱离，这就是皮麻。皮麻经过干燥、捶压、梳理等阶段，使其中柔软的纤维突露出来成为‘麻’。为了织网，还要把麻披纺成经，就是一种细线，缠在‘线桄子’上，以便织网片。”①

无独有偶，土著澳大利亚女人也“用植物纤维或毛（发）搓成线和绳，并把它们织成提包、网及其他等”②。

在舟山群岛，渔网的材料开始大都用苎麻编织，为了防止浸水腐烂，用前需要先用猪血（引者注：海南岛渔民的最简易方法是用红树皮煮水）

---

① 曹保明：《最后的渔猎部落》，上海文化出版社，2004 年，第 77 ~ 80 页。

② ［苏］C. П. 托尔斯托夫等主编，周为铮等译：《普通民族学概论》，科学出版社，1960 年，第 54 页。

进行栲染处理。后来，改用棉纱网。到了1958—1959年才试用尼龙网并取得成功。①

海南文昌市现代常用的椰绳（俗称“牛索”），其制作过程也与此相似：捶打椰子果的椰衣，剥掉并不柔软的表皮，置于水中沤发几天后，将变得柔软些的椰衣捞起捶打，去其海绵质而留其纤维成为椰丝，晒干后再用手把一段段的椰丝拧成长长的细绳，最后将3股细绳绞成拇指粗的椰绳（在其过程中要固定一端，旋转另一端以使一段段的椰丝结合得更密，并反复梳理，轻刮其表面，使其尽量光滑）。不利用金属器具，也可完成全部工序。

咸头岭遗存各时期的石器中，石锛乃常见者，饼形器和杵在第二期时猛然增多，同时鉴于咸头岭盛产苘麻，可推测：咸头岭人用石锛砍下苘麻，沤发后剥出皮麻，置于凹石或石砧上，先用石锤重捶，再用饼形器轻捶，获得麻披。从皮麻中获得麻披，乃将皮麻中的木质化物质分离掉而保留其韧皮纤维，这需要技术。因为麻浸水易腐烂，若沤发过度或大力重捶，则会把韧皮纤维捶断变短；但浸水不够或捶打太轻，则未可分离其木质化物质。石饼、石器大小不一，直径3～10厘米、厚度3～5厘米不等，重量100～2 000克。其中特别厚重的，外加一些木棒（其残留物已无法发现）后可用于加工下文将述及的“树皮布”。1 000克左右的，则用于重捶皮麻；数百克的，可用于轻打并不时顺着纤维的方向压磨和梳理麻披。

上述查干淖尔渔民和土著澳大利亚女人可以把麻披纺成细线，理论上说，咸头岭人也是可以做到的，但在尚未发现纺轮时②，不可妄论。不过，制作“牛索”的经验表明，咸头岭遗址新石器遗存中较多见的长方扁薄体、一面带有平行凹槽的石拍，应当是用于梳理麻披的——将麻披拉紧，用这种石拍不断地顺着纤维的方向来回摩擦梳理，尽量去掉麻披上的木质化物质而保留其韧皮纤维并使其表面尽量光滑——以获得较粗糙的麻线。这种麻线可能仅可用于编织最简易的纤维网。顺便提及，织布比用麻线织网要复杂得多，布乃经纬线交叉相挤，很难固定得紧密。网有网目，目间

---

① 姜彬主编：《东海岛屿文化与民俗》，上海文艺出版社，2005年，第223页。

② 1985年发掘出土的4件所谓“石纺轮”，因为中间没有穿孔，应该不是纺轮。参见彭全民等：《深圳市大鹏咸头岭沙丘遗址发掘简报》，《文物》1990年第11期。

可打网结以固定；而最简易的网，其网目可大可小，要求不严格，打结固定就更为容易。

理论上，随着人口的不断增殖，原本生物量就低的常绿阔叶林带或热带雨林，蛋白质类食物将逐渐相对匮乏；而随着“沙堤—泻湖生境”的演替，泻湖和泻湖外浅海的水生资源则更为丰富多样，这就要求人们进一步发掘海湾陆地资源，并充分利用泻湖和泻湖外浅海的水生资源。因此说，咸头岭遗存第二期和第三期之时，主要利用麻网直接攫取水生资源以谋生，乃生态环境变化的需要、谋生的需要、技术装备之允许的三者重合，顺理成章。

下面的介绍依然参考相关民族志和民俗以及亲身经历和调查的资料，按简单到复杂的逻辑过程介绍各种简易的网具与使用方法。

其一，推缉网（见上文图3－3）。把网固定在网架上，人在水中握住网架贴着水底地面缓行前推，不时将网架提离水面，抓获在前推过程中落入网兜里的鱼、虾、蟹。海南岛沿海居民有一种最小型的推缉网，俗称“网丫”。其制法是：先削好一支长约1米、丫长约0.4米的树丫；再将一段长约2米、宽约0.06米的麻竹烤弯成“U”形，两端直插丫叉，用白藤绑紧；用一条近2米的白藤或红藤，绑在麻竹片的内侧，但在丫端处须弯回来让它组成一个周长约1.6米的弧形方框；网是网兜状的，网兜周长与网架方框相符，兜深约0.5米，将其绑紧在网架藤质的弧形方框上，网丫便告完成。使用时，一手握着丫把，一手握住丫叉缓行前推，当感觉到网中有动静时，即刻上提，因为网目从上到下是由疏渐密的，所以上提时水的阻力小，落在网兜里的鱼、虾、蟹也不可逃遁。那里的谚语说：“穿不离麻，食不离鱼。”改革开放前，每家至少备1把网丫。

稍大的推缉网，网兜加深，周长近4米，海南岛称其“网缉”。体壮并善于利用腰力的人可一人操作，但一般需二人协调合作方可上提。这种网在舟山群岛俗称“推缉网”。傍晚使用时，推网人还在头顶上系上桅灯，以灯光诱鱼。[①]

其二，扳罾网（见上文图3－4）。网的构造基本同于推缉网，但面积更大。使用时不必涉水推缉，但用饵料诱鱼进入网的范围内，人在岸上利

① 姜彬主编：《东海岛屿文化与民俗》，上海文艺出版社，2005年，第227页。

用杠杆（或辘轳）提网，用长把网兜捞取网中鱼、虾、蟹。[①]

其三，小拉网（见上文图3－5）。其操作原理与上文提及的“厚藤拉网”相同，只不过这是纤维线编织而成的网，同时必须有网纲，并在上纲系浮标、下纲系网坠加重，才能让网在水中竖起“网墙”以拦截鱼、虾、蟹，不过它与先进的“刺网”相比，浮标的浮力与网坠的重力不必十分精确。

其四，多法并用捕鱼。上文提及的海南文昌的圩，每过3～5年须进行清理。清圩日子挑选在仲秋的一个朔日或望日，因为这天潮差最大，潮水可以退至最低。其过程是：潮水涨满也即圩内水位最高时，用渔箔封住圩与潮水连接的水道，以免退潮时鱼、虾、蟹逃遁，同时放置鱼筌，以便潮水退低时收筌。当潮水退至一半时，圩内水浅了，多人便用网丫和缉网开始在圩内推捞，虽然此时水尚齐腰，收获物较少，但能让鱼、虾、蟹不易藏匿。潮水退近最低时，圩内水不没膝，鱼、虾、蟹也被追捉得昏昏沉沉而到处窜动，易于为人所获。清圩结束后，马上把潮水通道封闭，半月后即紧接着的一个满潮日，再打通通道灌入“新鲜”的海水。清圩的原理与珠江三角洲饲养塘鱼每年须进行一次清塘、晒塘和杀毒一样，当是人们为了优化水质，无意识间营造圩内各种资源的生态平衡的行为；同时，一次清圩可收获数量相当可观的鱼、虾、蟹，可谓一举两得。假如我们把咸头岭遗址的泻湖当作一个大圩看待，咸头岭人也会每隔一段时间“清湖”。

如果说上文所阐述的，仅为人们的“谋食”手段，那么，人们物质生活中“衣”和“住”的情况怎样呢？

（2）缝合“树皮布”以蔽体。

“树皮布”的做法与上文曾提及的加工麻披相似：把剥下的树皮投放到水坑里沤发数天，使其变得柔软，然后捞出捶打，尽量去其海绵质而留其纤维。再经过干燥、梳理、捶压，即为一块块的“树皮布”。用麻线将其若干块“缝合”，便可做成简易的蔽体之物。参照上述制作粗糙麻线的方法，可以说，咸头岭人可利用各种石器制作“树皮布”。

（3）“亭棚”与“巢居”相结合的居所。

咸头岭遗址有几处与居所相关的遗迹被发现。其中有在2006年发掘西

---

① 姜彬主编：《东海岛屿文化与民俗》，上海文艺出版社，2005年，第229页。

北区 T3 以东发现的一处红烧土面（06XTLHST1），可以确定其面积至少达到 41.2×4.9=201.88（平方米）。还有几处被确定为灶（Z1～Z5），灶在咸头岭文化的其他遗址也多见。从年代上说，06XTLHST1 和 Z2、Z3、Z5 均属于 1 段；从分布上看，灶分布在红烧土面的东、西部及以外，两者有关联，因此可把它们当作一组遗迹来分析。这次发掘所出的房基（F1）和立石（YJ1），分别位于西北区 06XTLT2 的东部和中部略偏南，均为第二期 4 段居民所修造使用，当作另外一组来分析，但它们仍有联系。

这些遗迹均分布在沙堤上，可见沙堤是当时人们生产、生活的最主要场所。鱼趋光，随潮走，因此在望日及其前后傍晚开始涨潮的日子，是捕捉鱼、虾、蟹的最佳时段，夜间作业多，要等候潮涨潮落，人们在沙堤上活动的时间较多。在一年中湿热天气占去大半年的海湾，沙堤上比海湾山麓更凉爽，人们多在沙堤上休憩或加工各种器具。由《龙宿郊民图》（董源）联想到海南岛渔民在沙滩上祭祀“海公”的喜庆活动，可推测，沙堤景观开阔，是人们集会或进行喜庆活动的“聚落广场”①。

由于红烧土面的面积至少达 200 余平方米，我们可否定它是“大房子”。理由很简单，在沙堤上建筑半个篮球场大小的房子，工程巨大，即使建成也很容易毁于一次台风、暴雨。如果在上面修建若干座小房屋，当暴雨到来时将无法及时排水而造成房屋“内涝”，也不可能。虽然也可能是烧造陶器的遗留，但考虑到把陶土和干柴搬运到沙堤上，浪费力气，只好存疑。同样出于原料搬运的理由，是否为制作石器而修建的，也只能存疑。因为大多数竹器是要到泻湖和泻湖外浅海中去使用的，不存在原料搬运的问题，而编织竹器确实需要一块较大面积的空旷地，但是，在空旷平坦的沙堤地面上，同样可以编织，似无必要大耗工夫来修造这样的一片红烧土面，也只能存疑。上面我们是有意把这片红烧土面想象为连续的和一次性形成的来设想和存疑几种使用的可能性，鉴于几种可能性皆有不妥之处，故断定：更大的可能是聚会的场所。因为聚会的主要内容离不开烧煮饱食收获物，同时期的 Z2、Z3 和 Z5 与之关联，也可以出现红烧土；长年

---

① 对彩陶纹样的研究，也可得出与此相近的结论，参赵善德：《珠海沙堤遗址研究》，见珠海市博物馆等编：《珠海考古发现与研究》，广东人民出版社，1991 年；杨耀林：《深圳咸头岭史前文化遗存初步研究》，见广东省文物考古研究所编：《广东省文物考古研究所成立十周年文集》，岭南美术出版社，2001 年。

累月，红烧土面就变厚、变宽了。

遗迹中的 YJ1 乃用于感恩和祈祷的信物，这是可信的。

下面联系 F1，详细讨论房屋。不过首先要辨明，人们在沙堤上修建房屋的必要性和可能性。关于必要性，上文已涉及，人们在沙堤上的活动时间较多，需要修建房屋。关于可能性，当“沙堤—泻湖生境”刚形成之时，沙堤堤体是纯净的细沙，裸露在浅海上；日久，沙堤堤体为沙质土，变得宽大，向浅海的外缘多为低级的沙生草本植物，向泻湖的内缘多生长针叶、肉茎、有刺、耐盐的植物。[①] 在沙堤内缘，有了植物，土质也变得更具黏性，因此风沙影响不大，房屋木架也可插地固定，有可能搭建简易的房屋。实际上，现代咸头岭村落也坐落在沙堤上，就在第四次、第五次发掘区的西南面，便可见到外来务工人员修建的简易平房。

F1 的做法是：先下挖正方形或长方形浅坑，填筑较硬的房基，再在房基上搭建以上的部分。F1 残存的平面形状略呈直角三角形，靠北的一条壁残长 2.02 米，靠南的一条壁残长 2.25 米，房基的平面形状当为直角四边形，则实算面积为：$2.02 \times 2.25 \approx 4.55$（平方米）。因为 F1 延伸到 2004 年发掘的 04XTLT6 部分已被现代垃圾坑所破坏，所以两条壁的实际长度不得而知，估计还要更长一些，即房基的面积还要更大一些。在沙堤上修建稍大于 5 平方米的房屋，不算小，并花费大工夫修整地面，这应该是固定而非临时的住所。鉴于 2006 年发掘的 F1 边缘没有发现明显的柱洞，而 2004 年发掘的 F1 的延伸部分清理出一些基本垂直于地面的柱洞，我们参考“美拉尼西亚人水上住宅”的屋顶部分（详见图 3－7）和现在珠江三角洲看守饲养塘鱼窝棚的样式，讨论 F1 的结构和屋顶搭建办法。

---

① 《珠江志》编纂委员会编：《珠江志》卷 1，广东科技出版社，1991 年，第 171 页。

图3－7　美拉尼西亚人的水上住宅

（采自《普通民族学概论》图24）

F1分两部分，一部分为睡觉和储物的，即上述修整地面部分（简称棚）；另一部分为平时干碎活或休憩的，即2004年发掘清理有柱洞的部分（简称亭），姑且合称之为“亭棚”（详见图3－8）。棚顶的建法是：把两根长近3米、拳头般粗的原木的一端绑在一起，张开，另一端斜插在沙堤上，这就与地面组成了一个三角形（一般顶角若大于40°则难于支撑，也不利于草叶棚顶排水）。相隔约3米，再做一个同样的三角形。用一根原木连接两个三角形的顶端，这就组成了一个三角体。盖上槟榔叶之类的长条油滑的树叶。这就做成了一间“屋顶”两面坡、“屋檐”连着地面的棚顶。这是棚的一“间”；若有合适的原木，还可做出多“间”。棚内地面可铺“席子”——海南文昌乡民，抓住长逾2米的椰子茎叶的末端，可轻易地把它撕成对称的两条，将长条的椰叶交叉编织，即为1张宽约0.7米、长约2米的“椰叶席”。夏天炎热时，将其铺在地板上即可安睡；若嫌潮湿，可多铺两张——咸头岭遗址没产椰子，但槟榔叶之类的长条油滑的树叶也可编织。亭的建法是：在棚一端的两侧各竖对称的2～3根原木柱子，用原木细枋连接柱子使之成为整体，在柱子的顶端连接原木细枋，再于其上覆盖草叶屋顶，屋顶的坡度要缓，以便于人的活动。

图3－8　由F1复原的“亭棚”草图

以上是根据遗迹F1的复原，似乎可信。问题是，在第四次和第五次发掘的1 000余平方米的范围内，一座房屋与丰富多样的文化遗物远不对称，如何解释。客观地说，发掘区的西南面是山麓岬角与沙堤交汇的地方，地理形势最为隐蔽，可避狂风暴雨，生产生活也最为方便，应为生活区，可能会有更多的房屋被发现，但这些地方已盖有民房或修有公路，未可发掘，或者即使发掘，遗迹也可能被破坏殆尽。主观的推测：也许在沙堤上，有不同于由F1复原的“亭棚”，或者是有棚无亭者，或者是一棚两亭者，或者是棚内地面未加修整者，等等。若相当部分是棚内地面未加修整者，将无法保存而永远不被“发现”。

亭棚，在一年中炎热的天气比大雨和寒冷的天气要多得多的亚热带海边，大可“安居”（特别是青壮年）。当然，台风会把亭棚的顶部掀翻。然而，这样的草叶屋顶一年中至少要换两次，台风来了，掀翻也罢，反正木架仍在，重新搭建，并不困难。所以说，亭棚无法抵御台风，但不惧怕台风。也许一年只有一两次台风能把亭棚掀翻，但暴雨却较频繁，它遮挡不了暴雨；若遇上连续的暴雨，老年人和幼儿将无处躲藏，以及原已贮存的一些食物也将被毁坏。所以，亭棚应非咸头岭居民唯一的居所。

另一种居所或为“巢居”。人们说起“巢居”，以下三段文献常被引用。《庄子·杂篇·盗跖》：“且吾闻之，古者禽兽多而人少，于是人皆巢居以避之。昼拾橡栗，暮栖木上，故命之曰‘有巢氏之民’。”① 《孟子·

① 曹楚基译注：《庄子浅注》，中华书局，1982年，第448页。

滕文公下》："当尧之时，水逆行，泛滥于中国，蛇龙居之，民无所定；下者为巢，上者为营窟。……使禹治之。……险阻既远，鸟兽之害人者消，然后人得平土而居之。"① 《韩非子·五蠹》："上古之世，人民少而禽兽众，人民不胜禽兽虫蛇，有圣人作，构木为巢，以避群害，而民悦之，使王天下，号之曰有巢氏。"② 显而易见，东周晚期人所理解的"巢居"，完全是为了躲避来自自然界的洪水与蛇兽之害。进而言之，远古人对居所功能的追求，乃立足于避害；理解这点，有助于推测咸头岭人的"巢居"。

下面我们将详细介绍所推想的"巢居"制作过程，意在表明无须利用金属器，也可制作。这种居所与河姆渡遗址的桩上建筑一样，也是人们有效地适应环境的创造物。人们可在海湾山麓泻湖边，挑选平面距离适度、树丫相对等高的几棵树（若难于找到，可人工竖起 1 根或 2 根原木代替），再把原木横搭于树丫处，用韧性好的藤或竹篾绑紧，构成一个多边形。以各边为"梁"，相挤连接稍细的原木于"梁"上，便可在空中构成多边形的"悬空地板"。人在上面即可避蛇兽了。至于"屋顶"，让人想起了南方的竹笠和蓑衣，竹笠乃中间夹有蓑叶的双层竹编帽子，可防水。蓑叶状如竹叶，但更长条、更大片，晒干后也不易碎裂，用麻线连接多片蓑叶的叶柄使之成幅，梳理整齐。上幅覆盖着下幅之少半，制成披衣，此乃甚能防雨的蓑衣。假如"悬空地板"是规整的长方形，人们可能用竹篾、蓑叶做成挡风遮雨效果极佳的、状如美拉尼西亚人水上住宅的三面坡"屋顶"，以供老幼居住与贮存必备食物；假如"悬空地板"质量一般，则可能用诸如槟榔叶之类的长条油滑的树叶，覆盖屋顶，以供青壮年居住。当然，这样的居所，"进出"是比较麻烦的，但麻烦并不等于困难，因为人们要绑制一把原木梯子，轻而易举。而台风无法把隐蔽地带的大树连根拔起或拦腰吹断，当然也就刮不倒巢居的"梁架"，一旦特大的台风、暴雨严重损坏"屋顶"，那就只能重修。实际上，我们常见的茅草屋顶，少则 3 年，多则 5 年，均已自然损毁，必须重修。所以说，台风、暴雨与树居的联系并不十分密切。

综上可说，咸头岭居所的最大可能为"亭棚"和"巢居"的结合。

---

① 杨伯峻译注：《孟子译注》，中华书局，1960 年，第 154 页。

② 梁启雄译注：《韩子浅解》，中华书局，1960 年，第 465 页。

（4）交往。

这里讨论“交往”，与咸头岭文化的分布空间有一定的关联。早在1994年，邓聪等即已论及，他们认为：位于南中国海沿海9个岛屿的11个沙丘遗址。沿珠江三角洲海湾的8个沙丘遗址（引者注：其中包括海丰沙坑）和珠江水系河流台地的3个遗址（即东莞万福庵、增城金兰寺和高要蚬壳洲），均属于此。甚至说，“目前除北江范围不明朗外，三角洲内近一万平方公里的内河盆地、台地和沿岸岛屿，都可能是大湾文化分布的地域”[①]。邓文“据主要遗址出土陶器痕及石器等文化遗物类型及组合差异等因素分析”，将以上遗址划分为咸头岭组、大黄沙组、后沙湾组、蚬壳洲组和深湾组五个组别。他认为，咸头岭组最早，碳十四测年数据为3 980～3 707B. C.（校正）；深湾组最晚，3 633～3 374B. C.（校正）。这也是邓文中大湾文化的年代范围。

但李海荣等在论及“咸头岭文化”时，却把邓文所圈定的某些遗址排除在外（例如海丰沙坑等），并主要依据咸头岭遗址的遗存，把时间甄定在距今7 000～6 000年间。[②]

因为“考古学文化”是考古学研究的一个范畴，或者说，考古学文化概念是人的认识和客观事物之间的一个中介。考古学文化作为实体的客观存在，它与考古学家在现代科学背景下、用现代思维方式所界定的“概念”是同一个东西吗？[③] 即使是，也只是相对的。因为考古学文化“是存在于一定时期、一定地域、具有一定特征的可以观察到的实物遗存的共同体”。但是区分这个一定特征是没有量化标准的，仁者见仁，智者见智，这就关系到一定地域、一定时期范围的大或小。同时，“随着对考古学文化的研究越来越深入，越要考虑考古学文化与人们共同体实际的联系、考古学文化的形成与自然环境的关系等问题，与人文环境关系的问题。一系列问题都提出来了，有的考古学文化的形成，可能其中历史文化传统因素

① 邓聪认为，这个遗存群的文化命名应以最早发掘的香港大湾为准，故邓文中所论及的“大湾文化”实为“咸头岭文化”。邓聪等：《大湾文化试论》，见香港中文大学中国考古艺术研究中心：《南中国及邻近地区古文化研究》，中文大学出版社，1994年，第396页。

② 李海荣等：《广东深圳市咸头岭新石器时代遗址》，《考古》2007年第7期。

③ 赵辉：《关于考古学文化和对考古学文化的研究》，《考古》1993年第7期。

占有相当大的分量；有的文化形成，自然环境的影响占有很大的成分；有的文化的形成很可能与多种文化的交汇有关系”①。

因此，我们如果把“咸头岭文化”的分布空间局限于南中国海沿海9个岛屿和沿珠江三角洲海湾（即本书的南部网河平原）的遗址，而排除空间上并不连续的海丰沙坑和高要蚬壳洲，以及东莞万福庵、蚝岗和增城金兰寺3个珠江水系河流台地上的贝丘遗址。而把“被排除者”视为咸头岭文化亲族文化圈中的遗存，也未尝不可——因为它们只有些许文化因素与咸头岭的个别特征相似，而且所处的自然环境也与南部网河平原有差别。

“每当东南贸易风快刮完的时候，莫图人就满载一船陶器开始了二百多英里的航行。六个月以后西北季风快刮完的时候，他们带着一批新造的独木船和成吨的西米（译者注：西米是由几种棕榈树干内所贮碳水化合物制作的食用淀粉）归来（引者注：这被称为‘希里集市’）。……特罗布里恩德岛上的人参加有名的‘库拉’集市（引者注：在《普通民族志》中翻译为“杜克—杜克同盟”）。他们带两种东西去和人交换，一种是实用的货物如陶器，一种是红色贝壳项圈和白色贝壳臂镯……项圈是在几百英里范围内的岛上居民中交换的，其交换路线和时钟转动的方向一致。臂镯的交换方向正好相反，当它们相遇时，就互相交换。……这些交换多数是以独木船组成商业远征队的形式进行的。”②

大洋洲土著人可以为了“交换一些很少或完全没有实用价值的东西”而冒险航海，由此类推，咸头岭文化各地的居民之间，以及他们与其亲族文化圈中的居民之间，进行物品交换，也都成为可能了，甚至他们的交换物品的性质和形式还可能是相似的。

---

① 严文明：《新石器时代考古三题》，见广东省文物考古研究所编：《广东省文物考古研究所建所十周年文集》，岭南美术出版社，2001年。

② ［英］雷蒙德·弗思著，费孝通译：《人文类型》，商务印书馆，1991年，第70页。

图3-9 库拉集市

（采自《普通民族志》图22）

（三）谋生方式复原

“文化生态学”的奠基人斯图尔德（Julian H. Steward），在论述到生态环境与生计方式的关系时说：“地方性的环境特色甚至可能决定了某些有巨大影响的社会性适应。例如，拥有相同的狩猎技术，如弓箭、掷枪、包围、斜坡、焚烧草丛、悬崖陷阱等的社会，就可能因为地形与动物的性质而有不同的社会制度。如果主要动物是群居性的，如野牛与驯鹿，则合作式的狩猎较为有利，以至于许多人可能终年生活在一起。……但猎物若非季移性的，也不爱好群居，则由一小群熟悉自己环境的人来狩猎较为有利。……（布须曼人、刚果黑人、澳洲土著人、塔斯马尼亚人、火地岛人等，其）社会之所以由父系队群（patrilineal band）组成，事实上并不是因为他们有类似的环境——布须曼人、澳洲土著人与南加州的印第安人居于沙漠，矮黑人居于雨林，而火地岛人居于冷而多雨的地方——而是因为他们的猎物有相同的特性，因而他们有相同的生计问题。”①

由上文可知，在咸头岭文化第一期之时，采掘木薯和各种薯蓣科块根以及各种植物果实，采摘黑莎草、山柚和露兜等，捕捉各种两栖动物和爬行动物，照海、打蟹、毒渔和筌渔等，以及捶制树皮布和“缝制”蔽体之

① ［美］史徒华著，张恭启译：《文化变迁的理论》，远流出版事业股份有限公司，1989年，第46页。

物均较简单，不需要集体的协作。但诸如刺打豪猪、蟒蛇，涸渔、箔渔，以及砍斫树木搭建居所等生产活动，则需要3～5人的合作或协作。而诸如制作竹器、石器和陶器等技术含量略高的劳作，可能谁都熟悉，一般情况下，远古人都是“一专多能”的，因此人群中也不太可能有具体的分工。由此观之，多数谋生手段是个体化的，只有少数才需要合作，协作是个别的。正常情况下，出于资源总量的限制，谋生于一处“沙堤—泻湖生境”的人数不宜太多；但考虑到婚姻生活和繁衍人口的实际，社会组织当为由4～6个血缘单位、约40～50人组成的队群。因为协作性的劳作极为个别，以及野外生活资源的丰富和季节性互补，所以，社会组织中的权威人物将是模糊的。换言之，维系整个队群的根本要素是血缘关系，因而，人与人之间的关系或者是血亲，或者是亲戚，平等而相互尊重。

在咸头岭文化第二期和第三期之时，情况略有变化。变化的根本原因是麻网的发明。由上文可知，从砍下苘麻到制作成各种麻网，需要完成数道工序且必须协作。而纺麻线、织网和补网；在网片上穿网纲，并为上下网纲系浮标和网坠；各种麻网，特别是扳罾的合理使用，等等，其专业性均较强，因而可能出现分工。

多种捕鱼法并用的“清湖”，不但需要多人协作，而且还是群体共享资源的阶段性分享，因而，涉及诸如怎样合理协作的技术问题，以及怎样公平分享的切身利益问题，这需要权威人物裁定。

位置和质量均好的树上居所是“稀缺资源”，应归哪些老幼居住，这也许在第一期人口较少，大家都是血缘近亲时，不会计较；但后来人口增多了，有“直系”也有“旁系”，加上生活水平提高，开始追求居所的安逸，可能就会计较了，这也需要权威人物来裁决。

假如技术水平发生质的飞跃，一个时间段里，人们既可能充分利用原有的资源，也可能认识和开发新的资源，如此，资源的总量也随之增加，提高了人们的生活水平，也导致了人口总量的增加。日久，随着人口总量的再增加，而技术水平又未同步发生质变，资源会出现匮乏。此时，人们为了生存，最先采取的应对策略当是“扩张”——在考古实际中，大鹏湾北岸从东到西分布着大梅沙、小梅沙、上洞、下洞、七涌、大黄沙和咸头岭一系列同时期的遗址，大梅沙至咸头岭的直线距离不足20公里。古遗址分布中的聚群现象（非随机分布，更非均匀分布）①，无疑与某一生产力水平和一定程度文化积淀社会中人们追逐资源相关，也让我们思考，这些遗址中个别的是稳定的聚落，有些是临时的营地。如果假定咸头岭遗存第一期、第二期恰逢资源匮乏之时，而当时咸头岭西部约 5 公里处的大黄沙遗址尚无人迹，于是咸头岭人扩张至彼。日久，大黄沙也演变为一个“定居营地”（理论上也可以把咸头岭和大黄沙抽象为“某某遗址”）。那么，此时的大黄沙人和咸头岭人就是血缘亲族了。问题是，当时迁徙的是哪些人，无论迁徙是被迫的还是被争抢的，都需要原来队群的权威人物来决定。

因而，此时的协作性劳作增多，狩猎—采集社会的“社会分工”也可能出现，社会组织可能还是那个血缘队群，但规模更大，权威人物是明确的。

---

① 北部网河平原中遗址分布的聚群现象少见，例如与咸头岭遗存同时期的今东莞万福庵遗址群（参赵善德：《东江三角洲先民择地谋生述论》，《兰州学刊》2013 年第 7 期）和本书下章将述及的今佛山一带的贝丘遗址等。不过顺便提及，人类在生产力水平低下时的聚群与动植物的聚群是有相当区别的。

第四章

先秦珠江三角洲北部网河平原居民的生产生活复原研究

第一节　北部网河平原的自然环境

一、北部网河平原的形成

珠江水系是由西江、北江和东江汇合而形成的。它们是通过一些径流量较小的水道在广州完成汇合的：

东江由北向南流经观音阁至惠州后，转向西流，至东莞市的石龙镇分叉出北流江和南流江汇入狮子洋；北流江（习惯上仍称东江）的入海口在广州黄埔西北不足5公里处，即著名的“南海神庙”。

西江和北江汇合于东平水道。汇合后的西江以南河道仍然称为西江，它的主航道最后由磨刀门入海。但其间分叉出东海水道，东海水道的南叉汇合鸡鸦水道和小榄水道由横门进入狮子洋，东海水道的北叉汇入洪奇沥水道由蕉门进入狮子洋。

汇合后的北江以南河道的主航道仍叫东平水道，它流经佛山市三水区西南镇之后，再绕到禅城区的南面后称为顺德水道，接纳潭洲流至广州市番禺区的沙湾镇后称为沙湾水道进入狮子洋。东平水道在西南镇分叉出一条东北流向的西南涌，西南涌在汇合由芦苞镇分叉的芦苞涌后，再汇合从广州北面的从化市南下的流溪河，流经广州后从黄埔进入狮子洋；人们习惯称这一河段为珠江。

这样，从大亚湾经过惠州和从化至清远，再折回四会经过肇庆和江门至黄茅海，就是珠江三角洲的空间分布。在这个范围内，三水、黄埔、石龙一线南推至海的地域，水道如网线，陆地如网眼，被称为网河平原；其余地区即为冲积平原（请参阅第一章的“珠江水系岭南四个子地理单元分区图”）。冲积平原大致是在距今6 000 ~4 000年间逐渐形成的；那么在此期间网河平原的地域空间应当是从岛屿错落的深水域，经过洲渚错落的浅水域，向河道交错的网河三角洲演变，大致在公元前后网河平原的地貌才基本稳定。①

---

① 李平日等：《珠江三角洲一万年来环境演变》，海洋出版社，1991年，第75页。

二、自然环境

（一）气候、降水量和土壤

从纬度方面考虑，北部网河平原与南部网河平原的气候和降水量基本相同，年平均气温21℃左右，年降雨量大约为1 950毫米。

这里的土壤由中游搬运来的泥沙淤积而成。如上所述，珠江水系中游的土壤主要是红壤土，并且植物腐殖质丰富，因而其土壤肥沃。同时，网河平原由深水域经过浅水域到网河平原的形成过程比较漫长，中间经过一个沼泽化的过程，其间河流沼泽植被有沉水植物黑藻、苦草等，浮水植物菱、茨等，挺水植物席草、高秆莎草等。这些水生植物在沼泽化过程中也大量腐烂而增加了水体的营养和土壤的肥力。

（二）植物群落和动物群落

夏商时期，即浅水域沼泽化时期，北部网河平原陆地的总范围小，且多作小块零散分布，植物群落仅属初级演替阶段，故特别是“冈”上，陆生资源贫乏。同时因为水域作小块零散分布，海水、淡水频繁交换，水体浅，营养丰富，所以水生资源非常丰富且易于捕捞。

在西、北江网河三角洲的高明古椰遗存[①]，年代在距今4 500年左右。古椰遗址发掘时通过科学的方法提取了植物遗存，并根据已鉴定的部分植物种类，复原当时的植被和环境状况如下：在西江边上有一大片常被水浸的沼泽地，上面长着成片的野生稻，河边长着高大的水松，岸上长着榕树和撑篙竹，不远处的丘陵台地长着高大的橄榄，丘陵山坡长着南酸枣、烟斗柯、杏叶柯，山脊和山顶长着成片的木荷（详见图4－1）。需要说明的是，因为发掘所获和鉴定的标本并非植物种类的全部，所以真实的自然环境比复原的还要复杂。

---

① 据广东省文物考古研究所的《2006年全国十大考古新发现申报材料》及正在系统整理中的材料。承蒙崔勇和李岩两位先生垂告，谨此致谢。

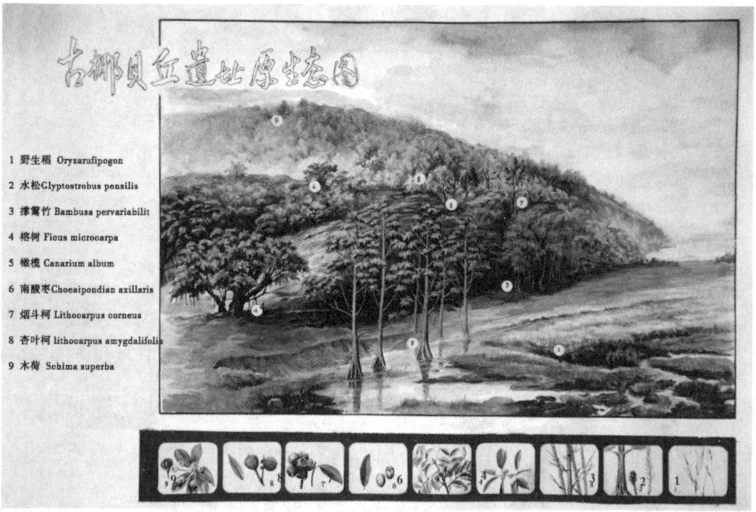

图 4－1　高明古椰遗址生态环境复原图

古椰遗址出土的动物遗存可分为陆生动物和水生动物两大类，经鉴定有鹿、野猪、牛、狗和亚洲象，淡水龟、鳖，以及鲶鱼科和鲈鱼科等硬骨鱼类。

参考地方志书所认识的东江三角洲，地带性植被为亚热带季风常绿林，植物资源丰富，种类繁多。山地乔木树种绝大部分是马尾松，其他阔叶林有较为完整的由樟科、大戟科、桑科、茶科、壳科、五加科、金缕梅科等树种组成的群落；果树 40 多种，竹类 20 多种；林下以灌木和蕨类植物为主，攀缠植物随处可见。简言之，山地和丘陵植物多组成马尾松—桃金娘—芒萁群落和马尾松—鹧鸪草群落；其间分布有包括昆虫类、两栖爬行类、鸟类、哺乳类在内的诸多种类的野生动物。

东江主河道浮游生物较珠江水系的西、北江丰富，东江支流的寒溪河、石马河以及三角洲水网带，水草生长较为茂盛，成为草食性鱼类的主要饵料；江河中的河蚬、闪蚬以及淡水壳菜也很丰富，为肉食性鱼类提供了充裕的饵料。虎门为珠江与东江汇合后流入伶仃洋的通道，在其浅海区，浮游植物中硅藻占优势；潮间带的软体动物、环节动物、甲壳动物等生物总量平均为 1 204. 24 克/平方米，多毛类的疣吻沙蚕是许多鱼类和虾类良好的饵料。①

① 以上植物、动物群落等内容主要参考自东莞市地方志编纂委员会辑：《东莞市志》，广东人民出版社，1995 年。

第二节 居民的生产生活复原研究

一、营地和大本营

现在讨论的北部网河平原居民的生产生活，专指从夏商之际至商周之际谋生于此地者。居民较多地采食水生动物中的贝类，其文化堆积含有相当数量的贝壳，考古界通常称其聚落为“贝丘遗址”。贝丘遗址的数量多，分布较密集，例如今佛山市南海区辖区内在册的贝丘遗址就有52处，其中的23处可判明其年代（这是上文所说的明显的聚群分布）。① 重要的遗存有：南海鱿鱼岗②、三水银洲③、佛山河宕④、高要茅岗⑤、东莞村头⑥等。

另外，可根据地貌把这些遗址分类为：岗丘型、台地型、海岸型⑦。岗丘型是指遗址的四周是低洼的农田（当时是沼泽地）；台地型则有一面与广阔的高地相连接；海岸型是滨海的，背后大多连接着高地。这样的分类是有用的，因为即使是同一时期的贝丘遗址，如果它是岗丘型，孤立地观察，它所处的陆地空间有限，自然资源以淡水浅水栖息的动物为主，人们谋生于此就不可能接触和认识更多潜在的自然资源，因而文化内容贫乏，发展缓慢；若把它与邻近的一系列遗址联系起来分析，便可能是其中

---

① 陈红冰等：《广东南海县灶岗贝丘遗址发掘简报》，《考古》1984年第4期。

② 李子文等：《广东南海鱿鱼岗贝丘遗址的发掘》，《考古》1997年第6期；《南海鱿鱼岗遗址》，见广东省文物考古研究所编：《广东省文物考古研究所建所十周年文集》，岭南美术出版社，2001年。

③ 李子文：《广东三水市银洲贝丘遗址发掘简报》，《考古》2000年第6期。

④ 广东省博物馆等编著：《佛山河宕遗址——1977年冬至1978年夏发掘报告》，广东人民出版社，2006年；杨式挺等：《试论佛山河宕遗址的重要发现》，《文物集刊》1981年第3期。

⑤ 杨豪等：《广东高要县茅岗水上木构建筑遗址》，《文物》1983年第12期。

⑥ 李岩：《东莞村头遗址第二次发掘简报》，《文物》2000年第9期。

⑦ 珠江三角洲史前遗址调查组：《珠江三角洲史前遗址调查》，见北京大学考古系：《考古学研究》（4），科学出版社，2000年。

的一个“营地”。① 台地型，尤其是背后连接着广阔的丘陵余脉的海岸型贝丘遗址，它们的资源和潜在的资源都相当丰富，为人们恒久定居谋生以及文化的发展提供优越条件。

南海鱿鱼岗是岗丘型贝丘遗址。1985 年在岗顶的东部分Ⅰ（北）、Ⅱ（南）两个发掘区发掘了 225 平方米。所获资料经系统整理后分为两期：第一期的年代约当石峡文化晚期，即夏代末期，遗存单薄；第二期“不会晚于商代早期”，遗存比较丰富。

在鱿鱼岗第二期早段的地层中发现有 4 处房屋红烧土居住面（F1 ~ F4），以及一批可能与房屋有关系的柱洞。F1 和 F2 位于Ⅰ区的南面，与位于Ⅱ区北面的 F3 和 F4 相距 30 多米；其间的“未发掘区域”内还可能留存有房屋遗迹——在Ⅱ区遗迹图上，房屋遗迹中最西面的 F3 紧靠着 M29，并为 M21 和 M30 所打破，但这 3 座墓葬均为现代墓——在鱿鱼岗发现的 40 座墓葬中，有 4 座为现代墓（另一座 M4 位于Ⅰ区的西缘），而 36 座夏商时期墓葬则分布于这 4 座墓葬之间或其南面。如果说今人葬考妣，至少要找一块“干净”的地方，那鱿鱼岗发掘区 F3 以东的那块空地就是“干净”的地方。这正、反两方面证明了那是当时居民的居住区。在 F1 和 F2 的东北部即是岗丘的断坎了，在那里也清理了 H1、H11 和 H12 等灰坑，显然是倒置垃圾的地方。至于该聚落还有没有诸如“广场”之类的功能区，由于发掘面积有限，难以获知。实际上，聚落中这种区分“功能区”格局的出现，是很自然的事情。因为今人、古人都不愿意和“死人”居住在一起，墓葬与住房总是要分开的；人再懒惰散漫，当垃圾堵住“门路”了总要清理，而垃圾只能往低处堆。因而，只要人们在某一地方居住时间长到能够形成“聚落”的时候，这样的格局就自然形成。

对于 F1 ~ F4 以及 M9、M31 和 M39 又为 2B 层和 2A 层所叠压，有学者认为“河宕、灶岗、鱿鱼岗贝层里发现的墓葬（引者注：三水银洲也有这种情况），是因为晚到的居民将墓葬区安排在原已迁走居民的垃圾区里，

---

① 由于渔猎—采集经济的社会中，人们追逐资源，因而在一个人们共同谋生的活动中，往往会形成一群聚落，其中结构和功能简易者称为营地，较复杂者称为大本营或恒定居址。

所以出现贝壳层里有保存完好的尸骨”①。这种判断无疑是客观的。现在的问题是：叠压与被叠压的文化遗存，是同一谱系并且是延续的。可以这样解释：因为这些遗址（聚落）是人们谋生的营地——某聚落周边的资源匮乏了，由于地广人稀，居民迁走他方觅食；同理，又觅食他方，若干年后才回来。然而，这群“晚到的居民”，无论是“原已迁走居民”还是另外一脉血缘的人群，都会选择“干净”的地方居住和埋葬先人，于是，各个“功能区”的位置和范围也就不同于以前了。由于文化遗存的同一谱系与时间延续（当然这是生活在现代的考古研究者的判断和理解），可以肯定两群人的社会性或生物性存在密切关系。

如果上面所阐述的营地情况，是人们追逐资源谋生所致，那就说明北部网河平原夏商时期的社会经济形式是占有经济。这不尽然。成为恒定居址的东莞村头聚落，其文化遗存让我们体会到了人们将纯粹的占有经济引向农业经济②的历史实际。

二、居民的生产生活复原研究——以村头遗存为例

东莞村头遗址近16 800平方米，是岭南较大的先秦贝丘遗址。1989年和1993年两次发掘，共揭露面积约3 000平方米，资料丰富。

（一）村头聚落的形成与地貌

1. *村头居民的来源*

我们在第三章讨论咸头岭文化的分布时曾提及，今东莞市万福庵等遗存或应把它们视为咸头岭文化的亲族文化圈中的遗存。万福庵遗存位于今东江冲积平原的东缘，即江边村北的一处岗丘上。最具特点的遗物是施赭

---

① 朱非素：《珠江三角洲沙丘遗址、贝丘遗址和聚落形态》，见香港中文大学中国考古艺术研究中心：《南中国及邻近地区古文化研究》，中文大学出版社，1994年。

② 自然经济指生产是为了直接满足生产者个人或经济单位的需要，而不是为了交换，存在于市场范围比较小的经济形式。它经历了“占有经济”和“农业经济”两个阶段。占有经济指人类的生产劳动只能控制自然界中现成的生活资料，而不能控制生活资料的形成过程；只能在偶然的机会获得自然的恩惠，而不能在特定的时间、特定的空间里得到预期的收获。农业经济指人类的生产劳动不仅能控制自然界中现成的生活资料，而且通常能在肯定的空间、肯定的时间里得到预期的收获；不仅能取得自然界中可直接用于消费的生活资料，而且能够在一定程度上控制生活资料的全部形成过程。参程恩富主编：《政治经济学》，高等教育出版社，2007年。

红彩的圈足盘和绳纹夹砂陶。根据李海荣等人的研究，金兰寺、蚝岗和万福庵遗存的年代在距今7 000～6 000年间。又根据遗址所在企石镇文化站唐日辉调查整理得知，该镇除了有代表性的万福庵遗址之外，在东江沿岸还发现了13处连为3片的贝壳堆积点。其一，北临东江，海拔约35米的上麦黄屋大园。"人民公社化"时，这一带洁白的贝壳堆积厚达5～6米，曾被连续采挖两个月，挖取贝壳约10万担。第三次全国文物普查时，着重对岭头苍小山进行调查，仍发现有较多的贝壳堆积，并采集到夹砂陶、彩陶和一些近代遗存。其二，稍南的博夏村蚬壳山。蚬壳山原为小山包，周边地势低洼，因屡受东江洪水冲刷，20世纪50年代已变成高出周围浦田的荒地，贝壳暴露。"农业学大寨"时将此地平整为农田，采挖了大量贝壳烧灰。在开挖一条人力水车槽头时，发现有类似石锤、石凿、石刀等器具。2004年再次调查时发现了数片硬度不高的彩陶。其三，再稍南的企石村蚬壳岗、百骨山和饭盖岭等，均有贝壳堆积，但因为修路或营建公园，已被破坏。① 因而，不妨把这些遗存界定为万福庵遗址群。

东江西流至万福庵遗址群附近时形成连续的大弯河奥，其南有一条几乎与之平行的、全长3 350米的内河——小海河；江、河相距约10公里。万福庵遗址位于小海河南面约1公里处。但上述诸遗址均分布于小海河之北的浦田（东江冲积平原为泛滥平原，浦田地貌发育）即东江河奥淤积地之中的岗丘上。

从万福庵遗址群沿着东江南岸向西延续约30公里的地带，均为浦田地貌。大约在20公里处，有1处园洲（或称龙眼岗）贝丘遗址。它坐落在"由众多小山冈组成的龙眼岗中的一个小山冈"上（详见下文图5－1）。我们参与了对该遗址的调查和发掘，基本同意《发掘简报》中"结语"的说法：园洲遗存的年代上限接近于万福庵遗址群遗存的年代下限，但其下限与下文将要详细论述的村头遗存的年代上限，是没有"缺环"的。也就是说，园洲遗存的年代上限已经跨越了稍晚于距今约5 000年即"几何印纹陶"产生时期，而下限达到了距今约3 500年的"几何印纹陶"初期。

如果说，距今约7 000～5 000年的、聚居于环珠江口海湾沙丘或沙堤—泻湖生境中的先民以获取水生蛋白资源为主，也能繁衍生息，形成特

---

① 上述情况承蒙唐日辉先生垂告，谨此致谢。

定的谋生方式，那么万福庵遗址群周边较为广阔的浦田里，水生动物丰富多样，易于捕获，人们选择高的岗丘为相对稳定的居住地，以开拓浦田和小海河乃至东江的水生资源。这对于生产力水平低下的先民来说，无疑是有效适应环境的谋生策略。

但是，必须指出，渔猎—采集经济的发展也是滥用资源的过程。随着资源的日益匮乏，人们的体能输出能量将大于从食物中所摄取的输入能量，为此，要强化、扩张或改进技术。相对于万福庵遗址群来说，园洲遗址的资源更优越：除了水生蛋白资源相似之外，遗址所在的龙眼岗，连续空间大，植被茂盛，人们利用其陆生资源谋生的同时，还可与外界更广阔的地方相连通。因此，这里更适合于数量相对多的人群持续发展渔猎—采集经济。

即使园洲先民并非万福庵先民的“后裔”，哪怕他们是由其他地方迁移至“东江河奥—小海河”至园洲一带来谋生的，也绝对不会选择像万福庵遗址群那样的环境聚居。因为那里的资源已经匮乏；更关键的是，此时的人们对陆生资源已经有了足够的认识，并有能力去开发和利用。或者说，资源的匮乏已不可逆转，而人口增殖的压力与日俱增，迫使人们强化、扩张和改进技术三者兼施。

村头遗址坐落在东莞市南部约 30 公里狮子洋入海口东岸的山冈上面（详见下文图 5 -1），南面低缓且滨海，其他三面连接着罗浮山余脉丘陵或台地。遗存的年代距今约 3 550 ~3 000 年。

鉴于目前的考古资料，在村头附近尚未发现同时期的聚落与之集群，如果说万福庵遗址群是集群分布，那么，村头聚落为随机分布吗？我们认为，同样不必追究村头聚落居民是否为园洲居民的“后裔”，但人们对陆生资源有了充分的认识，再也不会选择像园洲那样的地方谋生，因为村头既可“吃水”又可“吃山”。从这个角度上说，村头聚落的形成是人们择地而居的结果，它与动植物的随机分布有着本质的区别。

2. 村头聚落的形成与地貌

遗址的中心区坐落在今村头村西侧的、平面不规则的大山园岗丘上面。岗丘最高处的台地处于遗址的东北部，海拔 10 米，经过遗址的中部向南逐渐低缓，至遗址的南边缘与海拔 4 米的耕地相接。遗址的南边缘与现代海岸线（交椅湾）的最短距离约为 7. 2 公里（图 4 -2）；然而，遗址形成时期的海岸线更为深入，故遗址的南面是滨海的。

通过对遗址的两次发掘获知：在其地势较低的南部有包含大量贝壳的、厚薄不一的先秦时期文化堆积——资料整理人通过分析对比，将其分为四期：第一期的年代约为商代早期偏早阶段，第二期约为商代早期偏晚阶段，第三期的下限约在早、晚商之际的较早阶段，第四期则大体为晚商初期。[①] 在其地势较高的中部是明代以后的文化堆积。因而可知古聚落的中心区最先形成于南部，后逐渐北移[②]——关于这一点，《发掘报告》第四章“先秦时期的遗迹”的第三节“沟”，以及第六章“结语”，均有清晰的表述：（遗址南边缘的）89DCG6，其成因或是直接利用自然沟，或是在自然沟的基础上略加修整，而后加以利用的；89DCG8 为人工修建的可能性大些，它先接纳了 89DCG5 的聚落排水再让引水注入 89DCG6。同时，“（89DCG6 的）发掘部分基本将（属于第一期的）28 号房子（89DCF28）、1 号柱洞群（89DCDQ1）及其西北的散布柱洞构成呈相同走向的一行建筑遗迹围在沟北”。

遗址的形成过程显示：先民在其谋生活动中，对于水生的和陆生的自然资源，均有认识和开发利用；但在较早时期侧重于前者，较晚时期则侧重于后者。

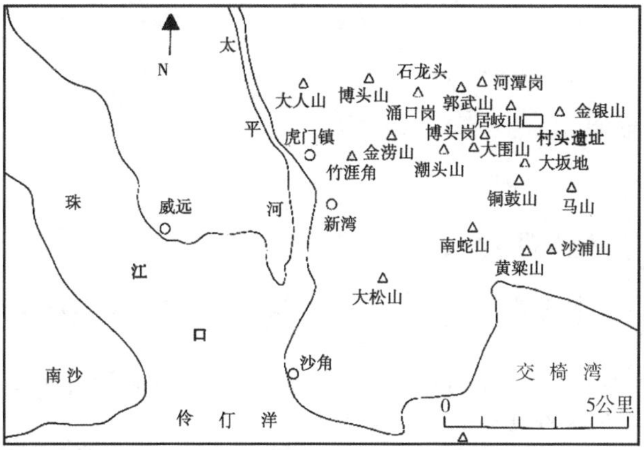

图 4－2　村头遗址的位置与地形特征

① 详见《发掘报告》第六章。

② 详见《发掘报告》第三章第一节。

（二）村头遗址所处的生态环境

关于遗址形成年代的气候和自然环境，考古学者在村头遗址的不同地质地层单位中采集土样，进行了微体古生物学分析，我们将其成果①归纳为表 4－1。

表 4－1　村头遗址堆积土样微体古生物学分析

地质地层单位	微体古生物分析	年代（距今）	反映环境	备注②
8、7、6	未检出化石硅藻、刺球藻、环纹藻③等微体古生物，更不见有孔虫、介形虫④	5 780 ± 580 年至 5 500 ±550 年	陆地环境	属中全新世早期后段，气候稍凉，略热、略湿，为全球海平面波动下降阶段
5A	未检出化石硅藻、但有较多环纹藻	5 000 年前后	有水体流入，但仅为淡水，海平面比地面低	气候开始转暖

---

① 《发掘报告》附录一“东莞村头贝丘遗址的古地理环境·微体古生物反映的环境变化”。

② 该备注参考自李平日等：《珠江三角洲一万年来环境演变》，海洋出版社，1991 年，第 16、64～66 页。

③ 从生态环境来分，刺球藻为海生，而环纹藻为淡水藻。见张玉兰等：《某些海生藻类在陆架沉积中的分布及其古环境意义》，《同济大学学报》（自然科学版）1994 年第 3 期。

④ 有孔虫为海洋单细胞动物，按生活方式可分为浮游有孔虫与底栖有孔虫。浮游有孔虫大量出现是正常海相标志，但在海陆过渡相中也可出现；底栖有孔虫和放射虫则是海相地层的确凿证据。而介形虫能够较灵敏地反映当时沉积环境的水深、水温及盐度。见李平日等：《珠江三角洲一万年来环境演变》，海洋出版社，1991 年，第 40 页。

（续上表）

地质地层单位	微体古生物分析	年代（距今）	反映环境	备注
4中	检出较多化石硅藻、刺球藻以及少量环纹藻：化石硅藻中半咸水种、咸水种、淡水种所占比例分别为50%、38.5%、11.5%，以条纹小环藻①、截端双眉藻②为优势种	4 350±440年	处于海滨，有海水流入	中全新世晚期前中段，暖湿或炎热潮湿气候，海平面处于缓慢上升阶段
4A（第4层上部）	检到的化石硅藻中淡水种、半咸水种和咸水种所占比例分别为59.3%、21.3%、19.4%，以颗粒菱形藻③为多，占硅藻总数58%，未发现刺球藻及环纹藻	—	离海远，流入的水以淡水为主，但仍有少量潮水趁高潮进入，海平面比前一段时间有所下降	—

① 在高盐水体和半咸水河口地带以及底栖动物之消化道中都能找到。见中国科学院中国孢子植物志编辑委员会：《中国海藻志》（第5卷），科学出版社，2003年，第117页。

② 金德祥等：《中国海洋底栖硅藻类》（下），海洋出版社，1991年，第173页。

③ 金德祥等：《中国海洋底栖硅藻类》（下），海洋出版社，1991年，第224～225页。

（续上表）

地质地层单位	微体古生物分析	年代（距今）	反映环境	备注
3C（第3层中部）	检到的化石硅藻中淡水种、半咸水种和咸水种所占比例分别为61.5%、19.8%、18.7%，微体古生物特征与4A区别不大，但硅藻以池生菱形藻①为优势种，占总数48.15%	3 384±340年	淡水为主，但池生菱形藻反映水体流动不大	中全新世晚期中后段，炎热潮湿或略热、略湿气候
3A（贝壳密集层）	未检到化石硅藻，但有少量刺球藻和环纹藻	3 160±320年	海平面高，距海很近	中全新世晚期后末段，海平面处于上升阶段

由上表可知，村头聚落长期处于气候较为温热的南部亚热带，但早期稍凉，后期较热，仅有小幅度的气候波动。具体说，聚落的小环境，在其形成之前是陆地环境，至遗址形成的初期，经过了“有淡水流入”过渡到“滨海”。而在遗址形成的后期，“离海远”了，但有“淡水流入形成死水而成湖”。简言之，聚落经过了逐渐“滨海”至逐渐“滨湖”的过程。无疑，在此过程中，陆生资源对人们的谋生也日渐重要。

（三）聚落周边自然资源分析

主要分析与生产生活密切相关的陆生和水生的动植物资源，以及能为人们的生产生活提供原料的植物材质。在上面章节已经述及者这里仅予点出而不再介绍。

① 生长于水坑、池塘、湖泊、河流、溪流、沼泽中。见胡鸿均等：《中国淡水藻类——系统、分类及生态》，科学出版社，2006年，第411页。

1. 陆生资源

植物淀粉类有薯蓣科各野生种。

植物维生素类中的野生果类有荔枝、龙眼、蕉、黄皮、杨梅、人面果、桃金娘、柠檬等。另有橙、柑、桔、沙梨、杨桃、蒲桃、柿、凤眼果、余甘子等果类。

植物脂肪类和蛋白质类有山柚和露兜等。此外，还可以从竹笋中摄取植物蛋白。比如绿竹："竹不堪用，笋味极甘美"；大头竹："其笋……味甘美"；甜竹："下节味甘，合汤用之，处处皆有"；苦竹："病积热者煮食之甚良"；凤尾竹："笋大肥美，为诸笋冠"；线竹："笋瘦而白，于食品最佳"。①

野生动物种类繁多，主要分布于山区和丘陵地带。

两栖爬行类有：青蛙、鳖、龟、蛇等。《东莞县志》注引《倦游杂录》言岭南人食蛇："岭南人喜啖蛇，易其名曰茅鳝，盖食蛇之俗自昔已然矣。"

哺乳类有：水獭、野猪、豪猪、狸猫、豹狸、山羊、果子狸、穿山甲、獾、鼠、豺狗、猿、猴等。

《东莞县志》所记东莞境内所有的鸟禽包括鹤、鹳、石燕、野鸭、鹭、鸥、鹊、鹧鸪等五十余种鸟类。其中石燕："大如乳燕，足生翼末，山人小儿羸瘦，取食之"；野鸭："重阳以后立春以前最可食，大益补人"，等等。②

分布在东莞境内的植物材质，除了各种树木之外，还有草、麻、竹。

草为丘陵草丛类，主要草种有鹧鸪草、画眉草、纤毛鸭嘴草、茅草等。如莞草又名水葱、席子草，茎高五六尺，李调元《南越笔记》载其"茎圆美"，可以为席，故"县因以名。在广州之东，故曰东莞"③。芒草又称白薇、龙胆白薇等，"可以为绳索履屩也"。

麻有黄麻、白麻、青麻、络麻、苎麻等，可加工成麻纤维制品。黄麻："作麻绩之用，可以为布……邑产多黄麻，为土货……广人呼为东黄

---

① 以上均见《东莞县志》卷14《舆地略·物产中》、卷15《舆地略·物产下》，第377~442页。

② （清）屈大均：《广东新语》卷20《禽语》，中华书局，1985年，第520~525页。

③ （清）李调元辑：《南越笔记》卷6《东莞席》，中华书局，1985年，第96页。

麻，遇水湿愈坚韧，船缆多用之”；白麻：耐水，“烂可织为毯被及作汲绠牛索，或作雨衣草覆等”；青麻：“布以青麻成者坚致”；络麻：“惟衰服用之，贫者亦以为衣”；苎麻：“今南越紵布皆用此麻。苎有两种，一曰柴麻，一曰白苎，本南方之物也”。蕉：果实可食，而且“蕉类不一，其可为布者曰蕉麻……广人颇重蕉麻”。

竹类如筋竹：“南土以为矛，其笋未成竹时堪为弩弦……闽广处处有之……但可作篾用，甚坚韧”；单竹：“岭南夷人取其笋未及竹者，灰煮，绩以为布”；大头竹：“居民以为梁栋”；油竹：“水浸晒干为燎，可以代烛”。[①]

2. 水生资源

（1）淡水及近陆浅海资源。

水域所产植物可为人们提供植物蛋白、矿物质和维生素。可能被人们利用的各种水域植物资源有[②]：

茆：即莼菜，“可以生食，又可以鬻”。

石发：即干苔，“出海上，织长如丝缕，浅绿色……然易烂而薄之于味”。《初学记》卷27引晋周处《风土记》：“石发，水苔也，青绿色，皆生于石也。”[③]中国沿海均有分布。

鹿角：中国沿海均有分布。多生长在中潮带和高潮带下部的岩石上，常丛生成群。“味极滑美……按邑旧濒海，故石发、海粉[④]、鹿角诸海菜当时视为常蔬”。

紫菜：“生南海中，附石正青色，取而干之则紫色”。

纸菜：即孔石莼，又称海白菜，“其薄如纸，乃咸水之皮所成。其色如青苔，则以日光而成……土人浣白之为蔬”。

海带：“亦薄而长。或散条，或结绳缕，或如短马尾，黑绀色。与鹿角、龙须皆海之菜也。”[⑤]

---

① 以上均见《东莞县志》卷14《舆地略·物产中》，第377～412页。

② 《东莞县志》卷14《舆地略·物产中》，第377～412页。

③ （唐）徐坚等撰：《初学记》卷27《苔》，中华书局，1962年，第669页。

④ 这里的海粉为海兔科动物蓝斑背肛海兔的卵群带，而非一种海藻。

⑤ （清）屈大均：《广东新语》卷27《草语·海菜》，中华书局，1985年，第720页。

《东莞县志》所记东莞水域所产相关动物资源有①：

水母："八月间干者肉厚而脆，名八月子，尤美。"②

蚝："以斧揳取壳，烧以烈火，蚝即启房，挑取其肉……合澜海有蚝田，潮退往取，渔姑蛋妇咸出，谓之打蚝。以木制如'上'字形横尺，许其直数尺，上挂竹筐，女郎以一足踏横木，一足踏泥，手扶直木稍推即动，其势甚轻捷。既至，凿蚝得肉，置诸筐，遇潮长相率踏歌而还"。

蚬："广中蚬特多，人以为蔬。"

蚌："蚌唇属肉可食，壳粉食之已嗽。"

沙虾：生活在海边滩涂的中小型虾类。

银虾："状如绣针……以盐藏之，味亦美。"③

其他还有墨鱼、章鱼、蛤蜊、沙螺、红螺、合掌螺、梅虾、泥虾、白虾、龙虾、蟹等。

东莞市内水域鱼类有134种，其中包括泥鳅、鳗鲡（鳗鱼）、青（黑鲩）、草（鲩）、鳙、鲢、鲤、鲮、鲫、七丝鲚（马鲚）、胭脂鱼、鲸等淡水鱼。

鳗鱼：洄游鱼类，海中产卵，当仔鱼发育成幼鳗时，成群游入江河，成熟后又游至海中繁殖。

青鱼："生江湖间……南人多以作鲊，古人所谓五侯鲭即此。"

鲤："有河鲤海鲤两种，河鲤出东江……海鲤生虎门外咸水中。"海鲤即尖鳍鲤，是鲤科鱼类中长期生活在我国南海少数河口咸淡水水域中的特有种类，在各种水体均能正常生长，最适宜咸淡水域。

鲮鱼："南方鱼多不肥美，惟鲮鱼为上……不产于海也。"

鳜鱼：也称桃花鱼，为溪流中小型鱼类。"鳜鱼产阳江，似鲫而白，肉柔腻，性喜温暖。腊月时，渔人立水中，鱼争附足，可掇也。"④

（2）远陆深海资源。

珠江口沿海是浮游性鱼类生长的好场所，有8种洄游性鱼类生活在那里，在近海、河口生活而进入淡水的有16种。

---

① 见《东莞县志》卷15《舆地略·物产下》，第413～442页。

② （清）屈大均：《广东新语》卷24，中华书局，1985年，第594页。

③ （清）李调元辑：《南越笔记》卷11《虾》，中华书局，1985年，第141页。

④ （清）屈大均：《广东新语》卷22《鳞语·鱼》，中华书局，1985年，第555页。

三鰲：即鲥鱼，“似鳊而大鳞，肥美多鲠，别名鲥……鲥乃鳙白所变，在海为鳙在江为鲥”。《广东新语》载：“鲥鱼以孟夏随鲚鱼出，其性喜浮游，纲入水数寸即得……赤鱼、鳙白，皆以仲春出，大者重数十斤，入自大洋，望之如黑云。至虎门，则赤鱼之稚者多变为鲥，渔者辄合围取之。又赤鱼大时，其下堆积至数十百丈，不可底极，以枪刺一鱼取之，次鱼饮其血复上；复枪刺取之，如是者相连不断。”①

廷鱼：海鱼。“捕鱼者仲春于高处卓望鱼儿，来如阵云，阔二三百步，厚亦相似。既见，报鱼师，遂桨船争前而迎之，船冲鱼阵，不于罟网，但鱼儿自惊跳入船。”

白春：“每潮信渔人打至万斤。”

还可能为人们所捕食的有：白肌银鱼，俗名银鱼，平时生活在近海，生殖期溯河至咸淡水交汇处或淡水繁殖；花鲈，分布于沿海，喜栖息于河口或淡水处，亦可进入江河淡水区；海鳗，栖息于水深 50 ~ 80 米的泥沙或沙泥底海区，有明显洄游现象；海鲇，又名赤鱼，常在缓流的泥沙底活动，产于我国南海与东海；大黄鱼平时栖息在较深海区，4—6 月向近海洄游、产卵，产卵后分散在沿岸索饵，秋冬季节又向深海区迁移；小黄鱼春季向沿岸洄游，3—6 月产卵后，分散在近海索饵，秋末返回深海，冬季于深海越冬，等等。②

3. 村头聚落食物网

综上所述，可将村头聚落自然资源中的各类生物分为自养者、一级异养者、二级异养者和菌类，以构建其食物网。③

（1）自养者。

上文中已提到对村头遗址进行了微体古生物学分析，检测出硅藻（其中包括颗粒菱形藻、池生菱形藻、条纹小环藻、截端双眉藻等）、刺球藻、环纹藻等浮游植物。

---

① （清）屈大均：《广东新语》卷 22《鳞语·鱼》，中华书局，1985 年，第 553 ~ 554 页。

② 以上见（明）张二果、曾起莘重修：《东莞志》卷 1《物产上》，全国图书馆文献缩微复制中心，2001 年，第 107 ~ 118 页；《东莞县志》卷 15《舆地略·物产下》，第 413 ~ 442 页；东莞市地方志编纂委员会辑：《东莞市志》，广东人民出版社，1995 年，第 167 ~ 170 页。

③ 参考自姚泊：《海洋环境概论》，化学工业出版社，2007 年，第 103 页。

关于遗址的植物种类，生物学者在村头遗址不同的地质地层单位中采集土样，进行了孢子花粉分析，我们将其成果①归纳为表4－2。

表4－2　村头遗址堆积土样孢粉分析

地质地层	孢粉分析
8（深约175厘米）	仅少量孢粉。已发现的有杉科、禾本科、莎草科②、苔藓孢子。
7（深约160厘米）	孢粉略多。木本为栲属—栎属组合；蕨类主要为蕨属；草本以禾本科、菊科蒿属为主。
6（深约140厘米）	未发现孢粉。
5A	孢粉丰富。蕨类占50%、草本占38.5%、木本占11.5%。低等植物苔藓孢子甚多，蕨类以蕨属为主，草本有很多香蒲属③，木本主要为杉、松、栎。
4中（深约130厘米）	孢粉丰富。蕨类占68.6%、草本占20.3%、木本占11.1%。苔藓孢子很多。草本的以喜湿种属为主，如香蒲、藜科④、莎草科等。木本主要为松、栎、榆属。
4A（深约120厘米）	孢粉较少。植被面貌与层4中近似。
3C（深约110厘米）	孢粉不多，以苔藓孢子较多。木本主要为杉科。
3A（深约90厘米）	孢粉最丰富。蕨类占绝对优势，达79.9%，以蕨属为主，还有一些水龙骨科、海金沙属、凤尾蕨科、铁线蕨属、紫萁⑤等；草本仅占7.3%，以菊科及禾本科为主；木本主要为松—杉—栎组合。苔藓孢子多。

① 《发掘报告》附录三“东莞虎门村头贝丘剖面孢粉分析报告”。

② 多年生或罕有一年生草本，常生于湿地或沼泽中。见中国科学院华南植物研究所：《广州植物志》，科学出版社，1956年，第735页。

③ 分布于热带及温带，生于湖泊、河流、池塘、沼泽处。见中国科学院华南植物研究所：《广东植物志》（第6卷），广东科技出版社，2005年，第379页。

④ 一年生或多年生草本，全国均有分布，主要生长于低海拔的海滨、旷野、湖边、河岸等处，其中有的属可供食用或药用。见中国科学院华南植物研究所：《广东植物志》（第3卷），广东科技出版社，2005年，第61～69页。

⑤ 水龙骨科：主要产于热带及亚热带地区，多附生，少土生；海金沙属：分布于全世界的热带与亚热带，土生；凤尾蕨科：在我国主要分布于华南及西南，土生；铁线蕨属：大部分产于热带及亚热带地区，土生；紫萁：为我国暖温带及亚热带最常见一种蕨类，土生，有的可供食用。见吴兆洪等：《中国蕨类植物科属志》，科学出版社，1991年，第146～150、165、220、250、485～491页。

（2）一级异养者。

村头遗址有丰富的贝壳埋藏。经海洋生物学者鉴定，主要为八大类[①]：

帘蛤科的镜蛤：我国沿海均有广泛分布，生活在潮间带或浅海海底。

蜒螺科的蜒螺：属暖水种贝类，栖息于潮间带的高潮区，分布于我国长江口以南的沿海地区。

不等蛤科的海月贝：生活于潮间带中、下部及沙质或泥沙质海滩。

蚶科的蚶：珠江口各地多有，栖息环境从泥、沙到岩岸均可。

牡蛎科的牡蛎：生活于潮间带及浅海、河口地区，咸淡水交界的水域最为常见。

塔螺科：多生活于潮下带或较深的海底，潮间带也常有分布。

骨螺科：以栖息于潮间带、潮下带为主。

锥螺科：多生活于潮下带和泥沙质海底中。

发掘所获的陆生脊椎动物的标本共计 6 143 件，其中可以鉴定种类的标本（NISP）计有 3 377 件，约占总数的 55%；不能确定动物种属的标本有 2 766 件，主要是哺乳动物的肢骨片和破碎的骨块，包括脊椎残块、髋骨残块、头骨残块以及肋骨残块等。可鉴定的属一级异养的动物种类有水鹿、斑鹿、麂、小型鹿、水牛、猪等，其中猪为家畜，其余为狩猎获得。[②]

（3）二级异养者。

在村头遗址发现的动物骨骼中，可鉴定属二级异养者的有：鸟、龟、鳖、鼋、鳄鱼、犀牛、豪猪、大灵猫、野猫、虎等。

鸟类：6 件标本，未可确定种属。

龟：11 件标本，最小个体数 3 个。

鳖、鼋：11 件标本，最小个体数 3 个。

犀牛：仅 3 件标本，其中 1 件上有缺痕。

象：仅 3 件标本，属同一个体。

豪猪：6 件标本，最小个体数 6 个。

食肉动物：共 25 件标本，可鉴定的种类为虎、大灵猫和野猫等。

---

① 《发掘报告》附录二之二“东莞虎门村头贝丘遗址部分贝类种属鉴定”。

② 《发掘报告》第五章第四节“村头遗址陆生脊椎动物遗骸分析”。

另外发现了狗骨骼标本 343 件，最小个体数 61 个，数量较多，应为家畜。①

（4）菌类。

在一个生态系统中，菌类可将动物和植物的腐屑物转化为植物和低级动物的养料。在亚热带山前滨海环境中，菌类是相当丰富的。

综合上文，将村头遗址食物网归结如下（图 4－3）：②

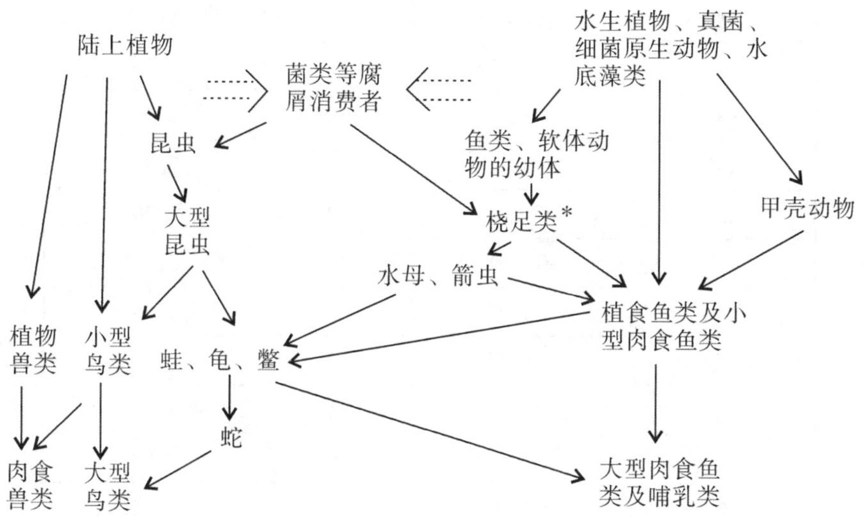

图 4－3　村头遗址食物网

*桡足类：海洋浮游动物中最重要的一个类群，种类多、数量大、分布广，并栖息在不同的水层；一般摄食浮游植物，本身又是许多海产动物的主要摄食对象。

（四）村头居民生产生活复原研究

村头遗址是背后连接着广阔的丘陵余脉的海岸型贝丘遗址。与今珠江三角洲网河平原其他的岗丘、贝丘相比，谋生的空间更为广阔，即除了可获取水生资源之外，还可获取多样的陆生资源。

---

① 《发掘报告》第五章第四节“村头遗址陆生脊椎动物遗骸分析”。

② 参考自姚泊：《海洋环境概论》，化学工业出版社，2007 年，第 81、83 页。

1. 依据石器和骨角蚌器所复原的社会生产情况

（1）石器和骨牙蚌器的种类和用途。

A. 石器。

我们根据《发掘报告》对839件石器的描述整理形成下表。

表4－3 村头遗存中的石器器类与数量一览表

器类	型别	数量（件）	比例（%）
锛	共分6型	616	73.42
戈	共分3型	57	6.79
石杵	共分2型	30	3.58
饰物	含璋等	27	3.22
镞	不分型	19	2.26
砺石	不分型	18	2.15
网坠	不分型	13	1.55
半成品	不分型	13	1.55
斧	共分3型	11	1.31
矛	共分2型	5	0.60
卵形器	不分型	5	0.60
钺	不分型	4	0.48
饼形器	不分型	4	0.48
石核	不分型	4	0.48
切割痕石	不分型	3	0.36
石砧	不分型	3	0.36
凿	不分型	2	0.24
磨棒	不分型	2	0.24
石片	不分型	1	0.12
柱础	不分型	1	0.12
石祖	不分型	1	0.12
合计	—	839	100.03

图4-4　有肩有段锛（89DCT1406④C：8）

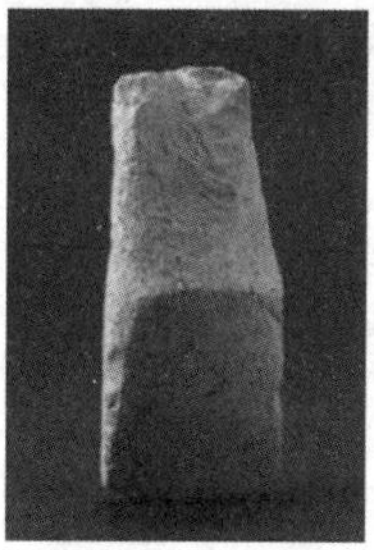

图4-5　弓背锛（89DCT0409②：1）

从上表可以看到，其一，锛（图4-4、4-5）数量最多，比例高达73.42%，若再加上11件斧，则斧锛类约占75%，乃最常用的生产工具。《发掘报告》对6种类别的锛中的5种类别（不含3件弓背锛）进行了使用痕迹情况观察和描述后认为，由于刃端钝化的有肩有段锛占有相当的数量，因此这部分锛的劳动对象应为较坚实的土。这是可信的。实际上，斧锛类可以用来“挖土”，例如，挖土种植旱稻，挖土修治房屋、壕沟、墓坑，还可以挖土采掘各种野生的薯蓣科块根，也可以用来刨挖生长于潮间带的泥蚶等贝类动物。当然，更多刃部锋利的锛，其劳动对象是竹木类。在数量上占据了略多于一半的有肩有段锛中，200~300克的个体大者为常见（A型163件占45%，B型284件占11.5%），这些锛应是用于砍斫树木或藤竹的。此外，在80件双肩锛和84件梯形锛中，小于50克的个体小者为常见（分别占44%和42.9%），这些锛应是用于进一步修整竹木的——小个体的锛用来修整竹木时，或是把竹竖分出偶等分的竹条，再将竹条剥出竹青篾条以编织竹器；或是把树木修整成为其所用的料件。总而言之，斧锛类石器数量多，样式繁杂，表明了人们在大量地利用竹木。

其二，戈（图4-6）的数量也比较多，57件，占6.79%。但是其中多见的是援无脊戈（21件）和内戈（31件），而这两种“戈”的基本特征是“无侧锋”（实际上也没有观察到它们的前锋），戈为勾兵，无侧锋者不宜视之为戈。再观察《发掘报告》所称谓的4件A型璋（图4-7），其形制与上述的戈并无区别，然而，“半圭为璋”（《说文解字》），因此倒不如把上述的戈和璋甄定为“似戈（或璋）饰物”——这类饰物可能与拥有者或保管者的身份或地位有关。这样，结合对环等石器的考察，形态上类似于这一类信物的石质饰物的数量便多了起来，比例也高了，并且制作得非常精美，这又从一个侧面反映了当时当地石器制作的水平之高以及有相当部分的石器具有特殊功能。

其三，援有脊戈（5件）若以阑分其援与内，穿则设于援一侧，难以甄之为戈而不如视之为矛。这样，包括《发掘报告》中称为矛（5件，图4-8），以及钺（4件，图4-9）和镞（19件）等，属于武器或狩猎工具的石器便显得数量少和比例低了。这从另一侧面反映了人们作用于陆生动物的狩猎的谋生活动不一定是主要的谋生部门，或者狩猎的主要方式是集体的围猎。

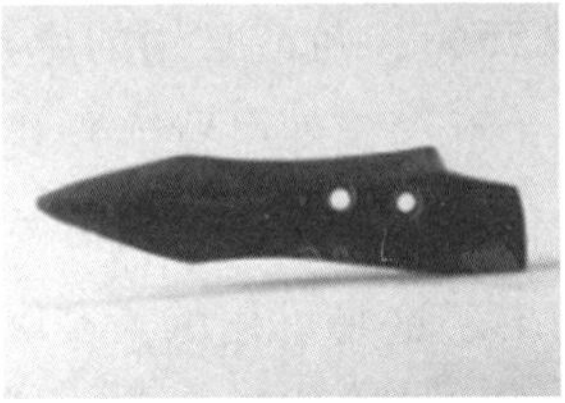

图4-6　援有脊戈（89DCT0610③：4）

图4-7　A型璋（89DCT0811③：15）

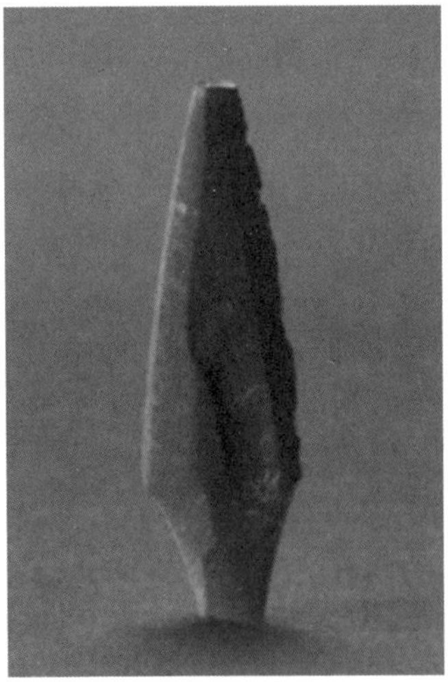

图4-8　有脊矛（93DCT2012④B：14）

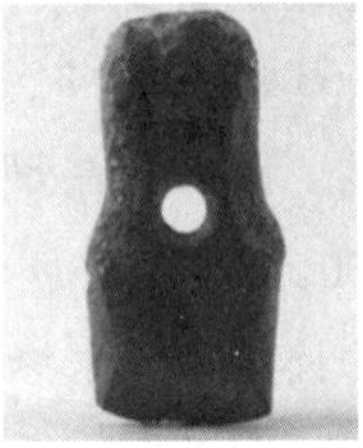

图4-9　钺（89DCT0906③A：9）

图4-10　网坠（89DCT0309G8：1）

其四，石杵共出土了30件，占3.58%，数量也较多。这类器物与饼形器（4件）、卵形器（5件）和磨棒（2件）等具有同样功能，它们与石砧（3件）配合，可加工植物淀粉类食物或捣植物汁液制作麻醉品。

其五，出土了13件网坠（图4-10），虽然所占比例不及2%，但因为这种器物在人们的实际生产生活中，所需数量较少，并且一旦遗弃也多在水中，故在别的遗址只是偶有发现，或者说相对于以往的考古发现来说，1.55%的比例也算是比较高的了。进而言之，人们在利用柔软的编织物网来进行水中作业以谋生的活动，也是值得重视的。

B. 骨角蚌器。

村头贝丘遗址出土的先秦时期骨角蚌器比较丰富，有璋9件、骨环10件、贝环10件、双孔蚌器2件、哨形器1件、笛形器1件、蚌铲4件、骨镞二型6件、骨拍1件、骨叉5件、骨锥二型8件、骨匕二型21件、骨锛1件、骨钺1件、骨针1件、残骨器1件、有明显分工痕迹的骨料14件。

其用途应为装饰玩耍。尽管石质的"似戈（或璋）饰物"可能与拥有者或保管者的身份或地位有关，但由于骨（牙）璋的样式并不与之极端相似以及原料形状对样式的制约性太大，因此两种不同种类的同形状成品的性质应有所区别。

（2）制作工艺和生产模式。

A. 石器。

《发掘报告》在其披露的839件先秦石器中，对700余件进行了岩性、硬度和风化程度的鉴定，占出土石器总数的80%以上。石器质料岩性，以变质泥岩数量最多，453件；砂岩次之，105件；此外还有碎屑岩54件和粉砂岩43件，以及少量的片岩、角砾岩、泥岩、绢云母岩、燧石类岩石、凝灰岩、泥片岩、板岩、砾岩、硅质岩、云英岩、页岩、石英砂岩、变质角砾岩。石器质料的硬度普遍在摩氏6度左右，燧石类岩石等偶见7度者，砂岩中也有5度的情况。在石料与器形的关系中，仅砺石类石器多数以砂岩制成；再者是石戈、璋类器物多数以变质泥岩制成；其他则未见对质料有明显选择的情况。

可见，石器的岩性很杂，这表明人们并不把社会生产的更多精力投放在发现或利用更有利于石器制作和使用的石料上面。这除了与村头聚落所在地的岩石资源不够丰富有关之外，也可认为石器工业并非十分发达——

在石料与器形的关系方面，也可辅助此说。

然而，在石器制作工艺方面则表现得比较先进。其一，锛类石器占据了石器绝对优势。它们形体规范：柄部略长于刃部，肩、段分明，整个器物体形匀称；制作科学：刃端略宽于刃部，锋刃角度适中。其二，已经比较熟练地运用切割和管钻技术，这在“似戈（或璋）饰物”和骨角蚌器上体现得非常明显。

总而言之，石器虽然是此时重要的生产工具，石器的制作工艺也达到了相当水平，但由于对石料的利用和选择方面，缺乏计划性和组织性，因此石器生产还不是稳定的生产部门，当为成员个体的分散生产。

B. 骨角蚌器。

骨角蚌器中，璋形器的数量较多，制作美观且富有内涵，乃村头遗存的一大特色。与之对应，其他的器类也显得精巧。但缺乏足够的数量和比例的生产工具，因此只能认为是分散生产。

2. 依据陶器所复原的社会生产

(1) 陶器的种类和用途。

村头遗存可分为四期，在其早期，夹砂陶器约占50%；其中细砂陶与粗砂陶的比例相当。至晚期，夹砂陶器的比例或不足20%；细砂陶比例与粗砂陶的比例仍相当。

夹砂陶器比例的渐次下降，原因在于人们主要利用陆地资源以谋生，农业经济的成分甚高。夹砂陶器中的细砂陶比例下降，有其互为因果的两种因素：陶土中氧化硅的比例降低，而人们在提高泥质陶比例的同时，对夹砂陶器的原料不十分讲究。

A. 夹砂炊煮类陶器。

尽管夹砂陶器的比例大为减少，但作为炊煮之用的陶釜，让我们清晰地理解村头居民生活内容的丰富程度。村头的釜可分为：钵形釜A、B、C型，束颈釜，直领釜A、B、C型，粗砂宽沿釜A、B型，细砂宽沿釜A、B型，粗砂窄沿釜，盔形釜，共13种样式（图4－11）。村头资料的整理者观察了夹粗砂陶质的窄沿釜、钵形釜以及夹细砂陶质的盔形釜、宽沿釜，其器物上均留有烟炱。无疑，这些釜都是炊煮用的。但是，怎样炊煮，炊煮何物，或有所不同。

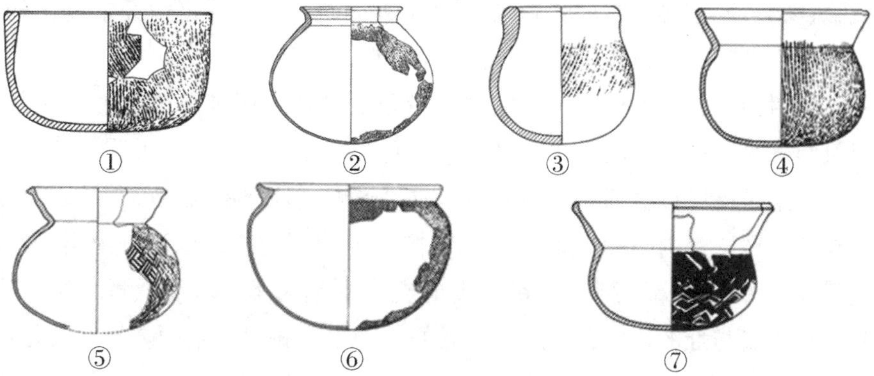

图4－11　村头各类陶釜

（①钵形釜；②束颈釜；③直领釜；④粗砂宽沿釜；⑤细砂宽沿釜；⑥粗砂窄沿釜；⑦盔形釜）

有些夹粗砂陶质的窄沿釜的烟炱，集中分布在器物最大径以下至底部的区域，烟炱的形状为环绕腹部呈条带形；并且烟炱的形状和分布区域与个体大小关系不大。推测这种釜是以最大径的外壁一周，无缝地、均匀紧密地卡在灶口上使用的，釜的最大径以上无法接触到火焰和烟熏。我们知道，灶膛里的空气不流动，柴火是无法燃烧的，所以这样的灶，其后面必须制作有排烟口。

有些夹细砂盔形釜的烟炱，一般见于腹部与器底结合部，但不见于器底；有些甚至烟熏至领部，但这烟熏的部分只限于3个不相连接的纵向扇形部分，即与之相连的3个扇形部分是没有烟炱的。可知在炊煮过程中，这种釜最大径的外壁的3个面，无缝地、均匀紧密地卡在灶口内凸的3个面上使用，并且釜、灶相对固定，甚至也不经常把釜搬离灶面。由于这样的釜、灶配合较好，灶的后面不备有排烟口，灶膛内的空气也很通畅，柴火燃烧充分，釜底是不会被熏而留下烟炱的。

由上述内容可知，这两种釜与灶应是相对固定地配合使用的。若此，这样的釜所炊煮的食物也就可能是比较固定而经常食用的了。在以狩猎、渔猎和采集为主，农业和饲养业为辅的经济社会里，什么样的食物是比较固定经常食用的呢？在经济欠发达的古代社会中，人们的日常餐食有主食和副食之分，主食即淀粉类食物，需要天天炊煮（或加热）；副食有多种，有一种并不是像发达的古代社会中那样要“餐餐炒的菜”，而是做好了可以食用多餐而每餐只需加热的，例如咸菜、咸鱼、咸毛蟹、咸虾酱之类的咸腌食物。换言之，主食和副食中的咸腌食物乃比较固定而经常食用的，夹粗砂窄沿釜、夹细砂盔形釜所炊煮的主要对象就是它们。

相对而言，有些夹细砂陶质的宽沿釜的烟炱，还漫熏至器物的领部，以及腹部最大径附近周围，漫漶分布，而器底烟炱较少，这说明了釜的最大径以上是可以接触到火焰和烟的。故可推测这种釜最大径的外壁，只是卡在灶口内壁上内凸的 3 个或 4 个支撑点上使用的，甚至没有固定的灶，而只要备有诸如陶支脚或石块之类的支点支起陶釜，即可炊煮食物。当然，这种釜与灶的使用，以及所炊煮的食物不是相对固定的。有些夹粗砂陶质的钵形釜的烟炱，一般见于腹、底结合部至器底部位，它的炊煮过程当与夹细砂陶质的宽沿釜相同；由于这种釜是直壁的，最大径一般在腹、底结合部，因此其上部不会接触到火焰和烟而被熏有烟炱。相对应地，夹细砂宽沿釜和夹粗砂钵形釜的炊煮对象便是偶尔食用的食物。偶尔食用的食物一般是珍稀的、更可口的，它们多用于某些宗教场合或节日或庆祝丰收或招待尊贵的客人，因此食用是多人共享并需要一定的仪式和场景的。无疑，炊煮这些食物，除了利用比较固定的炊具之外，还会用到一些非固定的。

B. 泥质贮藏盛端类陶器。

泥质陶器的比例最高，直接的原因是日常生活所需贮藏器、盛装器、端食器增多了，间接地说，是人们的生活内容更丰富了。

其一如陶罐。村头的陶罐可分为 17 型（图 4－12）：广口广肩圈足罐，小口直领鼓腹圈足罐，小口直领圆肩圈足罐，高领鼓腹圈足罐，折沿鼓腹圈足罐，敞口窄肩深腹圈足罐，小圈足罐，广口折肩凹底罐，小口双折肩凹底罐，小口直领折肩凹底罐，小口直领圆肩凹底罐 A、B 型，直领鼓腹凹底罐，矮领垂腹凹底罐 A、B、C 型，釜形罐。虽然罐的样式繁多，但大多为泥质或夹细砂者，可知它们是用于贮藏的。然而从贮藏功能考察，所有的罐首先可以分为圈足罐和凹底罐两大型，然后再依据罐的口部大小，分为小口罐和大口罐。因为道理上，口小、深腹的圈足罐，若贮藏小颗粒容易滚动的固态物体，既容易装进去也不难倒出来，并具有良好的密封防潮效果。若较大块状的固态物体，存放在大口、浅腹的罐里较方便一些。

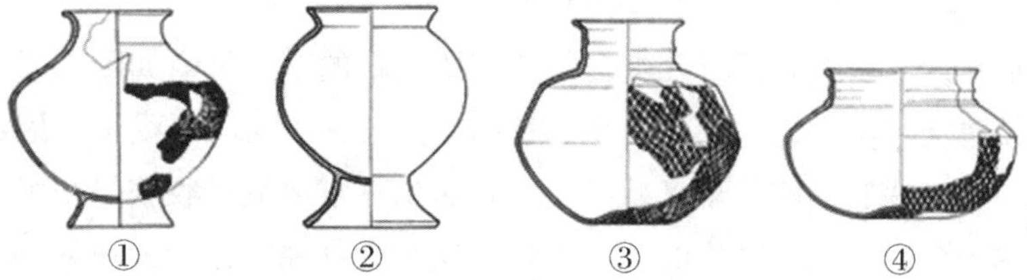

图 4－12　陶罐

（①小口直领圆肩圈足罐；②鼓腹圈足罐；③广口折肩凹底罐；④小口双折肩凹底罐）

根据黄蕴平等对村头遗址陆生脊椎动物遗骸的分析，村头可供鉴定到种属或骨骼部位的标本共 3 377 件。动物的种类有水鹿、斑鹿、麂、小型鹿、水牛、猪、狗、虎、大灵猫、野猫、豪猪、犀牛、象、鸟、龟、鼋和鳖等，最少代表 287 个动物个体。其中家畜有狗和猪，数量占总数的 54.1%；其他动物都是狩猎捕获的野生动物。[①] 此外，村头还发现大量水生动物的遗骸，其中部分无脊椎动物标本经中国科学院动物研究所刘月英鉴定，有 8 科 9 种。其中，美女蛤生活在沙质潮间带至水深 40 米左右处；角犬齿螺生活于潮间带低潮区或稍深的浅海岩礁海底；红螺生活于浅海数米水深的沙泥质海底；笔螺生活于潮间带至潮下带水深 400 处；其他软体动物主要生活在潮间带或浅海区。[②] 另外，大部分脊椎动物未经专家鉴定，但确知部分为硬骨鱼类，部分为软骨鱼类。由此可见，村头先民的狩猎，除了捕获水鹿、水牛和斑鹿等大中型动物之外，还捕捉诸如老虎和豪猪之类的凶猛的食肉类动物。其渔捞除了捕捞淡水河与潮间带的螺和贝类之外，还较多地获取栖于深海的软体动物；除了捕捉常见的硬骨鱼，甚至有

① 关于猪，鉴定报告是这样描述的：可鉴定标本数 755 件，最小个体数 89 个，分别占总数的 22.4%（NISP）和 30.9%（MNI）。鉴于村头遗址发现的猪数量多，死亡年龄以 M3 未出的未成年为主，约有 61.7% 的性别以雌性为主，牙齿的 LEH 发生率高，推测可能有一部分是家养的猪，也存在一些狩猎捕获的野猪，因而存在一些 3 岁以上的猪。同一年龄组内猪的牙齿磨蚀程度的差异也说明可能存在有野猪。

② 参中国科学院中国动物志编辑委员会主编：《中国动物志 · 软体动物门》，科学出版社，2001 年。

能力捕捉游动快速的软骨鱼。① 特别是，大量地饲养主要用于狩猎和食用的狗，以及与长期定居和农业经济有关的猪。

进而言之，村头先民有几类食物是需要贮藏的：一是诸如晒干了的谷物和薯芋等淀粉类食物。这些食物贮存的时间长并绝对不可受潮，因此应当利用口小、深腹的圈足罐来贮藏。二是偶尔狩猎或渔猎收获量很大，需要贮存诸如各种海生和陆生的动物干货。这类食物往往是较大块的，存放的时间也不会很长，可存放在大口、浅腹的圈足罐或凹底罐里。三是一些植物或动物的咸腌制品。这些可用大口、深腹的罐来咸腌或贮藏。换言之，较晚时期样式繁多的陶罐的出现，是与当时的生产力水平的提高和生活内容的丰富密切相关的。

其二如陶尊。这是较早阶段没有见到的器物，较晚时期才比较流行。村头有 57 件 5 种样式（图 4 – 13）。以功能视之，这种陶器用于盛放食用水，过于可惜且不太可能，因此只能是存放珍稀的固体食物。这些陶尊的造型颇有中原夏商大口尊的风格；而那些领口高阔，重心靠下者，给人以沉稳而富有张力的感觉，讲究形体美观并被赋予文化内涵。

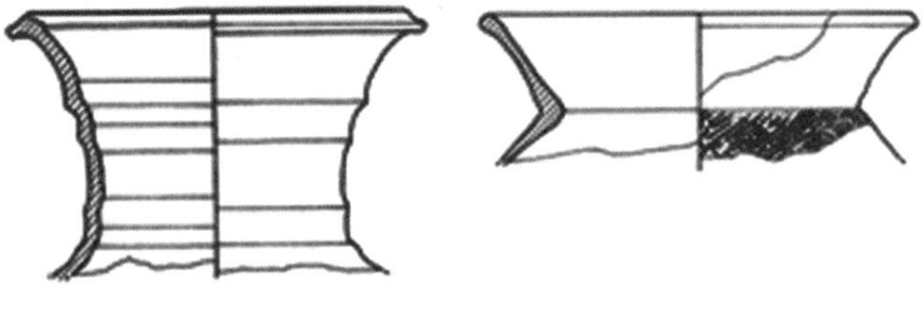

图 4 – 13　陶尊

其三如陶豆、圈足盘类。村头的豆有 78 件，包括碗形豆、钵形豆、盆形豆、折沿豆、盏形豆和大敞口高把豆 6 种样式，以及钵形盘和浅盆形盘 2 种样式 90 件的圈足盘（图 4 – 14），可谓数量多，样式繁杂。如上文所

---

① 硬骨鱼类约有 25 000 种，分布于各种水域；鲤鱼类几乎包含所有的淡水鱼；河鲈和金枪鱼类则构成硬骨鱼类中最大的类群。软骨鱼的口在腹面，有流线形的身体，游动快速，有力残暴，几乎全是生活在海水之中的食肉动物。在大约 550 种软骨鱼中，鲨鱼和鳐鱼是其主要代表。

言，村头居民日常用餐有主食、副食之分，但是考虑到这里出土的端食器碗钵类极少，无论是主食还是副食，均可认为有些圈足盘、豆类陶器是用于端食的，尤其是那些圈足盘和碗形豆、钵形豆等。若深腹的釜里煮着若干蛋白类食物，大家分吃，能免于掉渣或烫手，也可舀到各自的端食器里食用。但是，此类陶器的样式如此繁杂，不得不让我们想起："笾豆有楚，殽核维旅。"［《诗小雅·宾之初筵》。意思是：盛放着竹编的和陶质（或青铜质）的果品和菜肴高足盘，行列清晰地陈放着，招待席地而坐的客人］这表明，村头居民内部的社会关系逐渐复杂化，并与外部居民有着频繁的交往。然而，联系到村头还出土有其他标识身份或地位的石质，以及其他质料的器物，又可进一步想到："笾豆之事，则有司存。"（《论语·泰伯第八》。意思是：祭祀和礼仪的事情，自有主管此事的专门人员负责）因此，此类陶器还应与某种原始宗教活动有关。

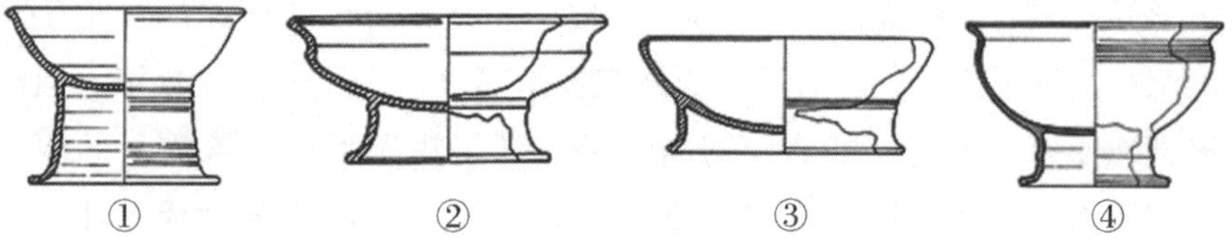

图4-14　陶豆

（①碗形豆；②盏形豆；③圈足盘；④盆形豆）

（2）制作工艺和生产模式。

陶器的成形基本上是用泥条盘筑和慢轮修整相结合的方法；部分为轮制；较普遍地采用分段成形黏结的做法。泥条盘筑和慢轮修整相结合的方法是，把经过淘洗的陶土加水搅匀后将其做成泥条，再把一条条的泥条层层盘筑，抹接条间空隙做成坯胎；此时陶胎的形制并不规整，将其置于陶车上，缓慢转动修整成为预想的样式，即为慢轮修整。村头的陶土中，诸如硅、铝、铁等瘠性原料含量比例略高，缺乏黏性，这对陶器的成形不利，但通过分析小口束颈折肩罐和圆肩罐的制法获知，在分段做成的有肩器的肩部，外敷上一条三脚棱的陶土，则为折肩器；不外敷而将肩部拍、抹圆滑，为圆肩器。前一做法是为了加固黏结部分；后一做法是除了加固黏结部分之外，还完成了轧实陶胎的环节。这两种做法都能够将成形与修整，加固与丰富造型、美观融为一体来操作，这是人们熟谙陶器的制作工艺的生动表现。

经过测试得知，村头陶器的烧成气氛是“先还原后氧化”：“其中部分标本坯体夹层呈黑色和灰黑色的夹心层现象，是当时烧制工艺控制气氛不当引起的，烧制前期柴火燃烧不完全，气氛乃还原焰，此时，泥坯中间的有机质成分未能得到完全的氧化而呈现黑色和灰黑色，到烧窑后期，柴火燃烧因各种原因而完全燃烧，氧气通过窑口进入，但氧化时间不足，窑口附近器物表面氧化完全，形成表面层白色，而中心夹层却因氧化时间不足而呈黑色和灰黑色，形成先还原后氧化现象。”可见，村头烧窑中的还原气氛，并非“有意识地使窑内缺氧”所致，而是“烧制工艺控制气氛不当”造成的——这种不当，很可能是烧窑时，低温预热时间过长而高温烧成时间又太短。测试者所说的“坯体夹层呈黑色和灰黑色的”陶器，恰如考古学界所说的“夹碳陶器”。进而言之，测试者所说的还原焰只是就陶器的测试结果来说的，但对远古的烧窑技术而言，还原焰与氧化焰不但没有区别，反而是前者比后者更显得落后。利用热膨胀法（该方法的原理是，陶瓷未达到其原初的烧成温度时，其膨胀率与加热温度成正比，这时，测试所得的是一条斜率与其膨胀率相关的直线。而当加热温度超过其原初的烧成温度时，因陶瓷坯胎内气孔的收缩，则坯胎将在原膨胀基础上叠加一个收缩效应。于是，原测试直线便出现一个拐点，依据这一拐点，即可求得陶瓷的原始烧成温度）测试得到村头陶器的烧成温度约为950℃。

村头的陶器瘠性原料含量比例高，要提高其烧成温度关键在于燃料能否完全燃烧。要使燃料完全燃烧，必须做到三点：第一，保证充足的空气供给，并保持一定的过剩空气量；第二，确保燃料与空气均匀地混合；第三，烧窑技术，即整个燃烧过程的时间长短与是否在持续高温下烧窑。分析村头陶器的测试结果或可认为，陶器在整个烧窑过程中，在烧窑的前期没有保证空气的充分供给，仅在后期做得较好，但在整个过程中确保了燃料与空气均匀地混合。换言之，窑室结构及装窑技术都比较科学和合理，但烧窑技术方面稍逊。①

概而言之，陶器的种类满足初始农业社会的家居生活。在夹砂炊煮类陶器方面，既可以满足固定炊煮日常必需的食物，也可满足炊煮某些特殊情况所必需的食物，这在炊煮器具的形态和使用中可以体现。但同时，炊煮类器具又过于单调，遗存中只能看到用于“煮”的釜一类器物，没有发现像石峡文化那样可确认为用于蒸、煎、焖的陶器，而石峡文化的年代比村头遗存要古老得多。

村头的泥质贮藏盛端类陶器，数量大，种类多，样式繁，这可充分满足初始农业社会家居生活的各种具体需要。尤其是陶豆类的情况，让人们隐约体会到当时的生活不但讲究内容的丰富，而且配合一定的形式，使物质生活富有精神内涵。

陶器的制作方面，对陶土有选择、有加工但无法改变其性质。熟谙了陶器成形技术之要旨，把成形与修整有机地、灵活地结合起来操作，并能在保证质量的前提下，增强器物的形体美观。在陶器的烧制上，仅侧重于陶窑窑室的结构以及陶坯的装窑技术，而烧窑技术却相对落后，即未全面掌握系统的制陶知识和技术。

综合上述内容，并根据《发掘报告》述及的可视为陶质的“玩要物”的7 件陶环和 2 件棋子形器的出现，将村头制陶工业认定为比较稳定的社会生产部门，是可以接受的。

3. 社会生产述要

任何一种社会类型的任何一项经济活动，其目的都是最大化地将自然资源转化为现实资源。在此过程中需要有效地适应于转化的技术，于是技术不断地被改进、发明和运用。然而技术的改进、发明和运用，又需要与之相应的生产工具，以及劳动者间良好的合作关系。这样，在研究村头社会的经济活动时，关键要抓住：人们以什么样的合作关系及利用什么样的生产工具，通过什么样的技术，最后将自然资源转化为现实资源；如果有条件，还可探讨人们是怎样分配所获劳动成果的。囿于考古资料无法自明其义，具体的研究只能在资源转化的过程描述中，尽量探讨上述其他方面的情况。

---

① 以上参阅娄欣利：《先秦东江三角洲陶器研究・基本结论》，科学出版社，2010 年。

（1）陆生资源的获取。

A. 植物资源的获取。

可将植物资源分类为：根茎主要含淀粉类、籽实主要含脂肪类、籽实主要含维生素类和材质类。

根茎主要含淀粉类主要是薯蓣科各野生种的块根，只需利用石斧或锛类工具，有时再加上木棍或者青铜质料的斧、锛之类的器具①即可采掘获得，用水煮熟即可食用。若收获物多，也可切片晒干储存。此类植物中的木薯，耐旱、耐瘠，最适合在亚热带的深厚土壤中生长。若将它1米多长的茎斩出约15厘米的节，埋于土中即可发芽生长，因此它最有可能为人们所发现而进行人工栽培。

图4－15　山柚

图4－16　白藤

图4－17　苘麻

籽实主要含脂肪类的植物中，将露兜的房果横斩，可直接嚼食其中籽实而获得营养。但山柚（图4－15）的籽实还需经过加热，才能“榨”出油来，或许它需要用陶器加热，以及用石器中的石砧和石杵，进行二次加工后才能变成食物。

籽实主要含维生素类植物只是食用其籽实，其作用类似于现代的水果，采摘即食，很简单，理应由个体随意分散采摘。

材质类植物主要是草木燃料和藤麻、竹子、木材料件等。草木燃料的

① 虽然村头未见青铜器出土，但根据狮子洋西岸北部网河平原同时期的资料可知，至少在商代晚期业已出现了土著青铜器。参李岩：《广东青铜时代早期遗存诸问题浅析——从珠海棠下环出土石范谈起》，杨春棠等编：《东南亚考古论文集》，香港大学美术博物馆，1995年。

采集很简单，应为分散割砍。其他三类，采攫回来后还需要进行多道工序的加工方可利用。

其一如藤类。无论是白藤（图4-16）还是大血藤，它们的原生藤叶上都长满了小刺，砍采时先要细心剥离掉，带回来的藤干要置于水中沤浸数天，变软后才能削出青皮，用于捆绑或编织器具。后面两项技术含量较高的工序是某些“能人”方可胜任的。道理上，让这样的能人去做那些任何人均可胜任的砍采藤麻或竹木的工作，那将降低整个社会的生产效率。推而广之，凡是必须经过技术含量较高的工序后方可转化为现实资源的自然资源，它们必定属于群体的私有资源，而整个转化和利用过程，也绝非分散劳作。

其二如苘麻。本书第三章已述及简单的推缉网、扳罾网和小拉网的制作与使用。刺网（也称串网）捕鱼的原理是：在水中设置一道柔软的网墙，鱼、虾向前游动经过时碰上了，一反应，张开颚鳃往后退（这是低级动物的妄试本能所致，其行为与苍蝇来回撞玻璃窗的性质相同）时被网缠住了，以至于颚鳃动弹不得。故知刺网至少必须满足以下两个条件才能捕鱼：第一，网上纲上的浮标与网下纲上的网坠所产生的浮力和引力必须相当，网才能在水中架起网墙。第二，网目的大小必须与经常活动于此处水域的鱼的大小相近，太大了，小鱼游弋自如；太小了，大鱼只是前颚碰到网目而鳃尚未触及，后退洄游不会被网缠住。如果说，刺网是比较高级的，但又是特定环境中的捕鱼工具，那么村头人几乎不可能“发明”。与之相近的是拉网，只要能够在水中架起网墙而多人拉动即可捕鱼。考虑到村头遗存中出土众多的硬骨鱼和软骨鱼遗骸以及石质网坠，应为规模较大的拉网作业。这样，从砍麻一直到拉网的制作，每一道工序的技术含量均很高，无疑是利用群体的私有资源，分工合作而完成的。

其三如竹子。竹子的用途相当广泛，简单的可以做围栏，削出的竹青可用于捆绑东西，编各种各样的竹器和渔箔，等等。而要把原料竹子做成最后使用的器具，是需要分工合作，进行“深加工”才能完成的，并非每个成员都能胜任，所以它也属于群体的私有资源。

其四如木材料件。木材料件的加工情况与竹子相似，但其技术含量更高，考虑到村头出土的石锛尤其是小个体石锛，数量众多，表明人们对木材的使用应相当广泛，并且木作的水平较高。这也需要分工合作，甚至可以认为木作工业类似于制陶工业，是比较稳定的生产部门。

如上文所述，可以确认村头有一定数量的家猪和狗，可见家畜饲养业已经初步发展起来①，这需要发展家培植物才能支撑，虽然遗存中没有发现与之相关的淀粉类碳化物，但仍可肯定农业经济已初步发展。并且，根据上文的分析，首先栽培的最可能是木薯。从垦荒到种植、收获到加工，虽然技术含量不高，但无疑是利用了群体的资源和发明，也当为小群体共同劳作，分享成果。

B. 动物资源的获取。

经过鉴定，村头出土动物遗骸的种类有龟、鼋、鳖、鸟、水鹿、斑鹿、麂、小型鹿、水牛、犀牛、象、大灵猫、野猫、豪猪、虎、狗、猪等，最少代表287个动物个体。参考图4－18至图4－28分析出土的动物遗骸可知，村头先民的狩猎对象，几乎包含了村头食物网中的各级异养者，即以昆虫为主要食物的爬行类动物和鸟类、以植物为养料的食草类动物以及以低级动物为食物的食肉类哺乳动物。

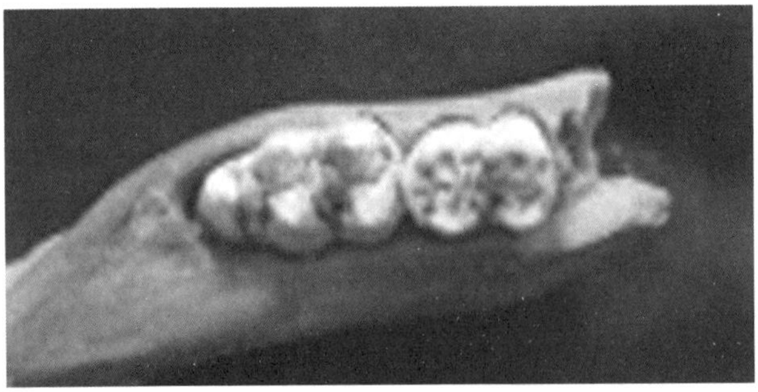

图4－18　猪（89DCG8：2）

图4－19　水鹿左侧角（89DCT1506④C：G8）

① 河宕遗存中猪的遗骸是否可鉴定为家猪，《发掘报告》中的说法并不具有权威性。理由有二：其一，遗存是1978年发掘的，在遗骸未经动物考古学家鉴定之前发掘者便自己认定为家猪（参杨式挺等的《试论佛山河宕遗址的重要发现》）；现在《发掘报告》中的说法是时隔20多年后的20世纪末系统整理原始材料时的鉴定。其二，家猪的饲养必须有农业（至少是原始农业）经济支撑，但目前已发掘与河宕同时期的、微观自然环境相同的其他遗存，非但未见确凿的家养动物遗骸或家培植物迹象，而且采集分析的文化堆积土样中包含大量蕨类植物的花粉却不见谷物类作物的花粉和植硅石（参袁靖：《柱状取样法在贝丘遗址发掘中的应用》，《中国文物报》，1995年6月25日）。

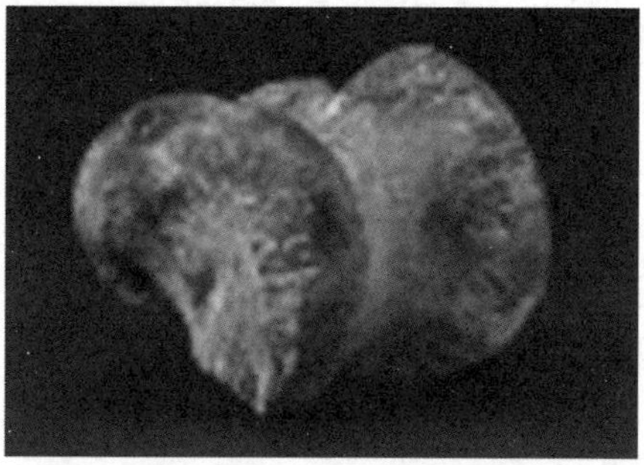

图 4 - 20　犀牛右侧距骨
（89DCT1505③：G31）

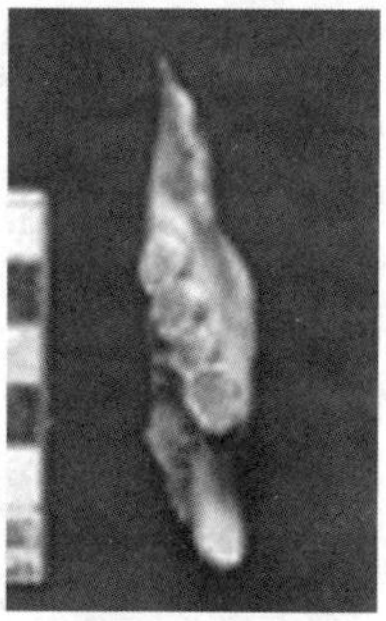

图 4 - 21　豪猪左侧下颌骨（93DCT1913④：G1）

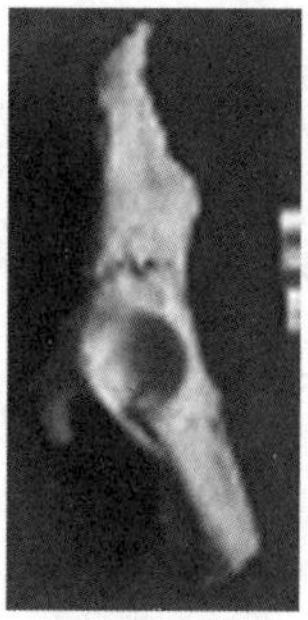

图 4 - 22　虎左侧髋骨
（89DCT1503④：G1）

图 4 - 23　泥蚶（89DCT1604③A：G1）

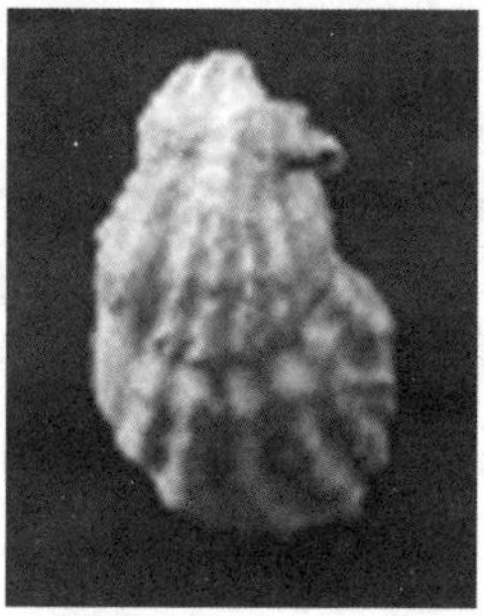

图 4 - 24　长牡蛎
（89DCT1604③A：G2）

图 4 - 25　角犬齿螺
（89DCT1302 采：G1）

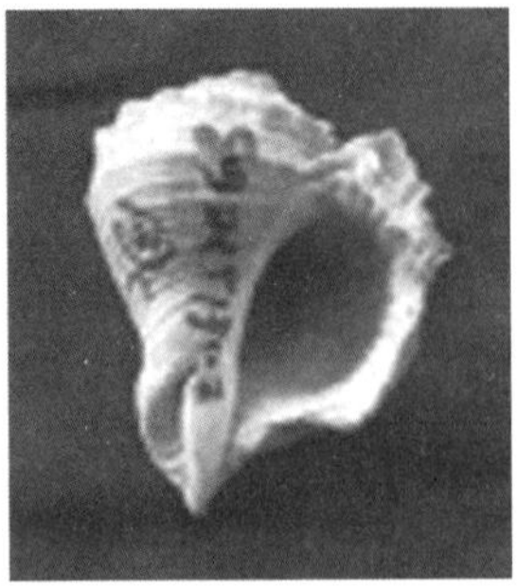

图 4－26
红螺（89DCT1302③C：G1）

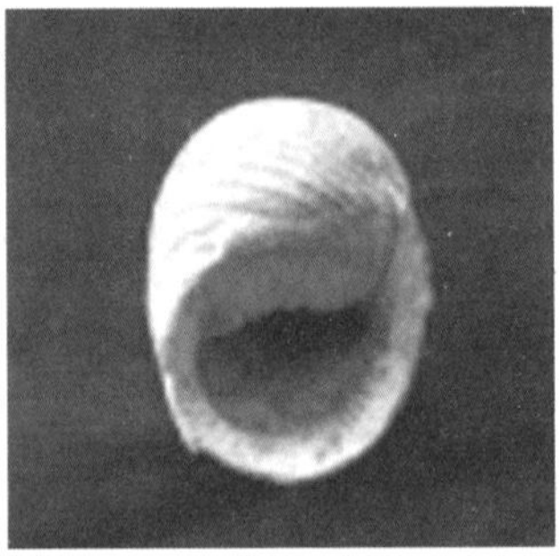

图 4－27　蜒螺
（89DCT1106④C：G1）

图 4－28　笔螺
（89DC 采：G1）

爬行类动物的捕捉，必须熟悉其习性才能发现其踪迹，而一旦发现，徒手即可捕捉，这样的劳作一般在冬季由个体分散进行。鸟类易于发现，但捕捉比较困难，考虑到村头出土的石镞数量很少，当以个体分散诱捕为主。比如澳大利亚当地土著人狩猎方式是多种多样的，也是“积极的”：他们很少利用各种装置，而是手执武器追踪猎物或悄悄接近它们[①]，这需要有丰富的经验和熟练的技巧。

考虑到自然资源中的动物类群与出土的动物遗骸基本吻合，说明自然资源中的大部分动物类群已转化为现实资源。进而推知，村头人的狩猎活

① ［苏］С. П. 托尔斯托夫等主编，周为铮等译：《普通民族学概论》，科学出版社，1960 年，第 53 页。

动是经常性而颇有效果的，也可以说是一个比较稳定的生产部门。

（2）水生资源的获取。

由上文所构建的食物网可知，村头聚落的自然资源，数量丰富并易于攫取，种类互补，季节性波动小，足以维持相当数量人口的持续生存。各种螺贝和海龟、鳖、鼋残骸，以及众多种类鱼骨的出土，表明各种水生动物是人们摄取蛋白质的主要对象。陶器中的编织纹饰，表明人们或已熟谙竹编、藤编、麻织等工艺，它们的编织物均可用于捕捞，结合网坠的出现，更可知人们渔捞的方法多样，手段复杂。

其实在村头一带，一月平均气温在13.4°C～14.2°C，并不很冷，当食物短缺时，入水捕捞水生动物也是很正常的。例如采集莼菜、干苔、海带、紫菜等水生植物，徒手分散劳作即可。此外，人们可利用弓背锛采掘生成于潮间带滩涂中的软体动物。《东莞县志》记载：蚝“以斧揳取壳，烧以烈火，蚝即启房，挑取其肉……合澜海有蚝田，潮退往取，渔姑蛋妇咸出，谓之打蚝。以木制如‘上’字形横尺，许其直数尺，上挂竹筐，女郎以一足踏横木，一足踏泥，手扶直木稍推即动，其势甚轻捷。既至，凿蚝得肉，置诸筐，遇潮长相率踏歌而还”①。

村头附近的淡水及近陆浅海水生资源相当丰富并易于捕捞。今东莞市内水域鱼类有134种，其中包括泥鳅、鳗鲡（鳗鱼）、青（黑鲩）、草（鲩）、鳙、鲢、鲤、鲮、鲫、七丝鲚（马鲚）、胭脂鱼和鲸等。例如鲤鱼，“有河鲤、海鲤两种，河鲤出东江……海鲤生虎门外咸水中”；海鲤即尖鳍鲤，是鲤科鱼类中长期生活在我国南海少数河口咸淡水水域中的特有种类，在各种水体均能正常生长，最适宜咸淡水域。又如鳗鱼，其属于洄游鱼类，海中产卵，当仔鱼发育成幼鳗时，成群游入江河，成熟后又游至海中繁殖。咸淡水域是鱼类最为丰富的水域，而那些洄游鱼类作为上一级异养者的营养物会定期到这里来逐食，人们只要观察、体会到这个规律，定点集体箔渔，即可“一箭双雕”。而对于其他种类的鱼、虾，村头人当用如上已述及的推缉网、扳罾网、小拉网进行捕捞。此外，在小溪和小湖可以利用涸渔、毒渔和筌渔的方法获取鱼、虾。这些资源无疑是属于群体私有的，而且大多数的获取手段是需要集体合作的，因此人们应当是共同生

① 《东莞县志》卷15《舆地略·物产下》，第414页。

产、共同消费。

从资源的角度考察，诸如三鰲、廷鱼、白春、白肌、花鲈、海鳗、海鲇、黄鱼和小黄鱼等，这些属于深海水生动物，在村头居民所处的生产力水平之下，人们是否可能捕获，尚无法实证。但我们注意到这些鱼类大多是洄游性鱼类，有些甚至进入河口内的淡水水域产卵，例如，白肌银鱼，俗名银鱼，平时生活在近海，生殖期溯河至咸淡水或淡水繁殖；花鲈，分布于沿海，喜栖息于河口或淡水处，亦可进入江河淡水区；海鳗，栖息于水深50～80米的泥沙或沙泥底海区，有明显洄游现象；海鲇，又名赤鱼，常在缓流的泥沙底活动，产于我国南海与东海；大黄鱼平时栖息较深海区，4～6月向近海洄游、产卵，产卵后分散在沿岸索饵，秋冬季节又向深海区迁移；小黄鱼春季向沿岸洄游，3～6月间产卵后，分散在近海索饵，秋末返回深海，冬季于深海越冬，等等。[①] 当洄游性鱼类洄游至河口，那就是浅海甚至是内河水生动物了，此时，村头人们利用上述的推缉网、扳罾网、小拉网也可捕捞。又如廷鱼，“捕鱼者仲春于高处卓望鱼儿，来如阵云，阔二三百步，厚亦相似。既见，报鱼师，遂桨船争前而迎之，船冲鱼阵，不于罟网，但鱼儿自惊跳入船”。三鰲即“鲥鱼以孟夏随鲚鱼出，其性喜浮游，纲入水数寸即得……赤鱼、鳢白，皆以仲春出，大者重数十斤，入自大洋，望之如黑云。至虎门，则赤鱼之稚者多变为鲥，渔者辄合围取之。又赤鱼大时，其下堆积至数十百丈，不可底极，以枪刺一鱼取之，次鱼饮其血复上；复枪刺取之，如是者相连不断”[②]。阅读上述两条史料可知，明清时代，虎门的鱼类简直达到了“瓢舀鱼”的丰富程度。推而思之，村头人当时也是可以利用简单的推缉网、扳罾网、小拉网进行捕捞的。

（3）一年一周期的社会生产。

对于村头居民来说，暮春至初秋（阳历5—10月）是一年中的收获季节，其中最主要的收获物是海产食物。实际上，这个时期正是中国现行的

---

① 以上见（明）张二果、曾起莘重修：《东莞志》卷1《物产上》，全国图书馆文献缩微复制中心，2001年，第107～118页；《东莞县志》卷15《舆地略·物产下》，第413～442页；东莞市地方志编纂委员会辑：《东莞市志》，广东人民出版社，1995年，第167～170页。

② （清）屈大均：《广东新语》卷22《鳞语·鱼》，中华书局，1985年，第553～554页。

休渔期：北纬12°以北至“闽粤海域交界线”的南海海域（含北部湾），5月16日12时起至8月1日12时止；“闽粤海域交界线”至北纬26°30′的东海海域，5月16日12时起至8月1日12时止休渔。我们把这个时期甄定为海产食物的收获季节基于三点理由：其一，村头地处亚热带，节气的起讫时间要比中国夏历所测定的早20天；其二，现行制定休渔制度的宗旨在于保护鱼类的产卵和幼鱼的成长以利于可持续发展，而远古时代地广人稀，资源丰富，人们只求便于捕获而忽略资源的保护；其三，远古人捕获海产品，一般均须入水作业，进入较为寒冷的冬天，不便于作业。

如上所述，在暮春时节，部分洄游鱼类已经进入河口，此时即可小规模的捕捞。在南方海域，暮春是黄鱼的汛期，也是“清明蟹”与其他十足类和低级水生动物最为肥美的时期。因此，从暮春开始，一直到初秋，是人们获取海产品的旺季，也是一年中最繁忙和最关键的时期。已经具备相当谋生经验和理智的人群，非常珍惜；因为往年的经验告知他们，鱼汛旺季一过，即使付出再多的劳动，收获也微薄。因此，人们在此期间绝不懈怠。整个夏天，既是大收获的季节，也是大量储存海产干货和腌制品的时期。此外，此时的南方又是植物籽实成熟的季节，不及时采撷即会霉烂；收获家培的或采掘野生的淀粉类食物，也是此时的主要劳作之一。他们或分散地或集体有序地进行，而那些加工贮存的活，很可能就是孩童、老人的事情了。

深秋至初冬（阳历11—12月），对于村头居民来说，是食物由丰盛向短缺转变的过渡季节。此时，人们还可以利用某些鱼类的洄游期的后期进行捕捞，同时，可以利用此时天气尚未过于寒冷的实际而加紧捕捉淡水鱼类。采摘维生素类植物籽实的劳作已进入尾声，但补充蛋白类营养的植物籽实，秋天是个旺季，人们可以分散攫取，有些可以即食，有些（如山柚）尚需加工方可食用。

冬天（阳历1—2月）也许是村头居民艰难的时期。此时陆生资源中的淀粉类和维生素类食物，几乎没有任何品种可供采攫，维生素类食物可少、可无，但淀粉类食物是必需的，考虑到初始农业的发生，此时会动用部分晒干的淀粉类食物予以补充。不过，冬天是狩猎的旺季，考虑到村头遗存中出土众多的动物遗骸，以及家猪和家狗的出现，想必人们是可以安然度过短暂的冬天的。特别是，村头的冬天并非十分寒冷，人们可以在天气特别好的时候，采掘生长于潮间带的低级水生动物，以及食用夏天存储的海产干货和腌制品，以补充蛋白类营养。

春天（阳历3—4月）也是艰难的时期。如果说，冬天还有夏天储存下来的食物聊可度日，此时连这些食物也几乎告罄了；同时，此时还必须勉力劳作，准备好各种渔具以迎接捕捞海产品旺季的到来。好在南方可真切地体会到那种“雨后春笋”、“一场春雨一场虾”的万物萌生的景象，尽量利用一些“争春”的陆生或水生食物资源，度过这最后的艰难时刻。

当人们经历了这样一个又一个太阳年的周期，定可逐渐悟出各类自然资源丰富与欠乏的转变规律，有效地适应生态环境以求生存。

4. 社会生活述要

（1）居住房屋。

村头遗址高处的房子排列成行、有序，小或单间的房子门大体朝南或略偏西，多间房子的门向则不同，如93DCF10，其门是朝西的；不同行间留有比较宽的空间，壕沟绕行于低处，分析沟内堆积可知，它是用于排水和倾倒垃圾的，而饮用水源应另在别处。这些现象表明，居所兴建时，居住区、垃圾区和排水设施都有所规划。在所发现的房子中，93DCF10位于多列房屋的中央，门朝西，并有两个灶形遗迹和小孩墓葬分布于其间；其余诸列房子则为小面积或单间者，门朝南。因此，它们在功能上是有区别的，后者更适合于居住，而类似93DCF10者，可能更多的与意识形态或其他公共用途相关。从房子单位的情况分析，当时的社会结构中没有特别显赫的阶层，而璋等器物的出现，以及居所的建设规模反映出人们组织结构紧密，并有公共权力发挥作用。①

（2）衣食。

目前还没有实证的资料可以说明村头居民蔽体衣物的情况。考虑到：其一，年代较之早的咸头岭居民制备有“树皮布”和制作简易的捕鱼用的网；其二，诸如石器和陶器等生产部门的发展程度；其三，初始农业的发生；其四，村落具有一定的规划布局。因而可以说，人们利用麻线（它与

---

① 如在三水银洲聚落中，已有生活区、广场、垃圾区、墓葬区等几个功能区的划分，墓葬排列有序。参《广东三水市银洲贝丘遗址发掘简报》和鱿鱼岗等遗址的发掘简报。

树皮布的性质完全不同，树皮布并非编织品）“织布”，制作简易的衣物是没有问题的。

人们的食，可分别按上述的季节来复原。

暮春至初秋（阳历5—10月）。阳历5月，虽然大自然已是生机勃勃，但还不是收获的大好季节，此时，人们的食物主要是水产品。例如，“一场春雨一场虾”——在流通河口的小河涌、淡水小溪和淡水小湖中，水体营养丰富，如果下了一场雨而带来“新水”，则有助于小虾的生成和麇集，人们可借雨后时机捕捞。“清明蟹”——清明蟹最肥美是海南东部沿海居民的说法，纬度较之略高的村头，当为阳历5月的蟹。此外，稍早于清明节，诸如牡蛎等软体动物也还属于肥美时段。“春天黄鱼”——春天黄鱼最肥美也是海南东部沿海的说法，村头一带也当为5月。聊举数例，意在说明，5月时，上文所提及的一些洄游类水产资源逐渐丰富，成为人们的主要食用对象。但由于“肥美”的含义实为它们的产卵期，出于长远之生计，不宜过分捕捉，因此，此时还不是食用的旺季。

6—9月，虽然是中国现代的休渔期，但对远古的村头人来说却是海产品的收获旺季，人们在抓紧时机捕捉进入虎门并已到产卵后期的多种洄游鱼类的同时，也不失时机地享用。“什么季节吃什么”并非仅是美食家的说法，它也是符合经济效益的——尤其是在存储技术落后的古代，更需如此。此时又是众多的植物野果成熟的时候，恰好协调了人们的营养种类。

10月，虽然由于洄游鱼类逐渐游去远海，海产食物的丰富度大为下降，但由于降水减少而淡水河、湖水位下降，又是捕捉淡水鱼、虾的好时机，水产品仍然是此时的主要食物。同时，从9月开始又是陆生淀粉类食物的成熟季节，无论是收获家培的薯蓣类，还是采掘野生的其他品种，均逢其时，得以食用。

深秋至初冬（阳历11—12月）。虽然人们在此之前已经贮存了海产干货和腌制品以及淀粉类干粮，但必须存留至食物较短缺的冬季食用，因为此时还可以继续捕捉淡水鱼、虾，以及采摘加工植物的蛋白类籽实以勉强应付。同时，此时的两栖类和爬行类变温动物，已经贮存好营养准备冬眠，正是肥美和容易捕获的时候。所有的这些都还可以基本保证人们的食物供给。

冬天（阳历1—2月），人们除了食用以前所存食物之外，还可以围捕哺乳类动物以补充。村头出土的动物遗骸甚多，冬季狩猎应是主要的谋生活动。

春天（阳历3—4月）可能是食物最为短缺的时期。在所贮存食物或已告罄的情况下，早春陆生的植物（如各种野菜和竹笋）可以充饥。实际上，此时南方暖海的资源也逐渐丰富起来了。在阅读上文的食物网时，我们体会到其中的自养者与逐级异养者之间，其繁盛季节是存在时间差别的：一年中，越低级的生物其繁盛的时间越早。换言之，此时人们可补充海藻类和各种软体类食物。

（3）消遣。

任何人群的社会生活中都有消遣活动，但考古资料很难恢复其具体内容。我们仅从可确知的一些资料中部分复原。其一，在出土石器中，有少量环和璜等；也有环、哨形器和笛形器等骨角牙器出土；还有7件环和2件棋子形器，这些均属于装饰物或玩耍物。人们装饰它们，直观上是为了美，其过程与实质也可视为消遣。玩耍物无疑是为了消遣娱乐。实际上，其制作过程已经是一种消遣了。其二，共出土石杵30件，这类器物和饼形器、卵形石、磨棒等与石砧配合使用，可捣植物汁液制作麻醉品。在陶釜中，窄沿釜和盔形釜用于炊煮比较固定而经常食用的食物，其他的宽沿釜和钵形釜用于炊煮偶尔食用的食物。偶尔食用的食物往往是比较丰盛可口的，通常在节日或值得庆贺的日子食用。综观中国古代的节日，从春节到腊月除夕，每个月至少有一次节目，但有些月份的节日较多，无疑是人们为了松弛紧张的劳作而“编造”节日，相信村头出土有上述遗存，当与某些日子（逐渐地约定俗成而固定下来）的豪饮暴吃有关。其三，上文曾分析部分诸如石质或骨牙质的“似戈（或璋）饰物”，以及圈足盘、豆类陶器，它们的使用应与某种原始宗教礼仪活动有关。我们始终认为，宗教活动与娱乐消遣密不可分。

（4）交往。

根据《发掘报告》的年代分析获知，与村头遗存年代相当的，还有今珠江三角洲诸如南海鱿鱼岗、三水银洲、南海灶岗、佛山河宕、高要茅岗、珠海东澳湾[①]和棠下环[②]等遗存。文化遗存的组合与形态相似是“年代相当”的甄定依据之一。相似，即交往的结果。而且，在分析圈足盘、豆类陶器时，我们也倾向于它们的另一种功能：招待宾客。实际上，远古人的“礼尚往来”实质是一种经济交往——犹如上文所涉及的“库拉集市”一样。

① 李岩等:《广东珠海市淇澳岛东澳湾遗址发掘简报》,《考古》1990年第9期;另见珠海市博物馆等编:《珠海考古发现与研究》,广东人民出版社,1991年。

② 古运泉等:《珠海平沙棠下环遗址发掘简报》,《文物》1998年第7期。

第五章

先秦珠江三角洲冲积平原居民的生产生活复原研究

第一节　冲积平原的自然环境

珠江三角洲冲积平原由西江、北江和东江的冲积平原组成，又称河岸平原（部分为泛滥平原）。它们的形成过程与网河平原一样，也经历深水域→浅水域→“浦田”→陆地这几个过程，但浅水域→“浦田”的过程较之短暂。同时，分布于横向展布的西江和东江，与纵下的北江汇合而成的两个夹角中，背依低山丘陵，有疏林有密林，植物和动物资源丰富；前面河涌浦田，水生软体动物和底栖易捕捞鱼类仍可补充；两侧平原广袤，既利于经营农业又有狩猎和渔捞补充的优越性，还是陆路和水路交叉的通衢之地。对于初步发展的农业经济社会，这样的地理环境是其他子地理单元所望尘莫及的。

上文已述及，距今 4 000 年前后，西、北江三角洲的滨线已推至顺德县龙江、都宁、西海，番禺县紫泥、沙湾、市桥、市楼、莲花山、化龙，广州东郊南岗一带。那么稍早于此时，西江的高要平原、北江的清远平原和东江的杨村—惠阳平原等，当已基本稳定。然而《珠江志》第 164 页述及：“珠江流域年总输沙量主要来自西江，西江（高要站）多年平均输沙量 7 100 万吨，占珠江流域的河流输沙量的 82.8%；北江（石角站和石狗站）多年平均输沙量为 647 万吨，占珠江流域总输沙量的 7.5%；东江（博罗站）多年平均输沙量 296 万吨，占珠江流域年总输沙量的 3.5%。全流域汛期是输沙量高度集中的时期，各水系 4—9 月的输沙量占全年输沙量的 90.7% ~94.9%，最大月输沙量多出现于 6 月或 7 月，约占全年的 30%。”我们又依据其第 166 页的表 2－3 中各条江的多年平均流量（立方米/秒）数据：西江 7 830，北江 1 340，东江 726，计算出各条江的输沙量分别为：西江 0.91 万吨，北江 0.48 万吨，东江 0.37 万吨。进而可以说，东江和北江的冲积平原的淤积较西江的要缓慢得多。换言之，当西江冲积平原在稍早于距今 4 000 年形成时，东江和北江的冲积平原已经在更早时期形成了。

根据《中国大百科全书·地理学》的说法[①]，冲积平原形成的条件有三：一是在地质结构上须是相对下沉或相对稳定的地区；二是在地形上须有相当宽的谷地或平地；三是须有足够的泥沙。如果以形状为标准分类，冲积平原可分为冲积扇平原（大量泥沙堆积在山地河流出口处所成扇形的平原）、泛滥平原（沿河搬运的泥沙在洪水期经常泛滥，堆积在河床两侧的河漫滩上，沿河呈带状分布的平原）和滨海平原（河口区的泥沙堆积所成的三角洲，进一步发展而成的平原）。

珠江水系的滨海平原是在宋代之后才逐渐形成的，之前为水域和破碎的网河平原。在冲积平原中，只有西江山地河流出口与北江汇合处短促狭窄的一块平原可以定义为冲积扇平原。从今清远至此为北江泛滥平原；从今惠州至石龙河段流域，以及东江主要支流增江和流溪河由山地河流出口处（大致为今广州市增城区绿城镇和花都区钟落潭镇）至珠江河段流域为东江泛滥平原。因此从发展初始农业经济来说，北江和东江比西江的冲积平原（因为泛滥平原是冲积平原的种概念，涉及时径称冲积平原）环境优越。

不过东江的河岸平原更适合农业经济的发展。其一，与北江比较，由于东江仅于东莞市石龙镇分流出南、北支流，且均从虎门入海，网河平原只限于虎门东侧，其面积既小于西、北江的网河平原，又小于东江冲积平原。网河平原的资源匮乏会来得更早、更快，那里的居民也更容易发现冲积平原的资源优势进而开发。

其二，东江冲积平原均处于北回归线以南，呈横向展布，整个平原处于同一气候带，并受北、南两道平行的低山丘陵所钳制，这相对于纵向分布的北江冲积平原来说，整个平原属南亚热带海洋性气候，光热充足，多雨季节与高温季节相一致，更利于植物生长。低山丘陵的土壤为砖红壤性红壤，土层深厚，结构良好，有一定的保水性，肥力较高。[②]

---

① 中国大百科全书总编辑委员会（地理学）编辑委员会等编：《中国大百科全书·地理学·冲积平原》，中国大百科全书出版社，1990 年，第 43 ~ 45 页。

② 《珠江志》编纂委员会编：《珠江志》卷 1，广东科技出版社，1991 年，第 105 页。

其三，低山丘陵的植被为热带和亚热带种类混生的亚热带雨林群落①，茂盛植被的落叶所生成的丰富腐殖质，有助于提高土壤的肥力。而平原是由两岸低山丘陵的泥沙淤积而形成的，其土壤更为肥沃，也更利于植物生长。客观上促成火耕水耨②农业的发展。

其四，东江冲积平原的另一自然环境优势是，它有29条支流由北向东南注入东江干流，河涌纵横③，水草生长茂盛，是草食性鱼类的主要饵料；江河中的河蚬、闪蚬以及淡水壳菜也很丰富，为肉食性鱼类提供了充裕的饵料。虎门为珠江与东江汇合后流入伶仃洋的通道，在其浅海区，浮游植物中硅藻占优势；潮间带的软体动物、环节动物、甲壳动物等生物总量平均为1 204.24克/平方米④，多毛类的疣吻沙蚕是许多鱼类和虾类良好的饵料，等等。而由于南面低山丘陵的阻挡，既可利用河口的水生资源，又可在一定程度上避免台风等灾难天气的正面冲击。

总之，相对于西江和北江的冲积平原来说，东江冲积平原形成时间最早，其自然环境更有利于农业经济的发展以及产品的交换。

第二节　居民的生产生活复原研究

一、文化遗存概况

（一）遗址分布

两周时期的文化遗存主要有：香港大屿山万角嘴、蟹地湾、东湾和南丫

---

① 《珠江志》编纂委员会编：《珠江志》卷1，广东科技出版社，1991年，第169～171页。

② 《汉书》卷6《武帝纪》，中华书局，1962年标点本，第182页。颜师古注引应劭曰："烧草下水种稻。草与稻并生，高七八寸，因悉芟去，复下水灌之，草死，所谓火耕水耨。"

③ 广东省统计局编：《广东省地县概况》，广东省地图出版社，1985年，第294页。

④ 以上植物、动物群落等内容主要参考东莞市地方志编纂委员会辑：《东莞市志》，广东人民出版社，1995年。

岛的卢须城、沙埔村[①]；深圳屋背岭[②]、叠石山[③]、大梅沙[④]、观澜追树岭、鹤地山、九祥山遗存[⑤]；博罗横岭山墓地[⑥]、西埔上岭[⑦]、曾屋岭墓地[⑧]、银岗窑场[⑨]和梅花墩窑址[⑩]；东莞猪牯岭[⑪]；增城西瓜岭[⑫]和浮扶岭（或称"浮扶"）[⑬]，以及今行政区划属于广州市包括萝岗来峰岗在内的一批文化遗存[⑭]；四会鸟旦山大墓[⑮]和马头岗墓[⑯]；德庆落雁山大墓[⑰]；广宁铜鼓岗墓地[⑱]、

---

① 以上 5 处遗存的资料，可参阅香港博物馆编：《岭南古越族文化论文集》，香港市政局，1993 年。

② 李海荣等：《深圳屋背岭遗址发掘报告》，《考古学报》2004 年第 3 期。

③ 文本亨等：《深圳市叠石山遗址发掘简报》，《文物》1990 年第 11 期。

④ 叶杨：《广东深圳大梅沙遗址发掘简报》，《文物》1993 年第 11 期。

⑤ 以上 3 处遗址的材料见《深圳市先秦遗址调查和试掘》，深圳市博物馆编：《深圳考古发现与研究》，文物出版社，1994 年，第 51 ~ 94 页。

⑥ 广东省文物考古研究所编著：《博罗横岭山——商周时期墓地 2000 年发掘报告》，科学出版社，2005 年。

⑦ 崔勇：《博罗县西埔上岭商时期至清代墓地》，《中国考古学年鉴》，文物出版社，2003 年，第 267 页。

⑧ 冯孟钦等：《博罗县曾屋岭春秋墓地》，《中国考古学年鉴》，文物出版社，2012 年。

⑨ 古运泉等：《广东博罗银岗遗址发掘简报》，《文物》1998 年第 7 期；邓宏文等：《广东博罗银岗遗址第二次发掘》，《文物》2000 年第 6 期。

⑩ 刘成基等：《广东博罗县园洲梅花墩窑址的发掘》，《考古》1998 年第 7 期。

⑪ 广东省文物考古研究所：《广东省莞深高速公路三期工程东莞东城猪牯岭遗址抢救发掘工作报告》，东莞市博物馆内部资料。

⑫ 莫稚等：《广东增城、始兴的战国遗址》，《考古》1964 年第 3 期。

⑬ 张强禄：《增城市浮扶岭新石器时代至元明墓地》，《中国考古学年鉴》，文物出版社，2012 年。

⑭ 这些遗存的原始资料尚未公开发布，请参考广州市文物考古研究所编：《广州考古六十年》，广东人民出版社，2013 年，第 10 ~ 18 页。

⑮ 何纪生等：《广东四会鸟旦山战国墓》，《考古》1975 年第 2 期。

⑯ 莫稚：《广东清远发现周代青铜器》，《考古》1963 年第 2 期；莫稚等：《广东清远的东周墓葬》，《考古》1964 年第 3 期。

⑰ 徐恒彬等：《广东德庆发现战国墓》，《文物》1973 年第 9 期。

⑱ 何纪生等：《广东广宁县铜鼓岗战国墓》，《考古集刊》（第 1 集），文物出版社，1981 年。

龙嘴岗墓地[1]和高园地墓[2]；封开利羊墩墓地[3]，等等。此外，广西平乐银山岭 110 座墓葬和广东肇庆松山木椁墓的发掘者将其年代推断为战国晚期，但黄展岳认为当为西汉前期。[4] 我们曾怀疑西汉前期在平乐那样的僻野山区是否可能麇集如此众多的人口，在对这两批墓葬材料加以研究后我们同意黄先生的意见。

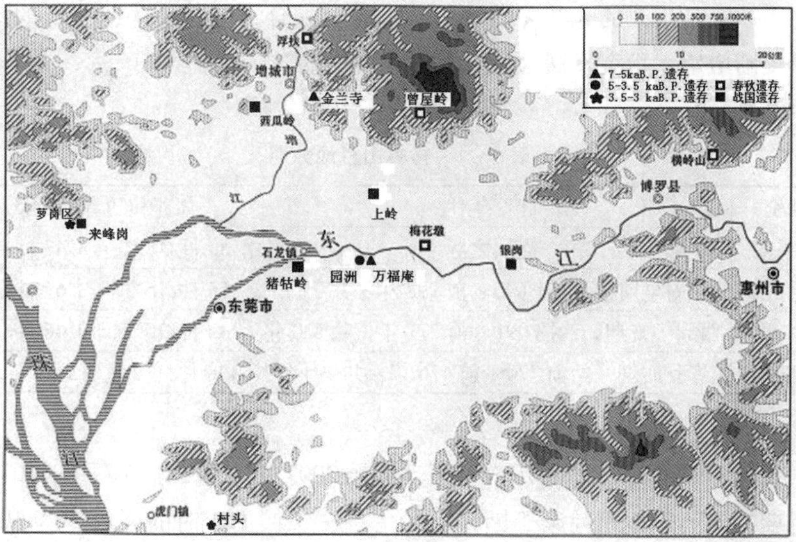

图 5－1　东江冲积平原遗址分布

上列遗存中，虽然有相当数量分布于南部网河平原和南岭南麓，但实际上大规模的遗址均见于冲积平原，尤其是“均匀分布”（详后）于东江冲积平原，例如横岭山、曾屋岭、浮扶、银岗和来峰岗等（图 5－1）。

（二）东江冲积平原文化遗存的地望和年代

横岭山墓地位于惠阳平原东部即博罗县城罗阳镇东北约 2 公里处，坐

---

① 刘成基等：《广东广宁县龙嘴岗战国墓》，《考古》1998 年第 7 期；广东省文物考古研究所编著：《肇庆古墓》，科学出版社，2008 年，第 4 ~ 26 页。

② 何纪生：《广东发现的几座东周墓葬》，《考古》1985 年第 4 期。

③ 杨式挺等：《广东封开利羊墩墓葬群发掘简报》，《南方文物》1995 年第 3 期。

④ 黄展岳：《论两广出土的先秦青铜器》，《考古学报》1986 年第 4 期。

落在一个高于周围农田 10 多米的独立山冈上。在 8 500 多平方米的发掘范围内，共清理商周时期墓葬 302 座，其中，有随葬品的 224 座，能归入期别的 214 座（见《博罗横岭山——商周时期墓地 2000 年发掘报告》第 70 页。下文将多次引用此书关于横岭山墓地的资料，故仅夹注页码，请谅解）。以西周穆王及其前王为西周早期和通行的战国肇始年代，又据《夏商周断代工程》（简本）的年表，制作表 5－1。虽然统计误差无法逼近于零，不一定与当时的墓葬和随葬品数量完全吻合，但其趋势所表明的聚落人口逐渐增殖、稳定发展这一事实，是可信的。

表 5－1　横岭山墓地分期

期别	起讫年代	墓葬和随葬品数量
第一期	商周之际	59 件/17 墓≈3.47 件/墓
第二期	西周早期，约前 1 046～前 992 年，共 54 年	55 件/15 墓≈3.67 件/墓
第三期	西周中晚期，约前 991～前 771 年，共 220 年	32 件/70 墓≈0.46 件/墓
第四期	春秋时期，约前 770～前 476 年，共 294 年	428 件/112 墓≈3.82 件/墓

现代正常的死亡率在 10‰以下（我国 2007 年为 6.93‰），将西周至春秋时期的聚落争斗和健康等因素都考虑进去，假设当时的死亡率为 10‰，并按已清理的墓地的实际数据计算，制作表 5－2。因为横岭山人群可能使用几个墓地，即使同时期只有一个墓地也不一定全部被揭露，实际上我们也没有把无随葬品及不可分期的墓葬加入统计。所以，表 5－2 的常住人口数量不完全符合实际，却表明聚落人口逐渐增殖，稳定发展，进而说明，利用横岭山墓地的材料研究人群的社会情况是可信的。

表 5－2　使用横岭山墓地人群的常住人口情况

期别及年代	常住人口计算
第一期（商周之际）	无法计算
第二期（西周早期）	15 墓（人）/154 年≈0.10（人/年）/10‰≈10 人
第三期（西周中晚期）	70 墓（人）/220 年≈0.32（人/年）/10‰≈32 人
第四期（春秋时期）	112 墓（人）/294 年≈0.38（人/年）/10‰≈38 人

梅花墩发掘了一座春秋时期的龙窑。窑址东面与银岗的直线距离约10公里，坐落在冲积平原的一座独立的低矮山冈上。

位于博罗曾屋岭东麓的曾屋岭墓地被揭露2 300平方米，发掘春秋时期墓葬85座。墓地大致呈南北向，与丘陵等高线基本平行，排列有序，鲜见打破次序的现象。墓葬可分两期，约相当于横岭山三、四期，即西周中晚期、春秋时期。

浮扶岭墓地位于东江支流增江流经今增城市正果镇江边的山冈上，现在四周乃现代农田。揭露面积15 000平方米，清理新石器时代晚期至元、明时期墓葬525座。其中以西周中晚期至春秋早中期的居多，其次是战国晚期至西汉早期的墓葬，新石器时代至夏商之际的较少。三个阶段墓葬的分布区域、排列疏密和方向略有不同。

来峰岗遗址抢救性发掘所获资料表明“来峰岗遗址延续时间长（引者注：从新石器时代晚期至商周），先秦时期墓葬分布密集，是目前广州地区发现的分布最为集中的先秦墓葬群之一”①。

西瓜岭遗址位于广州增城市区西南约15公里处的一个小山冈上，东南面与梅花墩的直线距离约10公里。考古工作者在此发掘了龙窑窑址2座以及一批与制陶工艺相关的文化遗存，其年代为战国时期。

银岗窑场遗址位于博罗县龙溪镇银岗村西南，东南面与横岭山墓地的直线距离约12公里，东江于其南面约2公里处自东向西流过。遗址由河谷平原上7个东西相连接的低矮岗丘组成，当地俗称为“七星伴月”，面积十余万平方米。遗存可分为两期：第一期属西周、春秋时期，遗存比较单薄；第二期属战国时期，遗存丰富。

上岭位于博罗县石湾镇西埔村以北约400米，是一个南北走向的山冈，北部高程海拔13米，南部最高处是海拔11.3米的平台。在山冈第二高度的平台上共发掘1 770平方米。清理商时期墓葬16座，战国至西汉早期墓葬13座，唐宋至明清墓葬68座。“这批早期墓葬中有商时期和战国至西汉早期的，但不见西周至春秋时期（夔纹陶时期）的墓葬，可能与部落的迁徙有关。10多座战国至西汉早期墓葬中没有发现一件铜器，这种现象在广

---

① 广州市文物考古研究所编：《广州考古六十年》，广东人民出版社，2013年，第18页。

东也较为少见。”①

距离银岗窑场不足20公里的猪牯岭遗址，位于东莞市东郊的东江南侧冲积平原一处低矮的山冈上。面积约1.6万平方米，发掘了1 150平方米。文化遗存的年代为战国晚期。调查探明，“沿东江南支流的河岸阶地上，以猪牯岭遗址为中心、直径2公里的范围内，还存在着数处同时期的居址，其中地表遗物丰富、保存相对较好的遗址包括峡口村西北的峡口遗址，以及上桥村北的石角头遗址，这些同时期遗址共同构成了具有区域性特点的聚落群”②。

二、冲积平原居民的生产生活

下文主要借助博罗横岭山墓地、梅花墩窑址和银岗窑场等遗存，复原冲积平原居民的生产生活。

（一）文化遗存分析

因为上述遗存中，只有横岭山遗存出版了详细的发掘报告，下面的分析将围绕着它的材料展开。其遗物的基本情况是：总数量为906件（引者注：唯一的釉陶豆M248：1，乃典型的浮滨类型器物，排除），而可分期的214座商周墓葬中随葬品共866件，约占95.6%。也就是说，报告所述随葬品基本上是西周和春秋时期墓葬的随葬品。在这906件器物中，陶器523件，约占57.7%；青铜器122件，约占13.5%；原始瓷器111件，约占12.3%；95件玉器，约占10.5%；均为砺石的石器55件，约占6.1%。

1. 横岭山和梅花墩出土的陶瓷器

横岭山披露的陶器有523件，器类有罐、瓮、釜、簋、瓿、豆、罍、壶、尊、盆、杯、纺轮、器盖、器座，共14种。梅花墩基本同此，但动物模型较多见，如牛、羊、鹿、狗、鸡、鸟、鼠等。两地的原始瓷器以豆类为主，偶见罐、盂、三足器、钵、杯、尊等。下面分述。

横岭山出土的罐有189件（图5－2、5－3），比例最高，达到

① 崔勇：《博罗县西埔上岭商时期至清代墓地》，《中国考古学年鉴》，文物出版社，2003年，第267页。

② 广东省文物考古研究所：《广东省莞深高速公路三期工程东莞东城猪牯岭遗址抢救发掘工作报告》，东莞市博物馆内部资料。

36.14%；梅花墩出土的罐也是数量最多的，一般为泥质陶器。两处遗存整理人的分类不尽相同。从使用的角度分析，可先分为有耳或无耳两大类，其下再按圈足凹底、圜底、平底的标准划分。有耳罐占绝对多数，如横岭山出土的有耳罐达153件之多，无耳罐仅36件。同时，两大类陶罐均以圜底、平底罐为多，例如横岭山的分别为144件和30件。另外，无耳罐的个体大者居多，有耳罐仅个别见到大者。由此可知，无耳罐一般放置在比较固定的位置，并非经常性地将储物存入或取出；而有耳罐则恰好相反。

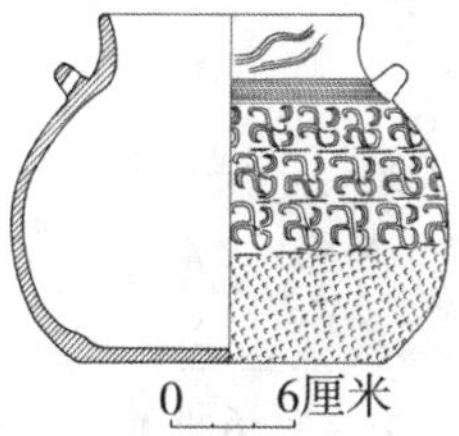

图5-2　有耳罐（M247：7）

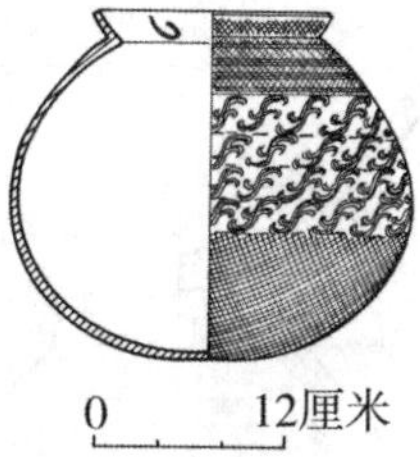

图5-3　无耳罐［M038：3（+）］

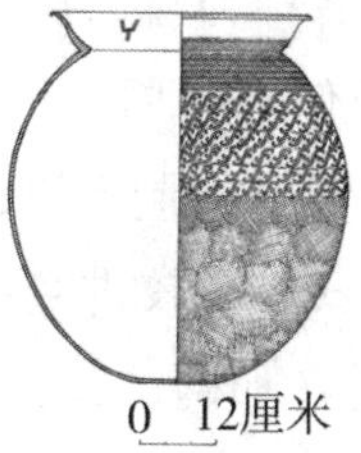

图5-4　瓮［M038：1（+）］

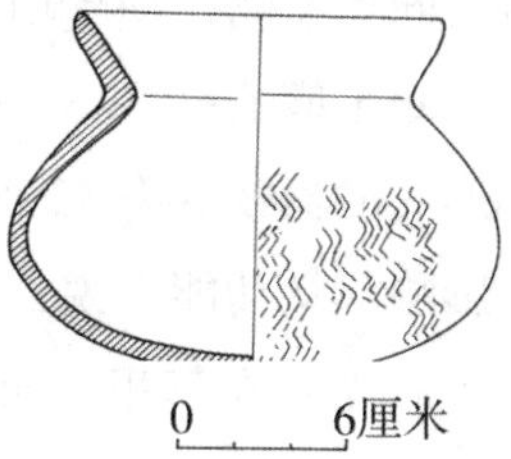

图5-5　釜（M331：3）

横岭山的泥质陶瓮也有29件之多，均为圜底，其个体更为硕大，如M038：1，最大径约54厘米、通高约58厘米（如图5-4），其用途当与无耳罐同。

横岭山出土陶釜（图5-5）22件，其中20件无耳。梅花墩的陶釜也具一定数量，根据披露资料均为有耳者。釜为夹砂陶器，一般用于炊煮，有耳（尤其是有内耳）釜便于端放，它的出现表明，随着制陶技术的发展，人们更有能力讲求器物使用的方便性。

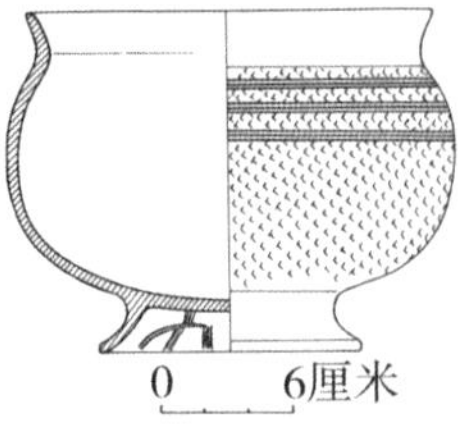

图5-6 簋（M076TB：2）

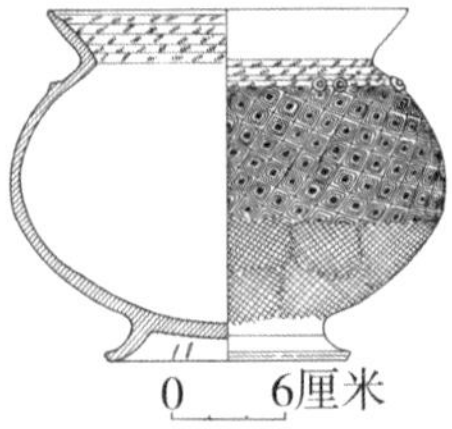

图5-7 瓿（M085：3）

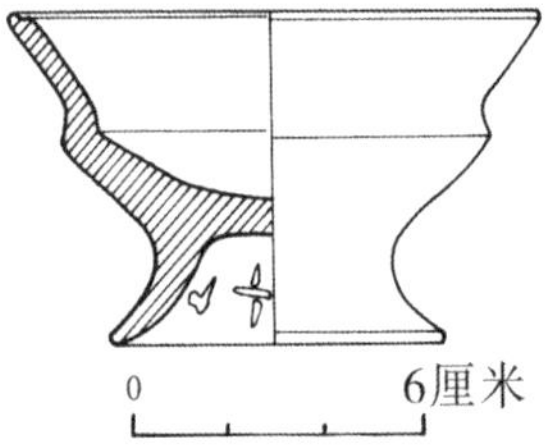

图5-8 豆（M002：1）

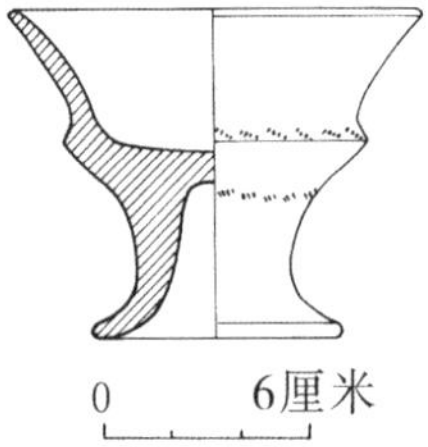

图5-9 瓷豆（M031：5）

簋和瓿为同类器物，横岭山报告把直口或侈口者称为簋，折沿者称为瓿。它们均为圈足盛器（图5-6、5-7），形态颇似中原周初的青铜簋。横岭山这种形式的器物共有32件之多，是为流行。这从形制上说，或受岭北青铜器的影响。从功能上说，当时人们的饮食方式已比较讲究：釜里炊煮的食物，人们先盛在簋里，再从簋里舀到端食器（如碗、钵）里食用。然而，当时中原的青铜簋为礼器，故不可排除它与豆之类的器物配合，用于某种礼仪活动。

横岭山的陶豆和原始瓷豆各为184件和105件，乃最流行的盛器或端食器（图5-8、5-9）。在东江冲积平原，豆（或圈足盘）早在前几何印纹陶时期已经出现，并持续流行，而此时更流行了高质量的原始瓷豆。如果说，在早期几何印纹陶时期，我们倾向于它们与“笾豆有楚，殽核维旅”有关，那么此时，应当与“笾豆之事，则有司存”密切相关了（请参阅第四章第二节相关内容）——对此需要补充的是：其一，横岭山墓地的布局和管理井然有序，可知横岭山社会设有专人利用“习俗法”乃至武力管理墓地；其二，横岭山出产青铜重器，它们或许是表示身份地位的象征物（论证详后）——更可说明横岭山社会已制备一定的礼俗，并不时进行礼仪活动。

罍、壶和尊，在横岭山共出土13件。从用途的角度考察，同上述的泥质陶罐，报告中用此类称谓，乃出于资料整理的需要，其名称和功能与当时中原青铜器的同类者没有内在的联系。

盆和杯，横岭山仅见6件，乃常见之物，当为盛器和端食器。

从数量和器物形态上来说，炊煮器是很薄弱的，其中大量出土的是诸如罐之类的存储器物，而且器物形态和个体大小均有别意；还有与身份和礼仪密切相关的物化器物簋、瓿及豆等盛食和端食器；以及功能上应为闲暇时聊为消遣的玩耍物、动物模型。横岭山是个墓地，墓葬是社会观念的缩影，由此可见，当时人们所注重的是身份地位、礼仪、享受，这就是发展比较成熟的农业社会的本质。

2. 横岭山出土的青铜器

横岭山墓地共出土青铜器122件（图5－10至图5－14），包括甬钟2件、鼎1件、戈2件、矛8件、短剑2件、镞39件、斧23件、靴形器1件、锛2件、凿1件、叉1件、锥1件、刮刀26件、环4件、镦3件、柄托1件、铃状器1件、鼎耳1件、碎块片3件，集中于第三期和第四期的墓葬中。第三期共有墓葬70座，35件随葬于16座墓中；第四期墓葬112座，74件随葬于19座墓中。可见，西周中晚期至春秋时期的横岭山，除了能够铸造难度较高的甬钟和鼎之外，其他日用青铜器也较普及且数量较多。北京科技大学冶金与材料史研究所对第三期182号墓出土的2件镞、2件甬钟、1件斧，以及其他堆积单位出土的1件斧（T1408①：2）、1件戈（T0904①：1）、1件镞（M211：7，第四期）共8件青铜器，进行检验研究。结果是2件甬钟含有高锡，并存在锡的反偏析现象；1件镞含铅较高，并存在铅的偏析现象。从成分和金相组织来看，青铜器的生产与同时期中原地区相比，不够规范，具有特殊性，反映了当地生产的特点（第467页）。而且通过考察青铜器的形制和纹饰，也可认为这些青铜器乃岭南土著产品。

图5－10　甬钟（M182：1）

图5－11　鼎（M201：1）

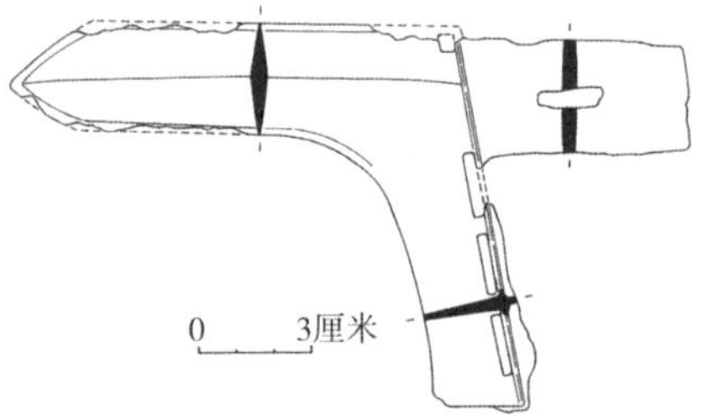

图5－12　戈（M080：1）

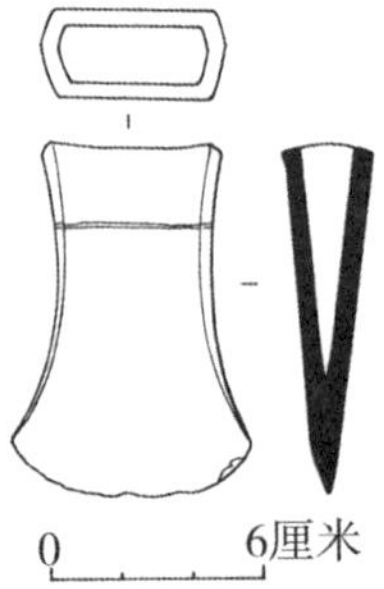

图5－13　斧（M078：1）

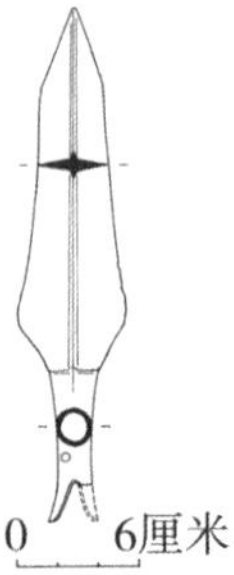

图5－14　矛（M034：2）

由此可知，横岭山居民业已铸造了体现身份等级的、“钟鸣鼎食”的青铜重器。

3. 横岭山出土的玉器

横岭山墓地共出土玉器95件（图5－15），有玉管11件、玉玦72件、水晶玦12件。在《博罗横岭山——商周时期墓地2000年发掘报告·归入具体期段组的206座墓葬典型器物数量分布情况表》中，共登记玉器94件

（不可划分期别的墓260出土1件C型玉玦）。第二期（之前无玉器）有玉管11件、玉玦8件；第三期有玉玦57件分布于7座墓中，水晶玦10件分布于4座墓中；第四期仅有玉玦8件分布于7座墓中。可见，横岭山的玉器分布有如下特点：一是数量少；二是集中出土于第二期和第三期，第四期已是偶见；三是出土频率低，如第三期数量最多，但也只在10座墓中随葬，墓225便出土了17件玉玦和1件水晶玦。也就是说，在西周时期拥有玉器的人不多，春秋时期更少，因此说这些玦饰来自环珠江口地区也有一定道理。地质工作者参与了横岭山墓地玉石资料的研究，他们认为，博罗和环珠江口地区出土的商周时期玉器在材质上非常接近，都是以石英质玉石和水晶为主。在尚未于博罗附近发掘到商周时期的玉器作坊遗址的情况下，可以初步认为横岭山墓地出土的玦饰有较大可能是来自环珠江口地区的玉器作坊（第504~505页）。

"君子无故，玉不去身"，玉器也是表现身份地位的信物，但在横岭山，其拥有者只是少数。

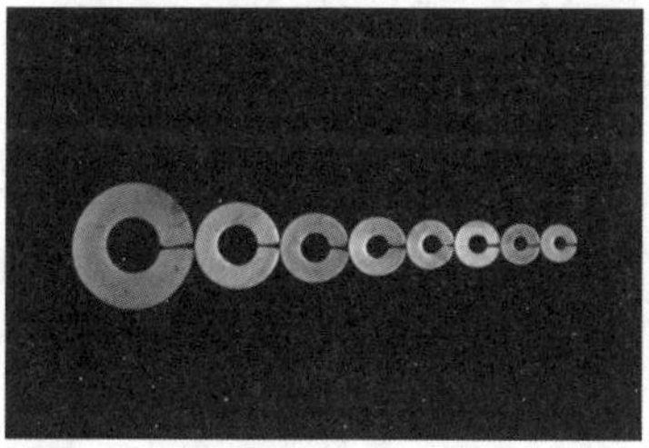

图5-15　玉玦（M225：15~22）

4. 银岗窑场的基本情况

经过三次发掘的博罗银岗窑场基本情况如下：

其一，窑场颇具规模。遗址位于惠阳平原中部，由7个小山冈组成，其中，中间的5个小山冈上布满陶片。北依罗浮山余脉，面对东江，并有一条一级支流可直通东江。遗址面积十余万平方米。现已发掘了4座龙窑窑址，最长的一座长10米多。未发掘的几个山冈旁边，大片大片的陶片俯拾皆是。20世纪60年代，人们在离窑场约500米处的一级支流上修建了一个电力排灌站，水闸的两侧也散落着大量的陶片。

其二，合伙的专门化生产和交换。遗存可分两大期：第一期约在西周晚期至春秋时期，遗存较单薄，不是窑场的鼎盛时期；第二期为战国时期，生产规模急剧扩大，遗物有陶、铜、铁、石器四种。陶器除了常见的生活用器外，还有建筑材料筒瓦、板瓦和瓦当，以及制陶用具和动物模型等。铜器数量不多。铁器多已锈朽，实际上或占相当比例，并出有斧和锸等重要工具。石器仅见网坠、砺石和石饼三类。分析之，不像农业聚落——斧用来修劈烧窑的木柴，为窑场必备；锸用于取陶土，比其他任何工具都便利。

银岗第一次发掘时，我们曾对 7 个山冈之外的山麓与平地做过调查，未发现其他遗存。如此，它就不是农业聚落居民为烧造自用陶瓷而建的，而极有可能是专门化生产的窑场。统观银岗遗存，终结期突然而至。无独有偶，在其西面 10 公里左右的梅花墩窑场也同样出现这种突然的终结。虽然梅花墩龙窑窑场鼎盛期的原始瓷器足以提供给相距 20 公里的横岭山居民①，但其鼎盛时期也仅限于春秋时期。这样，无论是从银岗窑场的规模、遗存内涵和外运条件，还是从银岗与梅花墩的空间距离和盛衰时间的替代方面分析，结论都是一致的：专门化生产。

我们曾调查过广东著名的石湾陶瓷业。② 石湾窑场起源于唐，宋至明、清一直采用龙窑烧造陶瓷器。明代的石湾窑场是一群农业村落的窑场，有“业主”和师傅在组织和指导生产。村里的男性农民就是窑工，女性农民除了种田之外，也干一些与烧窑有关的活计，窑工们几乎人人都有自己的

---

① 吴隽、李家治等的《横岭山墓葬群出土陶器及原始瓷器的科学技术研究》指出：“综合横岭山墓地出土的原始瓷胎、釉组成模式特点，可以推断，梅花墩窑口生产的产品，即为横岭山墓地出土的第一类，也就是大多数的青色釉原始瓷样品。而横岭山墓地出土的第二类，即个别的所谓浮滨类型的原始瓷样品（黑青釉色）同饶平出土的浮滨类型原始瓷器样品一致。”（见广东省文物考古研究所编著：《博罗横岭山——商周时期墓地 2000 年发掘报告》，科学出版社，2005 年，第 449 页）横岭山墓地共出土原始瓷器 111 件，集中于第三期和第四期的墓葬中。第三期共有墓葬 70 座，53 件随葬于 33 座墓中；第四期墓葬 112 座，46 件随葬于 30 座墓中。可见原始瓷器在西周中晚期至春秋时期的横岭山，数量多而普遍，聚落附近没有窑址，难于解释。此外，考古工作者为配合墓地的发掘，还在其周边的几个山头进行了发掘和调查，均未发现窑址或其他居址，因此就目前的发现而言，尚可认为横岭山的原始瓷器乃由梅花墩窑址供给。

② 又可参佛山市方志办编：《佛山史话》，中山大学出版社，1990 年，第 69 页。

家以供吃住。我们认为，石湾陶瓷长盛不衰的关键在于：①在原料供给方面，陶土资源相当丰富，瓷土由湛江等地运入，燃料也由各地运入，不断改进技术以节省原料；②依靠东平河的河运便利解决运输问题；③依傍着名镇佛山以销售。但梅花墩和银岗窑场的技术尚不可与明代的石湾窑场相比，因此陶土和燃料越来越稀缺；再加上春秋战国时期的运输能力和商业发展程度远不及明、清时期，于是“业主”和窑工每隔一段时间便要搬迁到较远的地方去另建窑场。这样，一个窑场的盛衰就会突然而至，窑场附近也就没有农业聚落了①。鉴此分析，梅花墩和银岗窑场的“业主”可能是几个人或几家人，他们既是师傅，又是窑工，再召集一些或有血缘关系的窨工，合伙建造窑场进行生产和交换，因此他们是手工业者而不是“农业者”。

此外，西瓜岭 2 座战国早、中期的龙窑，位于梅花墩窑址西北方约 10 公里处，也可能是梅花墩窑址衰落时期的替代。

（二）文化遗存表现的社会经济活动

1. 珠江水系岭南地区出土东周陶瓷器分析

上已述及，东江冲积平原是珠江三角洲面积最大、形成最早的冲积平原，这里有 29 条支流由北向东南注入东江干流，河涌纵横②，便于发展农业乃至产品交换。

上举银岗、梅花墩和西瓜岭三个窑场，空间上连续，时间上稳定，并具有相继盛衰的特点，特别是银岗窑场的较大规模和专门化生产，以及横岭山墓地出土众多梅花墩生产的原始瓷器，让我们相信，东江流域客观存在着陶瓷生产与供给体系。下文还将证明，横岭山人的优势产品是青铜器，并用它们交换获得梅花墩的原始瓷器。因此可以说，东周时期东江北

---

① 实际上，用明清时期较发达的古代商品经济的眼光来看待梅花墩和银岗的“空间上的连续性与时间上的稳定性”，也可将其视为像石湾窑场那样的“梅花墩—银岗窑场”。

② 广东省统计局编：《广东省地县概况》，广东省地图出版社，1985 年，第 294 页。

岸东西近百公里的惠阳平原，可能已经形成了“地域体系整体”[①]。又鉴于在今沿海和海岛均发现有梅花墩或银岗或西瓜岭的产品（例如香港南丫岛大湾遗址的原始瓷豆[②]，深圳的叠石山、大梅沙[③]和鹤地山、九祥山、铁公坑[④]，珠海大陆的金鼎外沙[⑤]、沙煲地[⑥]和鸡山[⑦]、外伶仃岛石涌湾[⑧]等遗址的陶罐或陶豆的残片），以及“横岭山墓地出土的玦饰有较大可能是来自环珠江口地区的玉器作坊”[⑨]。进而可以说，东周时期珠江水系岭南地区形成了以东江冲积平原为中心的陶瓷交易圈。[⑩] 由文明化进程的角度观之，实乃优势群体的规模和影响力在扩大，并且在此过程中，逐渐显现出资源的压力。

2. 珠江水系岭南地区出土东周金属器分析

黄展岳曾清理过两广先秦的青铜器[⑪]，提出两广青铜器始出于春秋时

---

① “地域体系整体”是德国学者德里斯泰提出的理论。他认为，聚落不是孤立存在的，而是有机地结合成为一个连接体系，互相作用、互为补充的。体系中会形成大、小中心地，并且具有阶层性的关系。中心地的形成受社会发展、政治因素、交通条件和人文因素的影响。参张文奎：《人文地理学概论·聚落地理学》，东北师范大学出版社，1987 年；张光直：《考古学专题六讲·谈聚落形态考古》，文物出版社，1986 年。

② 彩图见香港康乐及文化事务署古物古迹办事处编制：《香港文物》，香港政府印务局，1992 年，第 13 页。

③ 叶杨：《广东深圳大梅沙遗址发掘简报》，《文物》1993 年第 11 期。

④ 三处遗址的材料见杨耀林等：《深圳市先秦遗址调查和试掘》，深圳市博物馆编：《深圳考古发现与研究》，文物出版社，1994 年，第 51～94 页。

⑤ 李子文：《金鼎镇外沙遗址调查》，见珠海市博物馆等编：《珠海考古发现与研究》，广东人民出版社，1991 年。

⑥ 赵善德：《南屏镇白沙坑、沙煲地遗址调查》，见珠海市博物馆等编：《珠海考古发现与研究》，广东人民出版社，1991 年。

⑦ 李子文：《唐家镇大坞环、鸡山遗址调查》，见珠海市博物馆等编：《珠海考古发现与研究》，广东人民出版社，1991 年。

⑧ 杨少祥等：《珠海海岛考古调查》，见珠海市博物馆等编：《珠海考古发现与研究》，广东人民出版社，1991 年。

⑨ 广东省文物考古研究所编著：《博罗横岭山——商周时期墓地 2000 年发掘报告》，科学出版社，2005 年，第 505 页。

⑩ 本来横岭山人以青铜器交换获得梅花墩的原始瓷器和环珠江口地区的玉器，但青铜器和玉器均非日常用品，普及度远远不如陶瓷，因此我们把它界定为“陶瓷交易圈”。

⑪ 黄展岳：《论两广出土的先秦青铜器》，《考古学报》1986 年第 4 期。

期，但也有人认为是商晚期或西周，见仁见智。[①] 不过从春秋时期开始，两广出土金属器的频率高是事实。本书将黄先生论文中两个附表的青铜器出土单位和1986年以后新发现的材料结合，制作成两个表格——以战国时期为界线分列之，并分别标明这些金属器的出土地点——以资比较。

表5-3　广东出土春秋及之前青铜器概况

序号	出土单位和遗物	时代	出土地点	说明	参考文献
1	珠海棠下环石范	商	海岛	石范不少，此乃科学发掘，年代又老，兹列之	②
2	信宜光头岭铜盉	西周	粤西	采集，非土著	③
3	曲江马鞍山铜铙	西周晚期	粤北丘陵	采集，或当春秋	④
4	揭阳市关爷坑铜斧	西周晚期	粤东丘陵	科学发掘，陶器形态当与“浮滨类型”相衔接，或早或晚今从早	⑤
5	饶平县顶大埔山铜戈	约当春秋	粤东丘陵	墓地采集，约当春秋	⑥
6	石峡第四期文化短剑等	约当春秋	粤北丘陵	科学发掘	⑦

① 李岩：《广东早期青铜时代述略》，《考古》2001年第3期。

② 古运泉等：《珠海平沙棠下环遗址发掘简报》，《文物》1998年第7期。

③ 徐恒彬：《广东信宜出土西周铜盉》，《文物》1975年第11期。

④ 广东省文物管理委员会办公室等：《广东文物普查成果图录（出土文物部分）》，广东科技出版社，1990年，图44。

⑤ 邱立诚等：《广东揭阳华美沙丘遗址调查》，《考古》1985年第8期。

⑥ 广东省博物馆等：《广东饶平县古墓发掘简报》，《文物资料丛刊》（第8辑），文物出版社，1983年；邱立诚：《广东大埔县古墓葬清理简报》，《文物》1991年第11期。

⑦ 石峡发掘小组：《广东曲江石峡墓葬发掘简报》，《文物》1978年第7期。

（续上表）

序号	出土单位和遗物	时代	出土地点	说明	参考文献
7	乐昌对面山6墓	约当春秋	粤北丘陵	科学发掘	①
8	连平县彭山铜钟	春秋	粤北丘陵	采集	②
9	广州暹岗铜戈	春秋	广花平原	采集	③
10	惠阳县花树下村铜钟	春秋	惠阳平原	采集	④
11	博罗铁场梅村铜钟	春秋	惠阳平原	采集	⑤
12	博罗公庄散屋村铜钟	春秋	惠阳平原	采集	⑥
13	博罗横岭山铜鼎铜钟等	约当春秋	惠阳平原	科学发掘	⑦
14	银岗一期	约当春秋	惠阳平原	科学发掘	⑧
15	惠来县华湖铜钟	春秋	惠阳平原	采集	⑨
16	惠东大埔顶山铜戈	春秋	惠阳平原	采集	⑩

① 邱立诚等：《广东乐昌市对面山东周秦汉墓》，《考古》2000年第6期。

② 广东省博物馆等：《广东出土先秦文物》，香港中文大学文物馆，1984年，展品第59号。

③ 广州市文管处：《广州郊区暹岗古遗址调查》，《文物资料丛刊》（第1辑），文物出版社，1977年。

④ 杨豪：《介绍广东近年发现的几件青铜器》，《考古》1961年第11期。

⑤ 徐恒彬：《广东青铜器时代概论》，广东省博物馆等：《广东出土先秦文物》，香港中文大学文物馆，1984年。

⑥ 广东省文物管理委员会办公室等：《广东文物普查成果图录（出土文物部分）》，广东科技出版社，1990年，图51～57。

⑦ 广东省文物考古研究所编著：《博罗横岭山——商周时期墓地2000年发掘报告》，科学出版社，2005年。

⑧ 见《广东博罗银岗遗址发掘简报》、《广东博罗银岗遗址第二次发掘》。

⑨ 徐恒彬：《广东青铜器时代概论》，广东省博物馆等：《广东出土先秦文物》，香港中文大学文物馆，1984年，图2。

⑩ 谢帝水等：《惠东县安墩发现青铜戈》，《广东省博物馆馆刊》1988年第1期。

（续上表）

序号	出土单位和遗物	时代	出土地点	说明	参考文献
17	深圳大梅沙铜戈	约当春秋	环珠江口	采集	①
18	深圳大梅沙墓地	约当春秋	环珠江口	科学发掘	②
19	深圳追树岭铜短剑	春秋	环珠江口	采集	③
20	香港大湾铜戈	约当春秋	环珠江口	采集	④
21	香港大屿山铜短剑	春秋	环珠江口	采集	⑤
22	香港大屿山白芒二期铜凿等	约当春秋	环珠江口	科学发掘	⑥

由上表可知，出土春秋时期青铜器的地点集中在东江冲积平原（含广花平原和惠阳平原）；其次是珠三角南部虎门以东的滨海地区、粤北丘陵和粤东丘陵；西江流域难得一见。

太史公借田肯之口，言及“东西秦”强大的原因均在于：带河山之险，地势便利；或四至之固之饶，形胜之国，故能胜人。[⑦] 班固借任嚣之感慨申明形胜之重要：“番禺（今广州）负山险阻，南北东西数千里……可为国。”[⑧] 可见，古代的史家把地理环境视为立国、强国的主要条件之一。番禺（今广州）成为岭南长盛不衰的中心地，自有它的地理原因和历

① 杨耀林等：《深圳市先秦遗址调查与试掘》，深圳市博物馆编：《深圳考古发现与研究》，文物出版社，1994 年。

② 叶杨：《广东深圳大梅沙遗址发掘简报》，《文物》1993 年第 11 期。

③ 杨耀林等：《深圳市先秦遗址调查与试掘》，深圳市博物馆编：《深圳考古发现与研究》，文物出版社，1994 年。

④ 广东省博物馆等：《广东出土先秦文物》，香港中文大学文物馆，1984 年，展品第 63、64 号。

⑤ 广东省博物馆等：《广东出土先秦文物》，香港中文大学文物馆，1984 年，展品第 62 号。

⑥ 邓聪等：《香港大屿山白芒遗址发掘简报》，《考古》1997 年第 6 期。

⑦ 《史记》卷 8《高祖本纪》，中华书局，1959 年标点本，第 382 页。

⑧ 《汉书》卷 95《西南夷两粤朝鲜传》，中华书局，1962 年标点本，第 3847 页。

史渊源。[①] 总之，在农业经济社会中，珠江三角洲冲积平原的“形胜”是最为优越的。然而，如本章开头时所阐述的那样，东江冲积平原又是其中最为优越的。因此这里出土春秋时期的青铜器最多，也是当时社会生产力水平与自然环境因素的啮合。在珠三角南部虎门以东的滨海地区，是咸头岭文化以及之后的网河平原攫取经济大繁荣的地方；粤北丘陵，曾经有过石峡文化的发展基础，而这两个地方都是东江冲积平原的近邻，出土较多的青铜器也在情理之中。

至于“浮滨类型”，科学发掘有相当数量的釉陶、刻画在釉陶上的符号和原始形态的石戈，并采集到 1 件青铜戈；还有迹象表明在其前、后也有“先行”和“后继”的文化遗存[②]，并与周边地区文化有些许交往，足以认定它是内容比较丰富的土著文化。然而目前所知，它的分布区域仅限于普宁和大埔的局部山区，在延续时间上也给人“昙花一现”的感觉，对岭南先秦文化的影响力度不够。

表 5 - 4　广东出土战国时期青铜器、铁器概况

序号	出土单位和主要遗物	出土地点	说明	参考文献
1	清远马头岗 2 墓	清远平原	事后清理，年代从黄说	③
2	四会鸟旦山 M1	四会平原顶端	事后清理	④
3	四会高地园 2 墓	四会平原顶端	科学发掘	⑤
4	德庆落雁山 M1	粤西北低山	事后清理	⑥

① 赵善德：《从文化和地理角度考察古代广州的地位变化》，《暨南学报》1996 年第 1 期；《利用考古材料剖析秦汉岭南人口分布格局》，见郭声波主编：《南方开发与中外交通——2006 年中国历史地理国际学术研讨会论文集》，西安地图出版社，2007 年。

② 赵善德：《虎头埔文化与岭南考古研究》，揭阳考古队等编：《揭阳考古（2003—2005）》，科学出版社，2005 年，第 210 ~ 216 页。

③ 莫稚：《广东清远发现周代青铜器》，《考古》1963 年第 2 期；莫稚等：《广东清远的东周墓葬》，《考古》1964 年第 3 期。

④ 何纪生等：《广东四会鸟旦山战国墓》，《考古》1975 年第 2 期。

⑤ 何纪生：《广东发现的几座东周墓葬》，《考古》1985 年第 4 期。

⑥ 徐恒彬等：《广东德庆发现战国墓》，《文物》1973 年第 9 期。

（续上表）

序号	出土单位和主要遗物	出土地点	说明	参考文献
5	广宁铜鼓岗墓地	粤西北低山	科学发掘	①
6	广宁龙嘴岗墓地	粤西北低山	科学发掘	②
7	罗定南门垌3墓	粤西北低山	事后清理	③
8	罗定背夫山M1	粤西北低山	事后清理	④
9	封开利羊墩墓地	粤西北低山	科学发掘	⑤
10	乐昌对面山17墓	粤北低山	科学发掘	⑥
11	始兴白石坪铁锸	粤北低山	科学发掘	⑦
12	揭阳墓地	粤东低山	科学发掘	⑧
13	五华棉洋1墓	粤东低山	事后处理	⑨
14	博罗银岗铜、铁器	惠阳平原	科学发掘	⑩
15	博罗横岭山	惠阳平原	科学发掘	⑪
16	增城西瓜岭刻刀	惠阳平原西北端	科学发掘	⑫
17	深圳叠石山铜、铁器	海岛	科学发掘	⑬
18	湛江硇洲岛青铜器	粤西南海岛	采集	⑭

① 何纪生等：《广东广宁县铜鼓岗战国墓》，《考古集刊》（第1集），文物出版社，1981年。

② 刘成基等：《广东广宁县龙嘴岗战国墓》，《考古》1998年第7期。

③ 徐恒彬：《广东罗定出土一批战国青铜器》，《考古》1983年第1期。

④ 邱立诚等：《广东罗定背夫山战国墓》，《考古》1986年第3期。

⑤ 杨式挺等：《广东封开利羊墩墓葬群发掘简报》，《南方文物》1995年第3期。

⑥ 邱立诚等：《广东乐昌市对面山东周秦汉墓》，《考古》2000年第6期。

⑦ 莫稚：《广东白石坪山战国遗址》，《考古》1963年第4期。

⑧ 邱立诚等：《广东揭阳县战国墓》，《考古》1992年第3期。

⑨ 邱立诚等：《广东五华县棉洋墟发现一座战国墓》，《考古》1988年第10期。

⑩ 古运泉等：《广东博罗银岗遗址发掘简报》，《文物》1998年第7期；邓宏文等：《广东博罗银岗遗址第二次发掘》，《文物》2000年第6期。

⑪ 广东省文物考古研究所编著：《博罗横岭山——商周时期墓地2000年发掘报告》，科学出版社，2005年。

⑫ 莫稚等：《广东增城、始兴的战国遗址》，《考古》1964年第3期。

⑬ 文本亨等：《深圳市叠石山遗址发掘简报》，《文物》1990年第11期。

⑭ 黄道钦等：《湛江硇洲岛首次发现战国青铜器》，《广东文博通讯》1980年第12期。

从上表可看到，各地均有出土战国时期的青铜器和铁器，但西江流域的丘陵和冲积平原更多。这与具体的历史过程密切相关：秦统一岭南战事的起止时间为前218年至前214年[①]，最初“越人夜攻秦人，大破之。杀尉屠睢，伏尸流血数十万”[②]。后“（秦）使监禄凿渠（即兴安运河）通道”[③]，终于“略取陆梁地（即岭南），为桂林、象郡、南海（三郡）”[④]。可见，在这前后五年的战事中，西线即西江通道乃主要战场。因此，这里较多地出土青铜器和青铜器墓乃情理之中的事情。若纯粹利用考古学的方法是无法区分战国晚期与秦始皇时期或西汉初期的青铜器的，因此也可以把这些遗存的部分视为秦越战事的“战场遗存”，而不一定过分强调战国时期西江流域的人口麇集。换言之，西江流域战国前、后遗存从单薄转变为丰富，并不与东江流域冲积平原文明的持续繁荣相抵触。

3. 外围圈覆盖珠江水系岭南地区的陶瓷交易圈之形成

横岭山墓地出土的122件青铜器，集中于西周中晚期至春秋时期，其中有土著的、铸造难度高的甬钟和鼎。统计广东出土的东周的青铜器发现，出土地点集中在惠阳平原，其次是虎门以东的滨海地区、粤北丘陵和粤东丘陵，其他地方难得一见。并且，在确认为岭南土著的青铜器中，惠阳平原出土的钟、鼎重器较多，其他地方出土的为武器或日常用器类（《博罗横岭山——商周时期墓地2000年发掘报告》图2－43）。综合之可认为，横岭山是春秋时期岭南的青铜器生产重地。

横岭山共出土玉器95件，出土频率低，如数量最多的第三期67件，仅出于10座墓。也就是说，横岭山拥有玉器的人极少。地质工作者研究了玉石资料认为，博罗和环珠江口地区出土的商周时期玉器，都是以石英质玉石和水晶为主（《博罗横岭山——商周时期墓地2000年发掘报告》图2－44），尚未于博罗附近发掘到商周时期的玉器作坊遗址的情况下，可以初步认为横岭山墓地出土的玦饰有较大可能是来自环珠江口地区的玉器

① 张荣芳等：《南越国史》，广东人民出版社，1995年，第24页。

② （汉）刘安：《淮南子》卷18《人间训》，上海古籍出版社，1991年，第203页。

③ 《汉书》卷64上《严助传》，中华书局，1962年标点本，第2783页。

④ 《史记》卷6《秦始皇本纪》，中华书局，1959年标点本，第253页。

作坊。[①]

综合上述情况得知，陶器，尤其是青铜器，是横岭山的产品，而原始瓷器和玉器是交换来的。原始瓷器在春秋时期是高级产品，又是比陶器高一档次的同类产品，因此不可能拿陶器与梅花墩的原始瓷器进行交换，而只能拿档次相当的非同类产品青铜器与之交换。结合表5－3博罗等地出土的铜钟等，或可认为，在春秋时期，横岭山周边的惠阳平原偏东地区是岭南的青铜器生产基地，而偏西的梅花墩和银岗一带则是原始瓷器的生产基地，两地的产品交换密切。

实际上，也可以从聚落形态[②]的视角宏观地考察两周时期惠阳平原与环珠江口地区的社会经济关系：梅花墩窑址和银岗窑场附近也未发现农业聚落，两处窑场相继繁荣，具有时间上的替代性，这或许是生产原料日渐匮乏，必须较频繁地更换窑场场地的原因。因而一种可能是：它们实乃专门化的窑场，其产品用于交换。另一种可能是：由于两处窑址分别与横岭山相隔约10公里，距离甚近，且三地均出土同时同质同类同形态的文化遗存，这暗示着在此三地之间存在一个我们尚未发现的、具有相当规模的聚落群，人们除了经营农业之外，还有部分居民在横岭山附近烧制陶器和制作青铜器。可能是由于横岭山附近缺乏低铝黏土，另有部分居民到更远一些的梅花墩或银岗去烧制陶器和原始瓷器。这些产品中的部分，供给环珠江口地区，并交换回当地的特色产品——玉器以及其他生活必需品。因此，惠阳平原与环珠江口地区便形成了一个宏观聚落形态中的经济圈。又因为，惠阳平原的产品既有诸如青铜器这种借助原始宗教以维护社会秩序的表征物，又有诸如陶瓷器这种生计中不可或缺的实用物，所以，交换的主动一方应是惠阳平原聚落群的居民而非环珠江口地区居民。这样，我们利用考古资料可得到：东江冲积平原的居民较大规模的聚居，非但充分利用冲积平原优越的自然条件，发展了农业经济，还建设了功能有别的专门

---

① 吴沫等：《横岭山商周墓地出土玉器探析》，见广东省文物考古研究所编著：《博罗横岭山——商周时期墓地2000年发掘报告》，科学出版社，2005年，第504～505页。

② 聚落形态考古是一种方法论，宏观聚落形态（Macrosettlement Patterns）的作业程序主要的目的是：①把聚落单位集聚成为有某种意义的更大的单位；②辨认这更大单位之中各个聚落单位之间的关系的规则性；③对这种规则性加以解释。参张光直：《考古学专题六讲·谈聚落形态考古》，文物出版社，1986年，第90页。

聚落，以硬陶、原始瓷器和青铜器等优势产品主动与周边地区进行物品交换。

（三）古代商品经济相对发达的农业经济社会

目前东江流域几处大遗址，要么是墓地，要么是窑场，缺乏复原人们生产生活状况的具体的文化遗存资料，我们只能把它抽象为古代商品经济相对发达的农业经济社会。大致情况如下：

1. *发展农业经济的择地而居*

图5－1是东江冲积平原遗址分布图。最近发掘的浮扶墓地和曾屋岭墓地，其年代与横岭山同为春秋时期，但规模较之为大。从地形图中可清楚地看到，它们均“占据”了通往东江岸边大平原上的小的河谷盆地。园洲和银岗窑址年代相继，园洲鼎盛在春秋，银岗鼎盛在战国。图5－16是横岭山墓地周边现代的等高线图。墓地坐落在相对孤立的小山冈上，其周边是一片农田，浮扶墓地和曾屋岭的地形也大致如此。使用墓地的居民如果居住在墓地周边的山冈上，既可“吃山”，又可“吃水”，当然最主要的是拥有了一片肥沃的可耕之地，这是初始农业社会理想的居住地。随着东江岸边大平原的稳定，以及生产能力的提高和人口的增殖，至战国时期，人们更倾向于居住在东江岸边的大平原上。但这个过程是渐进的，因为哪怕是到了明清时期，东江下游干流岸边仍“地圩海，土田瘠狭，民食仅支什五，余皆仰售他郡”[①]，不宜人居。乾隆年间，今东莞市的石龙镇跃居广东四大名镇之一[②]，这有赖于发展水利：自北宋元祐年间修河堤、海堤始，修堤、灌田之事不断。[③] 若远溯至两周，正如分布图所见，鼎盛年代均在春秋的三大墓地和来峰岗墓地，都分布在东江支流的溪边丘陵，即使是逐渐地向干流岸边靠近的，也像猪牯岭和上岭那样，尽量选择丘陵余脉延伸下来的岗地，因为毫无疑问，农业经济中诸如土地资源、水资源、气候资源、生物资源等，支流溪边丘陵都比干流江边平原更为丰富和容易获取。此外，“矿物资源”——黏土丰富、“环境资源”——交通便利的干流江边平原，对于早在春秋时期业已存在着陶瓷生产与供给体系，并逐渐形成以其为中

---

① 《东莞县志》卷50《宦绩略二》。

② 这四大名镇是广州、佛山、陈村和石龙，见《东莞市石龙镇志》，岭南美术出版社，2004年，第233页。

③ 广东省东莞市水利局编：《东莞水利志》，东莞市印刷厂，1990年，第9～11页。

心的陶瓷交易圈的东江下游来说，是一个经营陶瓷工业的首选之地。

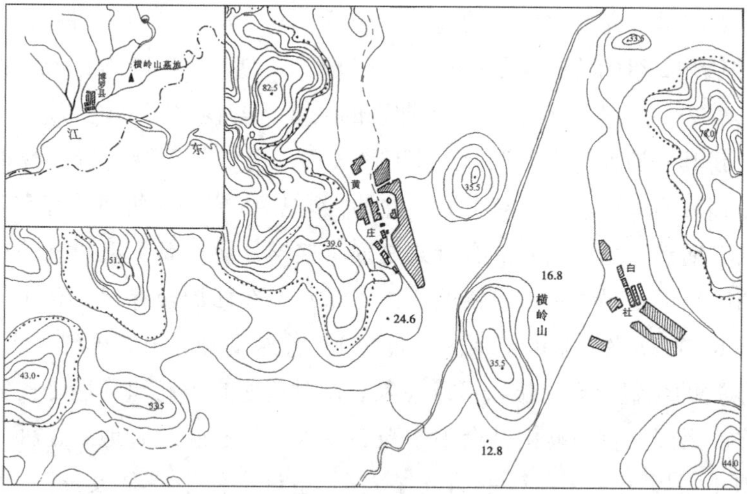

图 5－16 横岭山墓地周边现代的等高线图

2. 古老商业性质的手工业

两周时期，人们虽然选择居住在东江冲积平原边缘的丘陵溪边，自给自足，但出于充分利用丰富的黏土和便利的交通的考虑，选择了在距之 10 多公里处的干流江边平原经营陶瓷工业。出于产品的交换需要，数量多、质量高、有组织的生产三者互为因果，促进了陶瓷器工业的发展。

既铸造体现身份地位的青铜重器，也铸造生产生活使用的一般青铜用器（后者也用于交换玉器并再以玉器体现拥有者的身份地位），这标志着青铜铸造业已处于领先水平。

随着这种古老商业性质的陶瓷工业和青铜铸造业的发展，必然促使手工业从农业中逐渐地分离出来。

3. 社会的分层化

实际上，手工业与农业的分工意味着这些聚落的居民已建立了相对稳定的政治组织，但最能体现其特质的是墓地的建设和管理。详析如下：

横岭山遗址在 8 500 多平方米的发掘范围内，共清理商周时期墓葬 302 座，资料整理人把具备分期资料的 206 座墓葬分为从商周之际至春秋四个时期。

第一，这302座墓葬的方向大致与山冈等高线的切线一致，顺着山坡分布（第9页）。其中，有打破关系的墓葬共14组28墓。只有第12～14组可为类型学研究提供可靠的地层学依据，其中第14组意义最大（第44页）。但第12组的墓076（三期）、墓281（一期），第13组的墓190（四期）、墓328（二期）两组，是跨期别的墓葬。若视之于墓地布局和管理，即使“辨其兆域而为之图”，由于年代久远，也难免出错而造成晚期墓扰乱了早期墓的情况，当情有可原。此外，第1～8组因为每组均存空墓而无法判断其期别，也可归入情有可原之列。这样，便仅有4组8墓的打破关系是由于墓地布局和管理差错的原因。试想，在西周至春秋570年的时间里，在8 500多平方米的范围内，布局302座墓葬顺着山势排列，而只有4组（墓）的位置出现差错，可以想象人们对墓地的布局和管理是何等的井然有序。无疑，在横岭山社会中，当有专人布局和管理墓地。这种专人也许类似于《周礼·春官》中的“冢人”，也许类似于“墓大夫”。前者须“授之兆，为之蹕，均其禁”；后者须“掌其禁令”，甚至对“争墓地者，听其狱讼。帅其属而巡墓厉，居其中之室以守之”。[①] 可见专人在布局和管理墓地时，均有“禁”可依，甚至还要借助一定的强制力量。综观文献，没有证据足以说明当时横岭山社会乃单纯地借用周礼的墓地管理模式，那么，这种墓地的布局和管理系统，当是出于社会需要而自觉产生的。

第二，至春秋时期（即第四期），随葬品的种类已经与墓圹大小密切联系了——第三期随葬品丰富的墓葬，或同时随葬较多的青铜器、原始瓷器、玉器，或较多随葬其中的一两种（第11页及“表七　墓葬登记表”），但随葬品的多寡并不与墓圹的大小[②]紧密联系。例如，横岭山224座有随葬品的墓葬出土了902件随葬品，其平均值约为4.03件/墓。看特例，墓圹最大的墓050（第125页），墓口长5.25米、宽1.52米、存深2.6米，但仅出4件随葬品（原始瓷尊1件、陶罐3件）；同为随葬品丰富的墓264（第201页）、墓182（第136页）和墓201（第170页），前者虽然不像后两者那样随葬有青铜甬钟或青铜鼎，但它的随葬品达24件之多，并同时随

---

① 陈成国点校：《周礼·仪礼·礼记》，岳麓书社，1988年，第61页。

② 由于这里的墓圹绝大多数呈狭长方形，故宽度的区别不大；位于山顶的墓葬，墓圹一般会很深，山麓的则不可能太深，同时，受两千多年水土流失的影响，故墓圹深度的参考价值也有限。因此，墓圹的大小，主要参考墓口的长度。

葬玉器和原始瓷器，乃最典型的厚葬墓，但其仅为墓口长2.9米、宽0.62米、存深0.3米的墓圹。看总体，由“墓葬登记表”及“诸墓葬分述”得知，墓口长2.9米及以上的墓葬40座，共出随葬品190件，平均每座墓出4.75件。这个数据高于平均值，似乎合理，但把这40座墓葬再细分发现，墓口长4米及以上的墓葬有13座，共出随葬品47件，平均每座墓不足4件。而且在报告的“表九　77座无随葬品墓葬情况登记表”中，墓口长2.9米及以上的墓葬有27座之多。同时，随葬品达4件及以上的30座墓葬中，墓口长2.9米及以下的就有13座之多。可见，西周中晚期横岭山少数人除了力图借用青铜器和玉器之外，还利用原始瓷器来表现富有与尊贵；但相当部分人的“富有”（随葬品丰富）与“尊贵”（墓圹大）不一定相对应。相对于第三期，第四期墓葬情况的变化有三点：一是墓圹普遍增大；二是随葬品丰富的墓葬，主要随葬青铜器和较多的原始瓷器①；三是随葬品的多寡与墓圹的大小相联系②。这表明，春秋时期横岭山少数人主要利用自己的优势产品——青铜器和“连续地域（梅花墩）人群”的原始瓷器来表现相应的富有与尊贵。

---

① 据报告第11页及“表七　墓葬登记表”举例如下：墓034，墓口长4.26米、宽1.16米、存深1.5米；葬品10件：陶罐1件、陶瓮1件、陶豆2件、原始瓷豆4件、青铜矛2件，无玉器。墓085，墓口长6.8米、宽2.2米、存深1.6米；葬品14件：陶罐7件、陶瓿1件、陶豆1件、原始瓷豆5件，无青铜器、玉器。墓211，墓口长4.76米、宽1.5米、存深1.3米；葬品26件：陶罐3件、陶瓿1件、陶豆2件、原始瓷豆3件、铜器矛1件、铜器镞10件、铜器叉1件、铜器刮刀1件、玉玦1件、砺石3件。墓223，墓口长3.0米、宽0.88米、存深0.65米；葬品8件：陶罐1件、陶瓿1件、陶豆1件、陶纺轮1件、青铜斧1件、青铜刮刀3件，无原始瓷器、玉器。

② 由于墓034和墓211的葬品多并均出青铜器和原始瓷器，可视为第四期随葬品最丰富的墓葬。以它们墓圹长的平均值4.51米为参照值，统计发现：第四期墓口长4.51米及以上的墓葬有10座，共出随葬品79件，平均每座墓出7.9件。这数据远高于平均值，虽然墓032和墓115很特殊，它们的墓口长度分别是6.6米和5.6米，但仅各出陶罐1件和原始瓷豆1件，可视为特例。

第三节　春秋时期东江冲积平原开始步入文明社会

文明社会是指社会中的少部分人可以通过政治组织的力量相对稳定地占有大部分人的劳动。文明化进程是指一个社会经过长时间的文明（人类进步的状况）积累，最后进入文明社会的过程。

文明积累是渐次的。社会的生产能力是否足以体现技术发明者或劳动能手的个体价值，对此，我们在南部网河平原的社会生产和生活中，似乎没有体会，但在北部网河平原却若隐若现，因为在资源出现匮乏时，部分人在“修补”禁锢了生产力发展的生产关系，部分人则在尝试着迁徙这种革命性的变革。这从西周开始的东江冲积平原体现得愈发显著，根据目前的考古资料，它是从高质量的手工业产品的生产开始的。

最关键的是，这些高质量的手工业产品的发明者和生产者，在他们的个体价值得到体现之后，受到部分亲密者的追捧而集结成为一个优势群体，从而创造出更多属于自己的劳动产品。

当他们的技术和能力足以发掘这个社会的资源时，因为无论是发明者还是亲密者，均可从中获利，所以优势群体的规模将日益扩大；或者，因为社会也能从中获利，所以社会的其他成员也学习之，而使优势群体的影响力日益扩大。在规模和影响力“两个扩大”的过程中，资源的压力出现并日渐加大，于是又有新的发明者或劳动能手产生，新一轮的“两个扩大”又接踵而至。螺旋式的发明和扩大，资源的发掘将会走到尽头而最终导致资源匮乏。这就是我们在上面所看到的，横岭山人拿自己生产的青铜器与梅花墩人生产的原始瓷器进行交换，或者这两个人群本来就结成联盟，他们拿这些产品与大多数成员交换其他的生活必需品的本质。而且，这样的生产形式，在东江冲积平原外围地区（比如滨海地区及增江和流溪河流域地区）的人群也学习之，或生产玉器，或生产高质量的陶器、瓷器，然后跟他们社会中的其他成员交换生活必需品。

此时，优势群体乃至社会，必须节省和扩充资源。其实它的本质是优势群体在更多地占有共有资源或掠夺其他社会的资源的同时，还想方设法让大部分成员只能分配到少部分的收获物。这将引起社会公愤，于是要加强管理。最常见的管理是双管齐下，即为节省和扩充资源服务的原始宗教及武装力量的诞生、壮大。这种加强管理的最突出表现是横岭山人对墓地的建设和管理。其间，这方面的管理是初步的。譬如，在横岭山的第三期墓葬中，随葬品丰富，或同时随葬较多青铜器、原始瓷器、玉器，或较多随葬其中的一两种的墓葬，其墓圹并非最大，即随葬品的多寡并不与墓圹的大小紧密联系。但是到了第四期，在所有墓圹普遍增大的同时，随葬品丰富的墓葬也是主要随葬青铜器和较多原始瓷器者，而且其墓圹往往大于其他墓葬。这就表明在春秋后期的社会中，横岭山或者还包括其连续地域梅花墩的人们，在掠夺其他社会的资源的过程中，业已首先富贵起来了。然而最大的得益者还是少数人，在墓葬的随葬品和墓圹方面体现了他们的富有和尊贵。

春秋时期横岭山墓葬资料所表现的富贵与贫贱的差别，是煞费苦心“研究”出来的，但是到了战国时期，“大墓”就大得一览无余了——我们在参与横岭山发掘之前就曾在西埔上岭发掘过这样的墓葬，而在西江和北江的冲积平原的边缘地带也屡见类似者。同时在有关战国陶器的考古资料中，我们只能复原银岗窑场的较大规模和专门化生产，而比起春秋时期的陶器来说，它的火候低（一般为1 100℃）、器表装饰简约、原始瓷器不复见，似乎落后了。当然，不能把火候低狡辩为先进，诚然，在龙窑中主要利用还原焰烧成的陶器，已经是难能可贵了，而且作为实用的陶器，烧成1 000℃也是合理的。器表的装饰则另有说法。战国陶器最主要的成形方法是快轮拉坯和泥条盘筑并行，而它们圆心发散式的构图与几个同心圆带纹饰相结合并罩以光滑且富有光泽的陶衣或陶釉的装饰，是很自然的美（春秋时期的双f纹或称夔龙纹也是一种美，但那是“耕种的美”）。原始瓷器不复见，深感惋惜，否则岭南就有可能率先发展瓷器生产了。个中的缘由已无从查明，但有一点必须清楚：含铁量低的陶土是烧制原始瓷器的原料，它是稀有资源，埋没和发现纯属偶然。而最能反映陶器生产进步的却是板瓦、筒瓦和瓦当等建筑用陶的出现以及供人玩赏的动物模型等器物普遍出现。

所以说在珠江三角洲地区，原始宗教和武装力量壮大到某一程度，产生了政治组织，少部分人可以通过政治组织的力量相对稳定地占有大部分人的劳动，即形成了文明化社会，至少是战国时期的事情。

一个地方形成了“地域体系整体”，并以某种产品为联系纽带形成范围更大的交易圈，不但表明社会分工的细化，还暗示这并非平衡互惠，而是负性互惠或接近于再分配的交易。如果说墓葬是物化了的“礼俗”（等级制与社会心理的结合体），那么礼俗的推行过程，实为社会优势群体需要节省和扩充资源，壮大原始宗教和武装力量的过程。既然横岭山社会不断完善并成功地推行了礼俗，也就可以说以横岭山为中心的东江冲积平原开始步入文明社会。

第六章

先秦珠江三角洲的文化演进

李伯谦在《博罗横岭山——商周时期墓地2000年发掘报告》的序中颇有见地地指出："岭南地区（引者注：与本书理解的岭南地区略有出入），无论是新石器时代抑或青铜时代，考古学文化的谱系和分区并非原来认识的那样简单。根据目前发现的考古资料，岭南大致可分为以下五个区域，即粤东的梅江—韩江、榕江流域，粤中、粤北的东江、北江流域以及桂东北的桂江、贺江流域，珠江三角洲地区，粤西南地区及桂南的郁江流域，桂西北、桂北的红水河、柳江流域。以上五个区域的新石器时代和青铜时代早期的考古学文化其实都各有特点，发展、演变的途径也不尽相同。因此，要真正建立其岭南地区的考古学文化区系类型体系，还有许多工作要做。"

无疑，上述五个区域是以江河流域为纲的划分，若要全面研究这一地区的历史，"还有许多工作要做"。但是鉴于珠江水系是这一地区最主要的水系，因而，若想认识其文化的形成和演变过程，理应首先重点研究珠江水系流域诸文化现象。

南岭山脉是长江与珠江两大水系的分水岭，南部亚热带与中部亚热带的天然分界线，也是南北生物分布的一条重要界线，自此以南300多公里，中间再无高山峻岭阻隔，所以南岭山脉以南是一个地理位置比较封闭的、自然环境比较独特的地理区域，因而区域文化个性突出。然而珠江水系中的岭南地区，自然环境最为优越，资源丰富多样，文化积淀深厚，理所当然要重点研究。

纵观距今约12 000年至东汉的岭南区域史，我们清晰地看到先民们一步步地走来的脚印，但是到了距今约7 000年以降，更多地看到的是先民们在今珠江三角洲的足迹。两周之际开始，人们以珠江三角洲冲积平原与北部网河平原的结合地带为中心带，重点开发冲积平原，经过秦始皇统一岭南、赵佗立国、汉武帝平定南越国至东汉，珠江三角洲显然主导了岭南文化。因而出于认识岭南文化形成和演变过程的需要，理应首先重点研究珠江三角洲诸文化现象。

东江流域的地理环境比西江和北江流域更为优越，目前所见的考古资料和研究成果也最为丰富，因而本书也就自然更多地利用这些资料和成果探讨珠江水系岭南地区先秦文化演进的过程和动因。

第一节 环境变迁与人口迁徙

在考古学研究尤其是考古学文化研究中，资料积累欠丰富的阶段允许“见物不见人”。但是在先秦珠江水系岭南地区考古这个特定的环境中：其一，鲜见延续时间较长的大遗址，地广人稀；其二，文化遗存分布的集结性与自然地理单元的时空演变密切关联甚至吻合；其三，总体说，野生自然资源丰富、种类互补、季节性波动小；其四，不同的自然地理单元中的自然资源存在区别。从分析和理解考古资料的角度出发，前三点支持追踪文化的创造者，最后一点可能会给“见物不见人”带来误差：带有“传统文化”的一群人，若迁徙到另一不同的环境中谋生，他们所创造的反映文化的文化遗存，也将与“传统文化”产生较大差异，而且我们的主旨是利用文化遗存探讨文化的演进，似乎应该关注文化创造者的问题。

一、南部网河平原居民来源

上面的章节已经申明了南部网河平原居民的来源有三：“高迁”或“南迁”或二者结合。“高迁”也许永远没有实证的可能；“南迁”则存在迁自何处的问题。在《边疆考古特色：追踪文化遗存的创造者——珠江水系岭南前几何印纹陶文化遗存分析》中，我们已经证明南部网河平原居民是来自岩溶地区的“甑皮岩人”的一支，现在我们仍然保留这一论断。

在全新世的最初阶段，岩溶地区文化遗存比较丰富和集中，说明人口繁衍的可持续性。出土的各种质料的遗物尤其是陶器的情况表明，这里的总体生产力水平较高，足以走出洞穴。走出洞穴之后，虽可能向旷野迁徙，但更倾向于寻找有山滨水的地方谋生。

此外，在距今约12 000 ~7 000年，今珠江三角洲地区是一个漏斗状的大海湾，只有南岭南麓地区为陆地，而且相当部分的地区是滨水的。对于狩猎采集经济发展到有能力制作陶器的居民来说，这种依山滨水、野生食物丰富、种类互补、季节性波动小的地方，是最佳的谋生之地，也容易形成比较独特的文化传统。但是，随着海平面的稳定，珠江三角洲逐渐形成，珠江干流河口南移，同时由于南岭南麓段的河流是基岩河岸，河床深切，水流变得湍急，沉积有机物贫乏，水体缺少营养而造成水生动物的生物量减退。人们如果依然在原地谋生，只有两条路可走：一条路是更注重于陆生资源的认识和开发，通过“强化”进而“改变技术”，最终发展生产性经济文化，步入人类文化发展的惯常轨道；另一条路是固守传统的谋生方式，随着河口的南移而南移。随河口向南迁移是“扩张”的必然，而发现了甚至比南岭南麓地区条件更为优越的“沙堤—泻湖生境”是偶然。也许正是这种必然性与偶然性的相互依存，人们才得以在依然是依山滨水的南部网河平原，由“食山”为主逐渐向“食水”为主转变，进一步积淀传统文化。

或者不必纠结于咸头岭人来自何方，因为他们的居住地宛如悬于海外的孤岛，也完全可以说他们是迁徙来的。他们和更多的居住于“沙堤—泻湖生境”、滨海沙丘、河口河奥岗丘的人们一样，主要获取水生蛋白资源以生存，创造了咸头岭文化。

二、北部网河平原居民来源

在珠江水系岭南的范围内，距今约 7 000 ~ 5 000 年的文化遗存，除了南部网河三角洲和岩溶地区之外，只有年代上属于“后沙遗存Ⅰ期”[①] 的封开勒竹口遗存[②]和高要蚬壳洲文化遗存[③]，以及“后沙遗存Ⅱ期”的石峡遗址第一期遗存中的部分。根据李海荣等人的研究[④]，万福庵、蚝岗和金兰寺的年代上限可以上溯至距今约 7 000 年，某些遗存的年代下限可至距今约 5 000 年。按照本书自然地理单元的划分，上述遗存无一分布于北

① 李子文：《珠海史前文化序列初论》，见珠海市博物馆等编：《珠海考古发现与研究》，广东人民出版社，1991 年。

② 广东省文物考古研究所等：《广东封开勒竹口遗址发掘简报》，《文物》1998 年第 7 期。

③ 古运泉等：《高要县龙一乡蚬壳洲贝丘遗址》，《文物》1991 年第 11 期；李子文等：《广东高要县蚬壳洲发现新石器时代贝丘遗址》，《考古》1990 年第 6 期；珠江三角洲史前遗址调查组：《珠江三角洲史前遗址调查》，见北京大学考古系：《考古学研究》（4），科学出版社，2000 年。引者注：蚬壳洲遗址的行政区划原属高要县广利镇龙一乡村，现属肇庆市鼎湖区广利镇。

④ 李海荣等：《广东深圳市咸头岭新石器时代遗址》，《考古》2007 年第 7 期。

部网河平原的范围之内。肇庆蚬壳洲文化遗存位于冲积平原西北缘，再向西北上溯近200公里乃勒竹口遗存，若仅依据些许彩绘陶的相似，把它们划归为咸头岭文化，过于勉强。石峡遗址第一期遗存同此。只有万福庵、蚝岗和金兰寺遗存在地理位置上更接近于咸头岭，可以理解为咸头岭文化的创造者的活动地域扩展至彼。

上面的讨论，实际上已经表明，年代较晚的北部网河平原的“几何印纹陶文化”[①] 是继承较早的南部网河平原的文化发展起来的。几何印纹陶文化的起源，是暂时困扰考古工作者的问题。人们大多关注北部网河平原最早与南部网河平原最晚的文化遗存，并对它们进行研究，而我们还关注它们与南岭南麓文化遗存的关系。[②]

从目前正在系统整理的高明古椰和三水银洲的考古材料看来，它们的年代上限要早于原来初步的看法。虽然从文化遗存的面貌分析，两地的早期遗存与南部网河平原晚期的遗存尚有“缺环”，但正如上文所提到的那样，一群新人迁徙到新的环境中谋生，即使传统文化不自觉地影响着他们的行为，新的环境也必然导致他们谋生策略的变化，这就是“缺环”的根源。同样的情况也发生在狮子洋东岸的万福庵遗存群与园洲遗存和村头遗存之间。[③] 逐渐地，北部网河平原涌现了众多遗存。

理论上说，当“沙堤—泻湖生境”浅水资源极度匮乏的时候，人们的发明不可胜任于在其林木茂盛的基岩陆地上的农业发明，也难以向深海攫取资源，唯一可走的路是迁离。又或许是历史的偶然，迁离的人们很容易就碰到浅水水生资源日渐丰富的北部网河平原。当然，在北部网河平原及冲积平原遗存密集、人口麇集、文化繁荣的商周时期，其南部并非空空如也，只是表现为日益衰落。因此说，人群的迁徙是渐次的。同时，原来谋

---

① 苏秉琦说：“印纹陶作为一种考古学文化不妥，但作为一种重要文化特征因素，存在于中国东南几省，从新石器时代一直到秦汉时期却是事实。可以把它作为一把‘钥匙’，帮助我们打通探索中国这一重要地区从原始社会到秦汉以前重要历史课题的大门。”［苏秉琦：《中国文明起源新探》，商务印书馆（香港）有限公司，1997年，第73～74页］我们用“几何印纹陶文化”这一称谓的本意在此。

② 赵善德：《虎头埔文化与岭南考古研究》，揭阳考古队等编：《揭阳考古（2003—2005）》，科学出版社，2005年。

③ 赵善德：《先秦东江三角洲先民择地谋生述论》，《兰州学刊》2013年第7期。

生于网河平原及其周边的人们，也参与这个“有较多人口的、分层化的、最发达的渔捞采集经济文化”创造者的行列。[①]

因为距今约5 000年之前的北部网河平原是一片水域，所以即使不计较人群迁自何方，也可以断定此后的居民是迁入的。

三、冲积平原居民来源

如前所述，西周之前的冲积平原还是一片水域或沼泽，不利于人类谋生，文化遗存也极其单薄。但是两周时期冲积平原的文化遗存大增，农业经济发展壮大，特色鲜明，而其他地理单元的文化遗存却相对逊色。如南岭南麓，商时期的遗址尚有西江流域的乌骚岭[②]、北江流域的几处遗址[③]和粤东北梅江—韩江流域的一些遗址。西周和春秋时期的遗存反而减少了，也缺乏大遗址。如属西周的仅有曲江[④]、平远和普宁的一些遗址[⑤]；属春秋的仅见曲江石峡的少量遗存和乐昌对面山的6座墓葬[⑥]，以及发现的曲江马鞍山铜铙[⑦]和连平县彭山铜钟[⑧]等零星青铜器。西江流域山区发现的一些战国时期的墓葬和个别墓地，上文业已涉及。其他地区的遗存零散。

网河平原两周时期的文化遗存很单薄，大致相当于整个商代，网河平原的淤积进入加速阶段，水生资源的匮乏与越来越广阔的淤积陆地相伴而来。下节将详细阐述北部网河平原的技术改进之快，如何在客观上加快了水生资源的匮乏。当进入文化繁荣的后期，那种仅仅以浅水水生蛋白为主

---

① 赵辉：《珠江三角洲地区几何印纹陶的出现和文化的发展》，张忠培、许倬云主编：《中国考古学的跨世纪反思》（上），商务印书馆（香港）有限公司，1999年。

② 古运泉：《封开县乌骚岭新石器时代墓葬群发掘简报》，《文物》1991年第11期。

③ 莫稚等：《广东曲江鲶鱼转、马蹄坪和韶关走马冈遗址》，《考古》1965年第2期；李子文：《广东仁化覆船岭遗址发掘》，《文物》1998年第7期。

④ 石峡发掘小组：《广东曲江石峡墓葬发掘简报》，《文物》1978年第7期。

⑤ 杨少祥等：《广东普宁虎头埔古窑发掘简报》，《文物》1984年第12期；彭如策：《广东平远县西周陶窑清理简报》，《考古》1983年第7期。

⑥ 邱立诚等：《广东乐昌市对面山东周秦汉墓》，《考古》2000年第6期。

⑦ 广东省文物管理委员会办公室等：《广东文物普查成果图录（出土文物部分）》，广东科技出版社，1990年，图44。

⑧ 广东省博物馆等：《广东出土先秦文物》，香港中文大学文物馆，1984年，展品第59号。

要资源的自然环境，已经无法承载生产力水平的再提高。由于人们有更多机会对陆地资源加深认识，便产生了向陆地开发的意向。一旦如此，冲积平原则是人们的最佳选择，因为那里仍有浅水，更有山野沃土。

但是，文化的演进仍然是渐次的。人们最初选择的是珠江水系三大干流中的支流溪边的丘陵地带。在那里，人们依然获取浅水水生资源，但与此同时，陆地资源更为丰富，人们的生存空间大为扩展。只是到了春秋末和战国时期，才逐渐迁移至干流岸边，发展带有古老商业性质的农业经济。在这一点上，东江冲积平原自然环境比起西、北江冲积平原更为优越，这也是我们理解前者文化遗存更为丰富的原因。

因此，冲积平原文化也应是迁入者创造的。其中，此前曾创造最发达的渔猎—采集经济文化的、具有较大规模和较高素质的北部网河平原人，足以融合岭南其他地方的人群，成为创造者的主体，甚至形成了岭南古越族——“现在沿海的越人已经都融合成了汉族，而这个越人系统至今还保住了西南一隅，主要是居住在山区的盆地里从事农业，这些地区的山腰和山上却住有苗瑶和其他山地小民族。这样一个分布颇广，人数又众的越人系统究竟怎样形成的历史，我们还没有具体材料予以说明”①。

总括之，最后主要居住于珠江三角洲冲积平原上的、被费孝通称为越人系统的人们，是经过三次迁徙而形成的，后来经历了秦始皇的统一岭南后又迁徙到了西南一隅。我们不妨把越人系统追逐自然资源的“轻土好迁”理解为岭南文化变迁的一种特殊的形式：革命性的变革。

塞维斯说：文化进化含义的核心是沿着某种线性尺度的方向发展成进步的事物现象。文化退化这种有希望的革新，在面对变化了的环境时，最初的生存价值在于它的保护作用，试图保存现存的结构，能使传统的生活方式有可能持续下去。这样，退化可能会是变迁的一种流行方式。好像爪哇人那样，人们不是想进行现代化以达到持久地解决经济问题的目的，而是被迫通过不断地强化传统的生产方式来解决人口对食物供应的压力问题。这使社会生活方式的其他方面也进行类似的细致的变化并趋于复杂化。但是这样的适应形式越是特化，复杂程度越高，它就越是深深地陷入并受制于自身所造成的现有处境之中。这就使退化经常导致事物走向死

① 费孝通：《中华民族的多元一体格局》，《北京大学学报》1989 年第 4 期。

路。所以，退化最终也会使各种社会制度发生革命性的变革：有明显断裂特征的文化变迁即为革命。

也不妨把“轻土好迁”理解为岭南文化的一种文化特质。

因为新的文化特质出现或改变，总有这样的渠道：发现、发明，有目的的采借，意外事件，无意识的功能变换，等等。对其中任何一项的选择或排斥，都可能是有意识的活动，即使这只是偶然发生，也是有意识的。文化进化中的选择过程与达尔文的物种自然选择，基本上是不同的。

塞维斯郑重其事地提出：“要剔除基本动力！世界上没有什么唯一的神奇公式，可以去预测一切社会的进化。在特定的社会中，文化的实际进化是一种适应的过程，因此，社会在解决自己的问题时，要顾及自然和社会文化环境。这些环境千变万化，存在的问题层出不穷，解决方法也就可能是千差万别的，所以，不可能存在一种对整个人类都同样有效的唯一的决定因素。”①

诚然，岭南先民们这种“举家迁移”的动因是复杂的。例如，从南岭南麓南迁，面对着变得匮乏的自然资源，人们可以通过不断地强化传统的“生产方式”来解决人口对食物供应的压力，最终产生农业，走上人类文化发展的惯常轨道，但是他们却选择了不一定与进步发展相似的、简化结构的变革行动，这或许是某些偶然的“渠道”发生了决定性作用。又比如，商代中期的北部网河平原社会，人们已经具备铸造青铜器的能力了，但北迁至环境优越的冲积平原发展生产性经济的行动，为什么那样的姗姗来迟呢？我们不必去追究这些渠道是有目的的采借还是意外的事件，从本章所涉及的内容中已经体会到，岭南先民前三次的迁徙，都是面对变得匮乏的自然资源；或者是“（虽然文化的）变迁基本上可归因于技术与生产处置的变化引发的新适应”，“但是新技术是否有价值，要由社会的文化层次及环境的潜力而定”。② 咸头岭人和北部网河平原人最后只能放弃保存现存的结构和传统的生活方式，采取追逐自然资源的革命性变革。

---

① ［美］E. R. 塞维斯著，黄宝玮等译：《文化进化论》，华夏出版社，1991 年，第 9 ~ 13、27 页，“第一章　进化、退化和革命”和“第二章　文化进化的基本动力·结论”。

② ［美］史徒华著，张恭启译：《文化变迁的理论》，远流出版事业股份有限公司，1989 年，第 46 页。

第二节　环境变化与提高生产能力的关系

说到“轻土好迁”，人们自然联想到游牧民族、吉普赛人，似乎他们并不提高生产的能力，只是随“水草”而苟生。实际上，岭南先民既有“轻土好迁”的一面，也有安土重迁的一面。本节将着重阐述一个时空范围内的环境与生产能力互动变化的情况。

岩溶地区的文化遗存比较集中和丰富。“集中”说的是在一个特定的空间区域内分布有较多的遗存，例如同样是在岩溶地区旧石器时代的中晚期，遗存分布稀疏，其间的年代缺环颇大，但在全新世的最初阶段已有以桂林至柳州一带为密集区的洞穴遗址 40 多处。“丰富”是指一处遗存的堆积很厚，即言人们持续居住于此并在周边谋生的时间很长，例如甑皮岩和大岩遗存等。这就直接说明了人口繁衍的可持续性，实际上是生产力水平逐步提高使然。此外，以甑皮岩遗存为主体的遗存中，贝壳堆积丰厚并较多地出现蚌器和打掉尾巴的螺壳，以及原来被认为是“石杵”后当为捣植物汁的“捣具”，并且普遍出土骨鱼镖、骨镞等与渔猎有关的器具。这表明人们虽向旷野发展，但更倾向于向浅水攫取食物。扩充谋生资源是需要技术支持的，我们在第二章中专门列出甑皮岩各个时期的陶器，从中可以体会到陶器的变化：种类由少到多；由最初的胎壁厚、粗糙、疏松、火候低，逐渐地增多了种类，提高了质量。可见，人们的生产能力逐步提高到相当的水平，足以走出洞穴，足以更广泛地利用多种自然资源。

在第三章“先秦珠江三角洲南部网河平原居民的生产生活复原研究”中，我们曾分析表明由海湾陆地、泻湖和泻湖外浅海三个生物群落镶嵌组成的“沙堤—泻湖生境”，海湾陆地顶极群落，形成时间最早，是其基础。当人们最初入驻这个地方的时候，主要开发的是海湾陆地资源。无论人们来自大陆架平原还是南岭南麓，这都是他们熟悉的环境，利用传统的手段足矣。随着时间的推移，泻湖和泻湖外浅海的资源日渐丰富并且易于获取，人们逐步转向摄食于水。然而，在水生资源压力不大的时候，人们只运用照海、打蟹、涸渔、毒渔或者厚藤拉网那样的简易手段获取食物，这并非推理。

我们又统计分析了咸头岭遗存各个时段的石器和陶器，它们不约而同地出现，第二期和第三期比起之前的第一期有了显著变化：在石器中出现用于加工植物纤维的饼形器和主要用于砍斫的石锛，这意味着充分利用植物纤维的可能性增大；陶器泥质用于贮存食物的情况几乎不见，似乎表明获取食物容易到人们并不倾向于贮存。

也就是说，当简易手段不足以谋生时，人们发明和利用诸如筌和箔之类的竹篾编织物，进而是柔软编织物和各类渔网，以及协配的其他工具和手段。从现有的资料看来，渔网的发明促使咸头岭人等的生产生活发生了重大变化以及文化的繁荣，而且在咸头岭文化的晚期也并未见到明显衰落的迹象。虽然在距今 5 000 年前后，北部网河平原涌现出大量文化遗存，后咸头岭文化的遗存仍在南部网河平原有少量分布，这比较完整地反映了一种文化生成经历了从发展、繁荣到衰落的过程，其中蕴含着环境变化与生产能力提高互动关系的丰富信息。

从目前的考古资料看来，北部网河平原绝大多数遗存的年代上限，均为“几何印纹陶文化”的早期。它们的出现，给人“忽如一夜春风来，千树万树梨花开”的感觉。反观冲积平原的早期遗存，却像早春的溪水，欲流又止，欲止又流：横岭山与村头遗存的上、下限不衔接；曾屋岭的上限在春秋；猪牯岭仅限于战国；西江和北江流域大多是战国墓葬；扶浮和来峰岗两个墓地倒有“时间上的稳定性”，但浮扶“发掘清理的墓葬和遗物以西周中晚期至春秋早中期居多”，等等。抛去发现的偶然性不说，个中就蕴含着人们并非蜂拥而至的信息。如果说冲积平原的主体人口来自北部网河平原，那就意味着初始的迁徙行动是尝试性的。

难道商周之际的北部网河平原社会果真深深地陷入并受制于自身所造成的现有处境之中，希望通过“修补”来解决资源与生产能力的矛盾么？为此，我们先了解这个社会的生产能力。

这是一个有较多人口的、分层化的、创造了最发达的渔捞采集经济文化的社会：遗存相当密集，并存在大本营与营地的联系；运用切割和管钻技术制作石器，矛、镞和有肩有段锛都很精致；手制慢轮修整制作陶器，烧成温度约 1 000℃，器类多且使用性质有别；在商代中期出现土著青铜器；村头遗存中有家猪和家犬遗骸；墓葬排列有序，有拔牙习俗；聚落布局由无序变化至可识别为生活区、“广场”、垃圾区、墓葬区等几个功能区。

总体上作一个大致的类比，这样的生产力水平基本相当于我国仰韶文化晚期的水平。但是，仰韶文化的农业经济已经相当发达了，而这里仅在村头一处发现有少量低比例的家养的猪和犬的遗骸，农业经济才刚刚起步。简而言之，生产力水平与生产方式很不相称。以马克思主义的政治经济学原理分析，这个社会是要发生变革的，而它最后发生了革命性的变革——主体人群迁徙了，而且这个社会变革姗姗来迟。这显然是经历了一段很长的“高位平稳时期”，人们在千方百计地修补生产关系而不至于禁锢生产力的发展，但实在无法阴止它“走向死路”（均为塞维斯语）了，文化才发生革命性的变革。

冲积平原上环境变化与生产能力提高的互动关系主要表现于：

一般来说，利用考古资料研究经济史，手工业方面的资料比较容易获取，也比较具体，在这方面的显著特点是：高质量陶瓷器的专业化生产；铸造各种类型的青铜器。

陶瓷器的质量之高，在第五章“先秦珠江三角洲冲积平原居民的生产生活复原研究”中已有涉及，现在仅作简单勾勒。娄欣利在《先秦东江三角洲陶器研究》中指出：横岭山陶器的烧成温度较低，从第一期的约900℃，第二、三期已接近1 200℃，至第四期部分印纹硬陶和原始瓷样品的烧成温度已达到了1 250℃；烧窑技术可能烧结瓷器，只不过缺乏含铁量低的原料，虽然窑工理解陶土中过高的铝不利于胎体的烧结，但随着经验的积累，后来的除铝的技术有所提高；虽然始终没有掌握陶土的除铁方法，但理解高含铁量与陶器的关系，能够认准并利用低含铁量的陶土以烧成原始瓷器。上述三点表明春秋时期的窑工已经掌握了陶器、瓷器制作技术的要点。

人们铸造的青铜器，或用于体现身份地位，或用于生产生活，或用于交换玉器。这标志着青铜铸造业的领先水平。

随着生产能力的提高，社会将出现两种情况：一是自然资源的短缺，二是财富的增长导致人们的占有欲膨胀。于是有些个体或集团自然而然地会以资源短缺为借口欺骗社会，运用各种方式和手段更多地占有资源和财富。此时社会出现分层，并日渐严格化，最后导致政治组织的诞生和发展。我们在第五章的最后部分，已经比较详细地分析了横岭山社会的分层化，证明它的产生和严格化也是环境变化与生产能力提高互动关系的一个主要表现。

《老子》第八十章说："邻国相望，鸡犬之声相闻，民至老死，不相往来。"那不是国而是聚落，而且相互之间没有经济联系，我不依赖你，也无法掠取于你，那是蒙昧社会。一旦相互依赖也就相互掠取了。掠取不"野蛮"，它与依赖相对。地域体系整体就是若干个聚落相互依赖和掠取而组成的聚落群，是人文地理学家理解近代社会经济联系的范畴。说东江冲积平原形成"地域体系整体"，是因为各个聚落之间的经济联系还不够紧密和稳定，但联系是绝对的。对这一点我们相信已经在第五章中阐述清楚了。至于为什么在农业经济尚未发展到鼎盛时期，东江冲积平原这么快就形成了比较紧密和稳定的经济联系体系呢？自有其环境变化与生产能力提高互动的内在关系。由于它特殊和复杂，留待下一节详细阐述。

第三节　有效地适应环境的文化演进

本章第一节和第二节已经交代了人口迁徙和生产能力提高与环境变化的关系。下面我们把目光投向两周时期的珠江三角洲冲积平原，讨论资源、生产力水平、经济形式三者的内在联系，以回答东江冲积平原社会为何在农业经济尚未发展到鼎盛时期，已快速形成比较紧密和稳定的经济联系体系的问题。

作为铺垫，有必要进一步理解北部网河平原资源、生产力水平、经济形式三者关系的基本情况。

前已述及，可根据地貌把北部网河平原贝丘遗址分类为：岗丘型、台地型、海岸型。就资源论之，岗丘型所处的陆地空间有限，自然资源以淡水浅水栖息的动物为主，人们不可能接触和认识更多潜在的自然资源。台地型是背后连接着丘陵余脉的岗丘，资源较前者丰富和多样。海岸型则比较复杂，如果它背后所连接的丘陵余脉并不广阔，那它的资源与前两者也并无太大差别；如果丘陵余脉不但广阔而且是通过冲积和泛滥的台地与平原连接的，那它的资源和潜在的资源将非常丰富和多样。就目前的考古资料看来，狮子洋西岸的贝丘遗址没有一处属于最后者，只有东江冲积平原边缘的村头属之。

而高明古椰遗址所复原的陆上环境就比较简单，似乎是一种“先锋群落”，充其量也只是“亚顶极群落”。虽然村头三面依傍的冲积平原环境不一定是顶极群落，但其所延伸的丘陵余脉生物群落无疑是生物量最高的、最稳定多样的顶极群落，因而更可获取丰富多样的陆生资源，而最重要的是拓宽了人们的谋生空间以认识更多的资源，为提高生产力水平提供了前提条件。

在水生资源方面，虽然古椰也出土了生长在深水域的、难于被捕获的软骨鱼类遗骸，但种类和数量不如村头丰富。毕竟狮子洋西岸的贝丘遗址距离河口较远，所能捕获的大多是淡水或咸、淡水交汇带上缘的浅水资源；村头则与之相反，尤其是捕获了种类较多的洄游鱼类。

因而我们在考察北部网河平原的生产力水平的时候，密切关注了“村头遗存中有家猪和家犬遗骸”以及经济形式方面的更丰富的内容。易言之，是村头社会将珠江三角洲从纯粹的“占有经济”引上“农业经济”的人类文化发展的惯常轨道上来。

研读图 5－1 发现：其一，两周时期的遗址大多分布于冲积平原；其二，大规模的遗址均分布于东江冲积平原，并且几乎是“均匀分布”；其三，在东江冲积平原，西周时期的遗存尚属个别（横岭山、来峰岗），东周的则增多（横岭山、曾屋岭、浮扶、梅花墩），但西周和春秋时期的除了梅花墩之外，其余均位于东江支流的丘陵溪边，战国时期则移至干流沿岸（西瓜岭、梅花墩、银岗、上岭、猪牯岭）。

第五章已经申明了横岭山地区先民输出青铜器跟梅花墩、环珠江口地区先民交换相近档次的原始瓷器和玉器。但是如果把“空间上的连续性和时间上的稳定性”延伸，并联系以下事实——梅花墩是春秋时期鼎盛、战国时期急剧衰落的窑址，位于东江干流岸边，东北距横岭山约 25 公里；曾屋岭墓地发掘的 89 座墓葬中有 85 座约相当于横岭山三、四期者，南距梅花墩约 10 公里，西距浮扶约 15 公里，东距横岭山不足 25 公里；浮扶墓地“发掘、清理的墓葬和遗物以西周中晚期至春秋早中期居多”，东南距梅花墩约20公里。曾屋岭和浮扶两个墓地的资料尚未整理，但我们有幸考察发掘现场并分析了部分器物。最深刻的印象是墓葬排列有序，原始瓷豆的形态与横岭山的基本一致，青铜器的土著特征明显。由此可判断：使用这3个墓地的先民在经济上或有联系。我们曾调查过梅花墩，其周边数公里内未见其他与农业聚落相关的遗存。那么，烧窑者的聚落在哪里呢？如果这里的原始瓷器能够提供给横岭山，当然也就可能提供给与之距离相当的浮扶以及更近的曾屋岭了。但是，基于梅花墩邻近农业聚落的居民所烧造的陶器、瓷器已经可以交换至更远的沿海和海岛，而烧造精美原始瓷器的、含铁量低的黏土是稀缺资源，但又仅存于梅花墩等，这又让我们有理由相信：惠阳平原上若干个农业聚落的人们，为了“争夺”或“共享”资源，联合经营梅花墩陶瓷工业。

支持上述判断的是：遗址几乎呈均匀分布。这样的分布状况或非偶然，因为“从狩猎、采集、渔捞等原始社会，很容易看出如果地方环境必须以源自该文化的技术加以利用，则社会群体的大小和其组成都受种种限制。一旦农业技术被引入，人类就局部摆脱了狩猎采集的束缚，而更多的人就可能聚居一处。人口增加与定居所造成的大型聚居的群体则使社会文化整合层次升高，其本质决定于各地社会文化整合的类型”①。或者说在农业社会里，无须像攫取经济社会那样营地集群，更多的人已可以聚居在一起，而且每一个聚落都必须拥有更广阔的、属于群体私有的谋生“地盘”。

梅花墩烧窑的鼎盛时期仅限于春秋，与之急剧衰落相对应的是：战国时期，在浮扶南面不足10公里的增江东岸的西瓜岭，有2座龙窑；在梅花墩东面不足10公里的东江干流北岸，是“规模较大的专门化生产的银岗窑场”。理论上说，专门化生产的窑场必须选取黏土资源丰富和交通便利的地方，但经营日久，就近的燃料会被耗尽，淘取黏土的地段也会距离制作陶胎和烧窑的地段越来越远，所以窑场必须不时弃旧新建。故可认为银岗窑场是梅花墩窑址的替代，就是说，银岗窑场也是由周边若干个农业聚落联合经营的。

之所以说这些窑场是由农业聚落经营的，是因为：尽管可将东周时期

---

① ［美］史徒华著，张恭启译：《文化变迁的理论》，远流出版事业股份有限公司，1989年，第48页。

惠阳平原视为“地域体系整体”，并逐渐形成以其为中心的陶瓷交易圈，但这些手工业和古老的商业，都只是农业经济所派生并为之服务的，权称为古代商品经济。它并不像商品经济社会那样能够导致社会经济关系商品化、生产的目的是价值的增值等。

那么，这些农业聚落分布在哪里呢？

春秋时期的农业聚落就位于上面所指出的三个墓地附近：有墓地就有聚落。东江下游干流岸边“地圩海，土田瘠狭，民食仅支什五，余皆仰售他郡”[①]。至清乾隆年间，今东莞市的石龙镇已经跃为广东四大名镇之一。这有赖于发展水利。这也可以远溯至两周时期，干流岸边不宜人居，人们只能选择支流的溪边丘陵聚居。而且毫无疑问，对于农业经济还处在起步发展阶段的西周和春秋时期来说，诸如土地资源、水资源、气候资源、生物资源等，其丰富程度和获取难易度，都是人们必须优先考虑的因素，而支流溪边丘陵均比干流江边平原更为优越。

战国时期的猪牯岭遗址群和上岭墓地乃银岗窑场经营者的聚落。两地一南一北，均距离银岗窑场约20公里。其实，还可能会继续发现战国时期的聚落。譬如使用上述三大墓地的人们，人口增殖和文化发展正处于上升时期（请参阅表5-2），很难相信其聚落会戛然消失（事实上浮扶墓地就延续使用至战国晚期）。我们期待着更多的聚落被发现。对于早在春秋时期业已存在着陶瓷生产与供给体系，并逐渐形成以其为中心的陶瓷交易圈的东江冲积平原居民来说，随着东江冲积平原的日渐稳定，黏土资源丰富和交通便利的干流江边，无疑是经营陶瓷工业的首选之地。所以人们即使稳居在丘陵溪边，也情愿寓居于30里之外的干流江边，经营带有古老商业性质的陶瓷工业。

这种古代商品经济相对发达的农业经济社会的产生，是生产力水平的提高、人们对资源开发和利用的理解、经济形式的调整这三者相互作用的结果，也是东江冲积平原社会在农业经济尚未发展到鼎盛时期，已快速形成比较紧密和稳定的经济联系体系的内在原因。

正如斯图尔德所说：

---

① 《东莞县志》卷50《宦绩略二》。

在过去数千年内，在不同的环境之中，各文化都有极为剧烈的变迁，而这些变迁基本上可归因于技术与生产处置的变化引发的新适应。……但是新技术是否有价值，要由社会的文化层次及环境的潜力而定。

从狩猎、采集、渔捞等原始社会，很容易看出如果地方环境必须以源自该文化的技术加以利用，则社会群体的大小和其组成都受到种种限制。一旦农业技术被引入，人类就局部摆脱了狩猎采集的束缚，而更多的人就可能聚居一处。人口增加与定居所造成的大型聚居的群体则使社会文化整合层次升高，其本质决定于各地社会文化整合的类型。

第七章

秦汉时期岭南的人口状况

第一节　人口数量估算

有学者依据《汉书·南粤传》和《汉书·严助传》的说法，再取其半数，估计南越国赵佗时大致有五十万人口。又据《汉书·地理志》西汉元始二年统计，估计上溯至一百多年前的南越国时期，人口约百万。[①] 但是，根据梁方仲的统计（见表7-1）[②]，西汉元始二年的数据可能是被放大了许多，因此，我们以另外一种思维来估算。《淮南子·人间训》云："（秦）又利越之犀角、象齿、翡翠、珠玑，乃使尉屠睢发卒五十万，为五军（平南越）。"但是何维鼎觉得这个"五十万"是大有问题的，并从可能性和必要性两方面论证后认为，"当时逾岭南进的秦军顶多十万、八万人"，"（战国末岭南）恐怕总人口还不足五十万"。[③] 不过，有六七万"秦卒戍越"应该是中肯的。这些青壮年男性兵卒涌入，后留居岭南，那么当时岭南就必须"匀出"与之等量的婚龄女子以使其能够正常婚配[④]，同时要保持原住民男子的婚配需要，那么就必须有十三万婚龄女子。正常情况下，人口的性别比例一般为1∶1，男女相加即二十六万婚龄人口。再合理借用表7-2的数据，假定战国时人们的死亡年龄为64岁，那么15～34岁为婚龄组别，比例是15.90+19.71=35.61，其余非婚龄组别的比例相加为57.19。设非婚龄人口为X，方程式是：X∶26万=57.19∶35.61，则$X\approx$

① 黄展岳等：《从南越墓看南越国》，见《庆祝苏秉琦考古五十五年论文集》编辑组编：《庆祝苏秉琦考古五十五年论文集》，文物出版社，1989年，第463页。

② 参梁方仲：《中国历代户口、田地、田赋统计·甲表1》，上海人民出版社，1980年，第4页。

③ （汉）刘安：《淮南子》卷18《人间训》，上海古籍出版社，1991年，第203页；何维鼎：《秦统一岭南投放了多少兵力?》，《华南师范大学学报》（社会科学版）1982年第2期。

④ 这种所谓的"匀出"必须一、两代人通过"老夫少妻"的调剂才能实现，因而短时间内男多女少，故《史记》卷118《淮南衡山列传》所载"（赵佗）使人上书，求女无夫家者三万人，以为士卒衣补"，实际上是为了缓解戍守秦卒的婚配问题。何文据此认为只有三万秦卒戍守，实可商榷。

42 万，加上 26 万即为 68 万人。把婚龄组别定得更宽，即可估算出战国晚期岭南的人口约有 70 万。人口自然增长数的公式是 $F = P \times (1 + i)^n$。新中国成立初的十几年里，人口自然增长率几乎都在 20‰以上，而表 7－1 中从光武帝至和帝的 48 年间，也基本是这种增长率。南越国性别比例失衡，当鼓励生育，故可将 20‰与南越国立国的第 30 年代入公式中的 i 和 n 计算，则 30 年后的人口 = 70 万 × $(1 + 20‰)^{30}$ = 1 267 953（人）。可见太史公借赵佗和严助之口所说的“带甲百万有余”或“越甲卒不下数十万”，也不能随便否定（包括上文议论的“五十万”）。那么这些人口主要分布在哪里呢？整个秦汉时期的波动情况又是怎样的呢？下面主要运用考古资料探讨之。

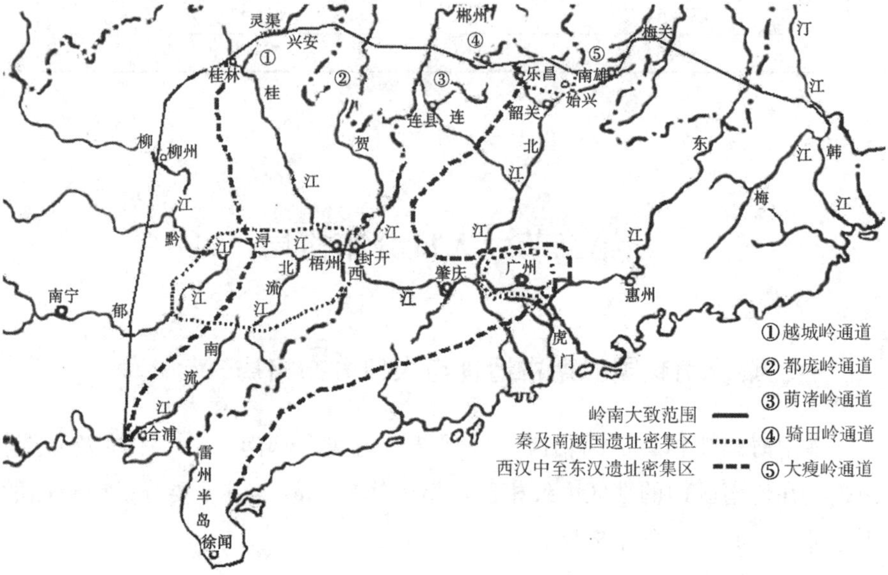

图 7－1　秦汉时期岭南遗址分布示意图

表 7－1　两汉人口统计

年度	公元（年）	与上次相距年数（年）	人口数（人）	自然增长率（‰）
平帝元始二年	2	—	59 594 978	—
光武帝中元二年	57	55	21 007 820	—
明帝永平十八年	75	18	34 125 021	27. 32

（续上表）

年度	公元（年）	与上次相距年数（年）	人口数（人）	自然增长率（‰）
章帝章和二年	88	13	43 356 367	18. 59
和帝元兴二年	105	17	53 256 229	12. 17
安帝延光四年	125	20	48 690 789	—

表 7-2　我国 2000 年第五次人口普查数据摘录

年龄组别	占总人口的比例（%）
0～14 岁	22. 90
15～24 岁	15. 90
25～34 岁	19. 71
35～44 岁	15. 23
45～54 岁	11. 97
55～64 岁	7. 09

第二节　人口分布格局

一、秦及南越国时期古遗址与人口分布格局

秦南海和桂林二郡的辖区（象郡辖区已属今越南，本书不论及），与南越国在岭南区内的辖区大致相符。秦国祚短，故本节主要分析南越国的古遗址分布和人口分布格局。

（一）古遗址分布情况

上文估算出战国晚期岭南的人口约有 70 万。后经过赵佗“甚有文理”的长治①，至赵佗南越国鼎盛时期人口或有 120 多万。又梳理考古资料得知，此时期的古遗址主要分布于南海郡治番禺（今广州）及其附近、秦桂林（汉郁林）郡治及其附近（即现在两广交界的西江流域）和南越国南岭南麓边邑及其附近地区（主要是越城岭、都庞岭、萌渚岭南麓地区）。赵

① 《汉书》卷 1《高帝纪下》，中华书局，1962 年标点本，第 73 页。

佗乃南越国的缔造者，秦时曾为龙川县令，但目前在其辖区（今龙川县一带）内尚未发现较大的古遗址，故上述三地以外的地区不予论述（见图7－1）。

1．南海郡治番禺（今广州）及其附近地区

番禺（今广州）的重要考古发现如下：中山四路秦汉造船遗址①、南越国御苑和宫殿遗址②与西湖路水闸遗址③，象岗山南越文王墓④和《广州汉墓》⑤汇集的182座墓葬材料，瑶台柳园岗近百座墓葬⑥、东山木椁墓、太和岗和农林东路猫儿岗等地墓葬⑦，总计300余座。

2．秦桂林（汉郁林）郡治及其附近地区

秦桂林（汉郁林）郡治在今广西桂平市西南，即贵县东北，二县辖郁江中下游地区。郁江由西南流向东北，与西北向东南流的黔江汇合后称浔江，浔江再东流至两广交界的广西梧州，与桂江汇合后称西江。贵县罗泊湾一号、二号汉墓，是南越国侯一级官吏及其配偶的墓葬，出土了大量漆器、丝织品（多已腐朽）和舶来品。⑧

贺江为西江最东面的一级支流，在今广东封开注入西江。今广西贺州

---

① 《广州秦汉造船工场遗址试掘》，《文物》1977年第4期。该遗址是否为造船遗址、是否为秦朝遗址，见仁见智。请参全洪：《广州十年考古发现与发掘》，见广州市文物考古研究所编：《铢积寸累》，文物出版社，2005年，第9～19页。

② 冯永驱等：《广州南越国宫署遗址1995—1997年发掘简报》，《文物》2000年第9期。

③ 全洪：《广州十年考古发现与发掘》，见广州市文物考古研究所编：《铢积寸累》，文物出版社，2005年，第9～19页。

④ 广州市文物管理委员会等编：《西汉南越王墓》，文物出版社，1991年。

⑤ 广州市文物管理委员会等编：《广州汉墓》，文物出版社，1981年。

⑥ 黄淼章：《广州瑶台柳园岗西汉墓群发掘记要》，广州博物馆等编：《穗港汉墓出土文物》，香港中文大学文物馆，1983年。

⑦ 全洪：《广州十年考古发现与发掘》，见广州市文物考古研究所编：《铢积寸累》，文物出版社，2005年，第9～19页。

⑧ 广西壮族自治区博物馆编：《广西贵县罗泊湾汉墓》，文物出版社，1988年，第69～88页。

市辖贺江沿岸地区，在此曾发掘 9 座墓葬[①]，以及著名的“金钟一号汉墓”[②]。后者为夫妇合葬墓，据出土的“左夫人”玉印，可推断墓中男主人生前当为南越国侯王。

3. 南越国南岭南麓边邑及其附近地区

在两处墓地共发掘墓葬近 200 座：其一，广西平乐银山岭墓地 110 座战国墓[③]（但黄展岳认为这当为南越国时期的墓葬[④]），南越国时期 13 座[⑤]；其二，广东乐昌对面山墓地 53 座[⑥]。此外，西汉初曾在今广东英德市连江口置洭浦关和万人城，现在又在这一带发现南越国时期的城址。[⑦]

（二）人口分布格局特点及形成原因

人口主要分布于三个不连续地块之中。

南海郡治及其附近地区以今广州为主的古遗址多而密，应为人口密集区。下述自然和人文因素促成人口聚集：其一，至东周，珠三角冲积平原业已形成，它的水资源丰富，土壤肥力较高；背靠低山，可利用陆上资源；面对河网，可补充水生资源。其二，具有发展以渔猎采集为基础的火耕水耨文化的优越条件。其三，当时的冲积平原或已形成“地域体系整体”，番禺乃其中心地，也是岭南的中心形胜之地。其四，今广州便于发展海外经济交往。其五，番禺乃秦南海郡、县治所，南越国的都城，是当时岭南的政治中心。

秦桂林（汉郁林）郡治及其附近地区主要为两广交界的西江流域。虽然发现的古遗址不多，但发掘了 2 座大墓，应为人口比较密集区。作此判断，还因为：其一，这一地带是珠江水系岭南地区面积最大的一片河谷平

---

① 《广西贺县河东高寨西汉墓》，广西壮族自治区文物工作队编：《广西文物考古报告集（1950—1990）》，广西人民出版社，1993 年，第 366 ~ 381 页；又见《文物资料丛刊》（第 4 辑），文物出版社，1981 年。

② 蓝日勇等：《广西贺县金钟一号汉墓》，《考古》1986 年第 3 期。

③ 蒋廷瑜等：《平乐银山岭战国墓》，《考古学报》1978 年第 2 期。

④ 参黄展岳：《论两广出土的先秦青铜器》，《考古学报》1986 年第 4 期。

⑤ 蒋廷瑜：《平乐银山岭汉墓》，《考古学报》1978 年第 4 期。

⑥ 邱立诚等：《广东乐昌市对面山东周秦汉墓》，《考古》2000 年第 6 期。

⑦ 梁明燊：《广东连江口发现汉代遗址》，《考古》1964 年第 8 期。

原[①]，乃发展农业经济的沃土，并担负着支撑都城番禺的帝王贵族们衣食所需之重任；其二，它与番禺间的交通较便利，但若发展海外经济交往则远逊于番禺；其三，政治地位不如番禺重要。

南越国南岭南麓边邑及其附近地区，在秦统一岭南时，"越人皆入丛薄中与禽兽处"，"杀尉屠睢，伏尸流血数十万"，[②] 最后秦凿通灵渠方顺利结束战事，因此灵渠通道乃秦汉时期逾越南岭的最重要通道。广西平乐县即位于灵渠南面约百公里的桂江岸边，理当屯兵以备攻守。南越国与其北面的长沙国时有战事[③]，乐昌与长沙国比邻，也应屯兵戍守。连江口至其西的贺县一带，可谓南越国北境的第二道防线，也可筑城扎营。所以越城岭、都庞岭、萌渚岭南麓地区，从屯兵而逐渐发展为农业聚落，顺理成章。同时由于人口的聚集乃军事所需，因此其人口分布的密度和经济开发的程度，当远逊于侯国都城或郡治。

二、西汉中期至东汉时期古遗址与人口分布格局

元鼎六年（前 111），汉武帝遣五路军平定南越国，遂以其地为儋耳、珠崖、南海、苍梧、郁林、合浦、交趾、九真、日南九郡，这在岭南历史上是划时代的。因此本书的西汉中期乃始于元鼎六年，与历史学界把汉武帝之后的西汉划分为西汉中晚期有所不同。

元鼎六年冬，汉楼船将军破石门后，俘获粤军数万人，并待道远后至的伏波将军，俱进攻番禺，粤军闭城守之。夜晚，扎营东南的楼船将军，纵火烧城；扎营西北的伏波将军则"遣使招降者，赐印绶，复纵令相招。楼船力攻烧敌，反驱而入伏波营中。迟旦，城中皆降伏波"。其他戈船将军、下濑将军、弛义侯所率的三路军，"未下，南粤已平"。而苍梧王赵

① 《珠江志》编纂委员会编：《珠江志》卷 1，广东科技出版社，1991 年，第 150 页。

② （汉）刘安：《淮南子》卷 18《人间训》，上海古籍出版社，1991 年。

③ 《史记》卷 113《南越传》，中华书局，1959 年点校本，第 2969 页："高后时，有司请禁南越关市铁器。佗曰：'高帝立我，通使物，今高后听谗臣，别异蛮夷隔绝器物，此必长沙王计也，欲倚中国，击灭南越而并王之，自为功也。'于是佗乃自尊号为南越武帝，发兵攻长沙边邑，败数县而去焉。高后遣将军隆虑侯灶往击之。"

光、揭阳令史定、桂林监居翁，皆降汉而得以封侯。[①] 可见汉武帝平定南越国的战事相当顺利，并未造成岭南人口的减少。再加上西汉中晚期“以其故俗治，毋赋税”[②]，刺激了社会经济的发展；东汉时期，更“铸作田器，教之垦辟”[③]，岭南区内人口应有相当的增长。

（一）古遗址分布情况

此时古遗址主要分布在西汉南海郡治一带（今广州与珠江三角洲地区）及西汉苍梧、郁林和合浦郡一带（即越城岭、都庞岭、萌渚岭南麓，经过西江流域至北部湾沿岸）。

1. 西汉南海郡治一带

《广州汉墓》汇集有西汉中至东汉墓葬 226 座。此外，广州市近年的主要考古收获还有[④]：其一，西汉中晚期墓葬数十座，其中恒福路银行疗养院 M2 出土了较精美的玉器、铜器和玻璃器。其二，西汉晚至东汉初墓葬：广州大学城（小谷围岛）清理了 33 座，梅花村东汉初墓出土了罕见的成套银手镯、银串饰和银指环。其三，东汉中晚期的墓葬数量更多：在小谷围岛清理了 88 座砖室墓，番禺钟村、屏山二村发掘了 15 座，增城石滩围岭和三江岗围 15 座。其中，东汉中晚期的今番禺员岗村 2 座墓葬，虽已被盗掘，但仍出土随葬器物 200 件，其中陶车、胡俑、抱婴俑、镇墓兽等，为以往广州汉墓所少见，加之数量不少的陶屋、圈以及陶仓、篙、船、俑等模型器的出土，从一个侧面反映了当时殷实的家居生活。[⑤] 其四，中山五路汉晋广州城的西墙：始建于东汉，晋代扩建，南朝再扩建。其五，海幢寺西汉中期至东汉窑址出土遗物极为丰富。其六，广州百货大厦

---

① 《汉书》卷 95《西南夷两粤朝鲜传》，中华书局，1962 年点校本，第 3854 ~ 3859 页。

② 《史记》卷 30《平准书》，中华书局，1959 年标点本，第 1440 页。

③ 《后汉书》卷 76《任延传》，中华书局，1964 年标点本，第 2462 页。

④ 此段资料未加注释者均见全洪：《广州十年考古发现与发掘》，见广州市文物考古研究所编：《铢积寸累》，文物出版社，2005 年，第 9 ~ 19 页。

⑤ 广州市文物考古研究所：《番禺员岗村东汉墓》，广东省文物考古研究所等编：《华南考古》（1），文物出版社，2004 年，第 222 ~ 246 页；广州市文物考古研究所等编：《番禺汉墓》，文物出版社，2006 年。

新翼广场的三国钱币窖藏。[1]

今珠三角的古墓葬有南海县6座。[2] 佛山澜石东汉晚期墓4座，从其中14号墓出土的水田附船模型和陶屋等，可推知当时的农业生产情况：犁耕；一年种植二造水稻；移栽秧苗，施用有机底肥；以小船作为农业交通工具；脱粒用手搓，去糠则“执杵对舂，扬箕以簸”[3]。

2. 西汉苍梧、郁林、合浦郡一带

分四个具体地方考察：

（1）西江以北一级支流沿岸。

这里发掘的墓葬近200座，包括广西平乐银山岭墓地西汉晚墓葬20座、东汉初墓葬12座等。[4] 平乐顺桂江南下约45公里即为昭平，这里曾清理26座东汉中、晚期墓葬。[5] 广东乐昌辖区虽为北江支流武水两岸，但距广西平乐不远，曾发掘西汉晚、东汉初和东汉晚墓葬各77座、25座和13座。[6]

（2）西江干流沿岸。

这里发掘的墓葬仅40余座（详后）。

（3）西江以南一级支流沿岸。

曾试掘了西汉晚或东汉初的冶铜遗址250平方米，发现炼炉14座、排水沟2条、鼓风管20余节以及数量众多的炉渣，并在北流县境内发现了中国最大的一面铜鼓（残高65厘米、面径160厘米，重300公斤）。[7] 此外，总计在贵县发掘了600余座墓葬以及一些重要遗址：1954—1955年，在贵

---

① 广州市文物考古研究所：《广州市西湖路三国钱币窖藏和唐代铸币遗址》，广州市文物考古研究所编：《羊城考古发现与研究》（1），文物出版社，2005年，第107～130页。

② 曾广亿：《广东南海汉墓发掘简报》，广东省博物馆编：《广东文物考古资料选辑》（第2辑），广东省博物馆，1989年，第37～43页；又见《文物资料丛刊》（第4辑），文物出版社，1981年。

③ 徐恒彬：《广东省佛山市郊澜石东汉墓发掘报告》，《考古》1964年第9期。

④ 蒋廷瑜：《平乐银山岭汉墓》，《考古学报》1978年第4期。

⑤ 黄启善等：《广西昭平东汉墓》，《考古学报》1989年第2期。

⑥ 邱立诚等：《广东乐昌市对面山东周秦汉墓》，《考古》2000年第6期。

⑦ 覃彩銮：《广西北流铜石岭汉代冶铜遗址的试掘》，《考古》1985年第5期。

县发掘了129座汉墓（西汉中叶25座，东汉104座）；[①] 20世纪50年代以来，陆续在贵县北郊发掘了500余座汉墓。[②]

（4）北部湾沿岸一带。

自20世纪50年代以来，在广西合浦北海一带共发现汉墓约5 000座，特别是今合浦县城廉州镇东南和西南侧、距离现代海岸5~10公里不等的地方，墓葬最为集中。已出土的随葬品中，不乏与海外经济交往有关者[③]，如合浦县望牛岭西汉晚期木椁墓[④]、合浦九只岭5座东汉晚期墓[⑤]、合浦丰门岭汉墓[⑥]和北海盘子岭汉墓[⑦]等。

20世纪70年代以来，“已在今徐闻县城西南沿海一线以二桥、南山、华丰为中心，发现汉代（多为东汉）墓葬近300座。先后发掘了其中的66座……这些墓葬规模小，随葬物少，应属平民墓”[⑧]。二里桥西汉遗址，范围约10万平方米，出有“万岁”瓦当。[⑨]

在地域上与徐闻相邻的广东高州一带，也发现有一定数量的汉代遗址。例如，沙园地汉代遗址，范围约4.5万平方米；鸡罩山汉代遗址，7.5万平方米；围村岭汉代遗址，6万平方米；关草山汉代遗址，5万平方米；信宜县登高山汉代至南朝遗址，范围约1.9万平方米。[⑩]

---

① 黄增庆：《广西贵县汉墓的清理》，《考古学报》1957年第1期。

② 黄启善：《广西贵县北郊汉墓》，《考古》1985年第3期。

③ 蒋廷瑜等：《汉代合浦及海上交通的几个问题》，见广东省文史研究馆《岭南文史》编：《海上丝绸之路与中国南方港学术讨论会论文集》，岭南文史杂志社，2002年。

④ 广西壮族自治区文物考古写作组：《广西合浦西汉木椁墓》，《考古》1972年第2期。

⑤ 熊昭明等：《广西合浦九只岭东汉墓》，《考古》2003年第10期。

⑥ 张居英：《广西合浦县丰门岭10号汉墓发掘简报》，《考古》1995年第3期。

⑦ 彭书琳等：《广西北海市盘子岭东汉墓》，《考古》1998年第11期。

⑧ 阮应祺：《依托港口百业兴旺——湛江几个主要港口的历史简况》，见湛江政协文史资料研究委员会编：《湛江文史资料》（第14辑），湛江海军印刷厂，1995年，转引自王增权：《对徐闻二桥村“汉县治遗址”的一些质疑》，《岭南文史》2000年第4期，第51~54页。

⑨ 崔勇：《广东徐闻县五里镇汉代遗址》，《文物》2000年第9期。

⑩ 见广东省文化厅编：《中国文物地图集·广东分册》，广东省地图出版社，1989年，第438~446页。

（二）人口分布格局特点及形成之原因

1. 今广州与珠江三角洲地区是人口密集区

这里共发掘了此时期约 300 年间的墓葬 400 座左右，相对于前期约 100 年间的 300 余座墓葬，比值小了许多，同时，此时期发现墓葬的地域范围也远大于前期。假定两个时期的死亡率和墓葬被发现的概率均相近，则可推知此时期番禺的人口数量减少了，但是，相对于此时期的其他地方来说，这里的人口密度仍较大。

关于前者的原因，涉及汉武帝平定南越国后，两汉朝廷是否沿袭番禺旧治的问题。2006 年，吴宏岐经过深入研究后提出，“西汉武帝平灭南越国后，南越国的番禺城曾被毁弃，另于今广州市番禺区市桥北一带改置番禺县城，一直到东汉献帝建安二十二年（217）才迁回旧治，其间共计 327 年，岭南地区尤其是珠江三角洲地区的政治中心是在今广州城南的新番禺县城”①。若此，“老”番禺的人口自然会向“新”番禺县城流动而数量减少。然而，“老”、“新”番禺县城仅相距五十里，“老”县城又具有前一时期城市经济开发的坚实基础，因此，仍然是此时期“高度聚集的人口、经济、政治、文化的社会物质系统”，人口密度必然大于其他地方。

2. 越城岭、都庞岭、萌渚岭南麓，经过西江流域至北部湾沿岸一带，聚集着相当数量的人口

从上述古遗址分布的情况可知这里的四个地方，均聚集着相当数量的人口。需要说明的是，西江干流地区，虽然仅发掘墓葬40 余座，或许人口数量有限，但是，这些大多为出土珍品的大墓，表明这些墓主生前多为大户人家。例如：广西梧州“旺步 1 号墓”出土 1 把两面刻有龙、凤纹饰的铜尺；“旺步 2 号墓”所出土的刻花铜案，长 69. 4 厘米、宽 43. 6 厘米、高 2 厘米，体现出东汉的美术设计和雕刻工艺已达到较高水平；“大圹 1 号墓”出土的铜仓里尚存大量的谷物；“大圹 4 号墓”所出土的羽人铜灯座，灯盘能旋转自如，还有铸饰龙飞凤舞的铜博山炉，以及金银饰品、珍珠、玛瑙和琥珀。② 梧州鹤头山 2 座东汉晚墓，各随葬有 11 件青铜器，丰富的

---

① 吴宏岐：《广州城址二千年不变说商榷》，《学术月刊》2006 年第 5 期。

② 梧州市博物馆：《广西梧州近年来出土的一批汉代文物》，《文物》1977 年第 2 期。

陶器，以及铜（或陶）质熏炉、东汉五铢钱和200多粒料珠。① 广东德庆大辽山东汉后期墓，墓室已被毁，但仍发掘到50多件随葬品，包括长达104厘米的铜剑；长64.5厘米、宽42.5厘米、通高13.3厘米，印刻精致生动的龙凤鱼虫形象的铜案；刻有隶书的铜洗和铜壶；260多枚东汉五铢钱以及金银器。② 德庆另一座东汉晚期砖室墓则出土一件陶船模型，被认为是使用舵的客货混载船只③的雏形。再结合广西梧州富民坊发掘秦至西汉晚期27座窑址的情况④，可确知当时这里麇集着一定数量的人口。

表7-3 广州汉墓部分与海外经济交往的遗物统计

	西汉中期（64墓）	西汉后期（32墓）	东汉前期（41墓）	东汉后期（79墓）
陶熏炉	7件/7座，10.94%	14件/13座，43.75%	21件/21座，51.22%	42件/41座，53.16%
陶托灯俑	1件/1座，1.56%	6件/5座，18.75%	2件/2座，4.88%	7件/7座，8.86%
珠饰	144件/12座，12件/座	2 849件/19座，150件/座	3 502件/16座，219件/座	多已被盗，无法统计

说明：①表中“/”左方的数字为该器物的出土数量，右方的表示出土该种器物的墓葬数量。②百分数乃出土该种器物的墓葬数量与所属时期墓葬总数量之比。③“珠饰”栏第三个数字乃出土珠饰的平均数量。

3. 两个地区人口的流动量大、频率高

人口流动量大、频率高是人们多从事商业活动，特别是与海外交往的商业活动所致。

---

① 李乃贤：《广西梧州市鹤头山东汉墓》，见广西壮族自治区文物工作队编：《广西文物考古报告集（1950—1990）》，广西人民出版社，1993年，第407～411页；又见《文物资料丛刊》（第4辑），文物出版社，1981年。

② 徐恒彬：《广东德庆大辽山发现东汉文物》，《考古》1981年第4期。

③ 杨耀林等：《广东德庆汉墓出土一件陶船模型》，《文物》1983年第10期。

④ 李乃贤：《广西梧州富民坊汉代印纹陶窑址发掘》，见广西壮族自治区文物工作队编：《广西文物考古报告集（1950—1990）》，广西人民出版社，1993年。

在广州，钱币窖藏所出土的近 3 000 枚钱币中，去锈处理后可辨认的三国钱币达 834 枚，两汉流行的各种钱币则达 811 枚，其中东汉中期以后流行的綖环五铢钱达 584 枚。[①]

陶熏炉被认为是熏燃输入品龙脑香的。出土数量的多寡可大致反映龙脑香输入的数量，为了说明其普及程度，未将铜熏炉统计进来。表中的百分比随时间的推移呈递增趋势。

托灯俑的形象与“原始马来族”人接近，它的模型可能是中国船队带回的，也可能是印度商人贩来而成为贵族、豪族家内“奴隶”的。[②] 自西汉中期出现后，比较多见。

珠饰，其质料多样，但可肯定其中的部分为输入品。“出土的玻璃珠中，西汉后期的一个样品（3 019：58）、东汉前期的三个样品（4013：丙15）经过化验，所含元素中的铅、钡成分是微量或没有，这与我国古代玻璃经由中外有关单位化验所得的共同结论是属于低温的。铅钡玻璃系统截然不同，反之，与西方的古代玻璃相类。……广州所出的（玛瑙，如3029：70、3028：33）正如琥珀制品一样，恐怕不会来自云南，应为海外输入，而且还有可能就是从印度南部的黄支国输来。”[③] 总数量和出土此物品的墓葬数量均呈递增趋势。

在南岭南麓至北部湾沿岸地带所发掘的古遗址，都发现较丰富的、与海外经济交往有关的遗物。例如，广西平乐银山岭墓地的西汉晚期 124 号墓出土有水晶珠 1 颗；东汉初期的 52 号墓和 53 号墓，分别出土水晶饰 1 枚和陶熏炉 1 件。[④]

广西昭平 26 座东汉中晚期墓葬[⑤]出土与海外经济交往有关的遗物如表 7－4 所示。

---

① 广州市文物考古研究所：《广州市西湖路三国钱币窖藏和唐代铸币遗址》，广州市文物考古研究所编：《羊城考古发现与研究》（1），文物出版社，2005 年，第 107～130 页。

② 广州市文物管理委员会等编：《广州汉墓》，文物出版社，1981 年，第 478 页。

③ 广州市文物管理委员会等编：《广州汉墓》，文物出版社，1981 年，第 477 页。

④ 蒋廷瑜：《平乐银山岭汉墓》，《考古学报》1978 年第 4 期。

⑤ 黄启善等：《广西昭平东汉墓》，《考古学报》1989 年第 2 期。

表 7－4　广西昭平 26 座东汉中晚期墓葬出土与海外经济交往有关的遗物清单

墓葬编号	时代	与海外经济交往有关的随葬品及数量
乐群村 M6	东汉中期	玛瑙珠 3 粒，玻璃珠 2 粒
乐群村 M8	东汉晚期	玻璃珠 11 粒，银环 1 件
风清村 M2	东汉晚期	玻璃珠 1 粒，五铢钱 547 枚，货泉 6 枚
风清村 M7	东汉晚期	陶熏炉 1 件，玻璃珠 42 粒，钱币 309 枚
风清村 M8	东汉晚期	玻璃珠 4 件，琥珀珠和玛瑙珠各 1 粒
风清村 M9	东汉时期	玻璃珠 1 粒
风清村 M11	东汉晚期	玻璃珠 3 粒，琥珀珠 1 粒
风清村 M12	东汉时期	琥珀珠 2 粒，玛瑙珠 1 粒
风清村 M14	东汉时期	玻璃珠 3 粒

广东乐昌对面山墓地也出土有五铢钱和熏炉。①

广西梧州市“大圹 4 号墓”出土有铜博山炉，以及金银饰品、珍珠、玛瑙和琥珀。②

梧州市鹤头山 1 号墓出土 1 件铜熏炉，2 号墓出土 1 件陶熏炉以及 33 枚东汉五铢钱和 200 多粒料珠。③

德庆大辽山东汉后期墓出土有 260 多枚东汉五铢钱和金银器。④

广西贵县 129 座汉墓出土与海外经济交往有关的遗物如表 7－5 所示。⑤

---

① 邱立诚等：《广东乐昌市对面山东周秦汉墓》，《考古》2000 年第 6 期。

② 梧州市博物馆：《广西梧州近年来出土的一批汉代文物》，《文物》1977 年第 2 期。

③ 李乃贤：《广西梧州市鹤头山东汉墓》，见广西壮族自治区文物工作队编：《广西文物考古报告集（1950—1990）》，广西人民出版社，1993 年，第 407～411 页；又见《文物资料丛刊》（第 4 辑），文物出版社，1981 年。

④ 徐恒彬：《广东德庆大辽山发现东汉文物》，《考古》1981 年第 4 期。

⑤ 黄增庆：《广西贵县汉墓的清理》，《考古学报》1957 年第 1 期。

表 7-5　广西贵县 129 座汉墓出土与海外经济交往有关的遗物清单

时 代	与海外经济交往有关的随葬品及数量
西 汉	铜熏炉 2 件，货币 325 枚，琥珀珠 57 粒
东 汉	陶熏炉 20 件，铜熏炉 5 件，货币 2 190 枚，金银器 24 件，玉印 1 件，琥珀狮 1 件，琥珀指环 1 件，水晶珠 15 粒，绿松石珠 8 粒，玛瑙盘珑 1 件，琉璃碗 1 件，料珠 1 504 粒

贵县东湖 2、4 号墓分别出土琥珀珠 4 粒，以及琥珀珠 13 粒、水晶珠 3 粒。①

广西贵县 1978 年 19 墓出土与海外经济交往有关的遗物如表 7-6 所示。②

表 7-6　广西贵县 1978 年 19 墓出土与海外经济交往有关的遗物清单

墓葬编号	时 代	与海外经济交往有关的随葬品及数量
木材 M1	东汉前期	鎏金串饰 6 件，料珠 1 粒
水电 M5	东汉前期	金珠 3 粒，玛瑙 1 件，水晶珠 1 粒，料珠 39 粒
三七三 M1	东汉晚期	陶熏炉 1 件，银手镯 3 件，银戒指 5 件，玛瑙 1 件，料珠 15 件，五铢钱 1 枚

广西合浦木椁大墓出土铜熏炉 2 件、蓝琉璃珠 3 串、水晶珠和玛瑙珠各 1 串、琥珀饰片 5 件、花玛瑙耳塞 2 件、龟纽琥珀印章 1 件。③

合浦环城的堂排④和凸鬼岭⑤分别发掘西汉晚期墓葬 4 座、2 座（均为夫妇合葬），其出土与海外经济交往有关的遗物如表 7-7 所示。

---

① 何乃汉：《广西贵县东湖两汉墓的清理》，见广西壮族自治区文物工作队编：《广西文物考古报告集（1950—1990）》，广西人民出版社，1993 年，第 493～494 页，又载《考古通讯》1957 年第 2 期。

② 黄启善：《广西贵县北郊汉墓》，《考古》1985 年第 3 期。

③ 广西壮族自治区文物考古写作组：《广西合浦西汉木椁墓》，《考古》1972 年第 2 期。

④ 广西壮族自治区文物工作队：《广西合浦县堂排汉墓发掘简报》，见广西壮族自治区文物工作队编：《广西文物考古报告集（1950—1990）》，广西人民出版社，1993 年，第 422～430 页；又见《文物资料丛刊》（第 4 辑），文物出版社，1981 年。

⑤ 黄启善等：《广西合浦县凸鬼岭清理两座汉墓》，《考古》1986 年第 9 期。

表 7－7 合浦西汉晚墓葬出土与海外经济交往有关的遗物清单

墓葬编号	与海外经济交往有关的随葬品及数量
堂排 M2A	琉璃珠 2 粒，琥珀狮 1 件，琥珀珠 2 粒，玛瑙珠 6 粒，肉红石髓珠 45 粒，水晶珠 4 粒
堂排 M2B	铜熏炉 1 件，琉璃珠 131 粒，琉璃碗 5 件，水晶珠 15 粒，琥珀珠 1 粒，玛瑙珠 53 粒，肉红石髓狮 6 件
堂排 M3	琉璃碗 1 件，琉璃珠 1 084 粒，玛瑙珠 2 粒
堂排 M4	琥珀印 1 件
凸鬼岭墓	玻璃珠 1 粒，玛瑙串饰 1 件，剪轮五铢钱 9 枚

合浦九只岭 5 座东汉晚期墓，有 2 座早年被盗，但仍出土铜钱 539 枚，其中 5 号墓出土 184 枚，铜钱边郭大多锋利，疑为墓主人珍藏的新钱。[①]

另外，还有合浦石湾镇大浪汉城及码头遗存。[②]

广东徐闻已发掘的 66 座东汉墓，出土各种珠饰 309 粒，其中有琥珀珠 1 粒、玛瑙珠 25 粒、水晶珠 4 粒、紫晶珠 2 粒、琉璃珠 127 粒和玉石珠、檀香珠、银珠等[③]，还有银手镯 1 件、银指环 2 件、东汉五铢钱 10 枚。[④]而二里桥西汉遗址，或为西汉中晚期的“徐闻港”[⑤]。

由此可知，这一地带人口的谋生方式与海外经济交往密切相关。

4. 此时期岭南地区内人口分布不平衡，经济发展不够稳定

今广州由于经济开发的历史较长，基础也较厚实，这方面的表现还不甚突出，但是，南岭南麓至北部湾沿岸一带则非常明显。例如，仅出珍珠而不产粮食的合浦郡，商贩常通，郡民可用珍珠买换粮食。由于郡守多为贪婪者，严责郡民过度采珍珠，导致珍珠质次量减。于是商旅不来这里而

---

① 熊昭明等：《广西合浦九只岭东汉墓》，《考古》2003 年第 10 期。

② 陈远璋：《广西考古的世纪回顾与展望》，《考古》2003 年第 10 期。

③ 阮应祺：《依托港口百业兴旺——湛江几个主要港口的历史简况》，见湛江政协文史资料研究委员会编：《湛江文史资料》（第 14 辑），湛江海军印刷厂，1995 年，转引自王增权：《对徐闻二桥“汉县治遗址”的一些质疑》，《岭南文史》2000 年第 4 期，第 51～54 页。

④ 何纪生等：《广东徐闻东汉墓——兼论汉代徐闻的地理位置和海上交通》，《考古》1977 年第 4 期。

⑤ 崔勇：《广东徐闻县五里镇汉代遗址》，《文物》2000 年第 9 期。

到比邻的交趾郡进行珍珠贸易了，造成“贫者饿死于道”。孟尝任太守（东汉桓帝时在任）之后，革除以前的弊端，珍珠业复苏，商业繁荣，孟尝被奉为神明。[①] 实际上，在汉武帝平定南越国之前，以及东汉之后的六朝时期，这一地带是地广人稀的荒凉地区（容另文阐述）。或言之，此时期岭南兴旺起来的海外经济交往活动，虽然拉动了西江流域与北部湾沿海之间的桂东南和粤西南丘陵地带的农业开发，但整体上仍然缺乏古代自然经济之“本”，难于保持长远的稳定发展。至六朝，当北部湾沿岸不再成为海上贸易的重要港口时[②]，这一带便明显衰微了。

三、结论和启示

（1）番禺（今广州）在地理位置上处于岭南中心的形胜之地，既有东周时期的开发基础，又有发展海外经济交往的传统和便利，“（秦）又利越之犀角、象齿、翡翠、珠玑，乃使尉屠睢发卒五十万”，并南越[③]，设南海郡、番禺县的治所于番禺，成为政治中心。这几种因素的共同作用，使秦朝时的广州成为人口密集区，获得较充分的经济开发。

西汉武帝平定南越国后，“有译长，属黄门，与应募者俱入海市明珠、璧琉璃、奇石异物”[④]，这一是表明南越国时粤人具有“入海市明珠、璧琉璃、奇石异物”的传统，二是暗示汉武帝也同样“利越之犀角、象齿、翡翠、珠玑”。因此，即使番禺（今广州）不再成为岭南的政治中心，其他

---

① 参《后汉书》卷76《孟尝传》，中华书局，1964年标点本，第2473页。原文为：“（合浦）不产谷实。而海出珠宝，与交趾比境，常通商贩，贸籴粮食。先时宰守并多贪秽，诡人采求，不知纪极，珠遂渐徙交趾郡界。于是行旅不至，人物无资，贫者饿死于道。（孟）尝到官，革易前敝，求民病利。曾未逾岁，去珠复还，百姓皆反其业，商货流通，称为神明。”

② 邓宏文在《广东六朝墓葬历史背景考略》中分析了墓葬的分布和文献史料后指出：“广东六朝时期人口状况显示两晋、南朝皆有范围不尽相同的主要、次要和一般分布区，墓葬分布的密集程度和数量的增长幅度因时因地而异，目前已知墓葬的分布特征基本与之相符。广东发现的六朝墓葬，皆出于各分布区内；据发现数量，广州、韶关（含清远）及近来屡有大墓和群墓发现的肇庆（含云浮）当为已知三大中心。”参广东省文物考古研究所编著：《乳源泽桥山六朝隋唐墓》，文物出版社，2006年，第229页。

③ （汉）刘安：《淮南子》卷18《人间训》，上海古籍出版社，1991年。

④ 《汉书》卷28《地理志下》，中华书局，1962年点校本，第1671页。

因素仍可促使它发展成为人口密集区。更何况：其一，灵渠通道是秦汉时逾南岭的主要通道[①]，逾岭后顺桂江至梧州，分道至北部湾或至广州，同样便利；其二，依吴宏岐的结论，即使汉武帝南迁番禺县治，新、老治所也只相距五十里，番禺仍属政治中心的比邻，人口数量减少，但人口密度仍大于其他地方。

进而言之，番禺（今广州）原本是岭南区域的中心地区，在某一历史时期，当它重合为上位区域（秦汉）的重要边缘地区时，将长盛；即使在另一历史时期不再成为重要边缘的地区，也不会极度衰落。

深究之，虽然政治因素对中国古代社会某一区域的人口聚集和经济开发至关重要，但地理环境和自然资源的因素仍是基础。

（2）今梧州一带的河谷平原，既具有发展古代社会自然经济的优越条件，又重合于中心地区和重要边缘地区，理应获得充分的经济开发。其实，自秦始皇置桂林郡于此，该地区从未衰落过：汉武帝灭南越国时，"粤桂林监居翁谕告瓯越四十余万口降"[②]；众多西汉中期至东汉时期大墓和珍美随葬品的发现；汉献帝改交趾刺史部为交州，置治所于广信（今梧州）皆为明证。诚然，其一，当社会生产力足以开发珠三角网河平原时，广州与梧州一带自然资源的优越程度，各有千秋；其二，当东汉初"（郑）弘奏开零陵、桂阳峤道"[③]，桓帝时桂阳太守周昕整治水路，使北江流域"小溪平直，大道允通"[④] 之后，广州便成为岭北与海外经济交往的重要中转站，梧州经济辐射的优势则远逊之；其三，秦皇汉武雄才大略，却好大喜功，非但"普天之下，莫非王土"的思想根深蒂固，更冀"布政海外"（所谓的"光武中兴"也略同于此），广州的濒海位置又强于梧州。故梧州的经济开发程度始终不如广州。

这也证明了某一区域的生产力发展水平与自然资源的啮合度越高，经济辐射力越大，便越能聚集人口，并使其经济开发得以持续。然而，是否

---

① 个中的原因是：该通道是秦最后顺利统一岭南的通道，两汉的都城是偏西的长安、洛阳，而非南朝时偏东的建康（今南京），此通道最为便利。

② 《汉书》卷95《西南夷两粤朝鲜传》，中华书局，1962年标点本，第3858页。

③ 《后汉书》卷33《郑弘传》，中华书局，1964年标点本，第1156页。

④ （清）《广东通志》卷200《周府君功勋碑》，商务印书馆，1934年影印本，第3629~3630页。

在某一历史时期获得飞跃式的发展，则要视其地理位置是否与上位区域的政治品格存在着内在的统一。

（3）本节证实了越城岭、都庞岭、萌渚岭南麓和北部湾沿岸，均非岭南的中心地区，当其受到戍守或通商单一因素的强烈影响时，曾经成为南越国或汉朝的重要边缘地区，尚可聚集一定数量的人口，进行经济开发。然而，单一因素是很脆弱的，一旦未能与大环境相啮合，重要的边缘地区就不复重要，逐渐衰落。

这也说明，某一区域经济类型的多样性和复杂性是其聚集稳定人口和持续发展的核心要素。

（4）也许秦汉时的广州城，熙熙攘攘，珠光宝气；西汉中期至东汉时期的南岭南麓和北部湾沿岸，“车辚辚，马啸啸，行人珍怪（铜钱）各在腰”（套改杜甫《兵车行》），好一派繁荣景象。然而，正如上文所述及，岭南其他的大片地区，尚未有较大的古遗址被发现，即使东周时古遗址密集的珠三角冲积平原（特别是东江冲积平原）及其北缘地区也如此。顺便提及，直到唐宋时期，岭南的大部分地区，还是安置被贬谪、流放官员的蛮荒之地。这可能与秦汉时期人口经济流动数量大、频率高，以及过分地“背本趋末”，造成岭南区内人口不合理的块状分布，未能全面、系统而有效地利用自然资源密切相关。

可见，某一区域的各地方之间，稳定人口，让其自然增长而日益有效地开发自身的优势资源，区内人口合理流动以促进资源互补，形成“地域体系整体”，是经济稳步发展的重要因素。

概而言之，秦汉时期是中华民族多元一体格局形成过程的重要时期。其间，作为秦汉时期边缘区域的岭南也与中心—腹地区域发生了充分的互动，导致其人口分布格局具有特殊性。然而，这种特殊性也蕴藏着古代帝国形成过程中，中心—腹地区域与边缘区域互动的普遍性内涵。无论是特殊性的人口分布格局，还是普遍性的中心—腹地区域与边缘区域互动，都是值得探讨、总结和借鉴的。改革开放后的广东，也由于政治因素和地理因素的共同作用，导致区内人口分布格局发生了重大变化。若古今之间的变化也具有特殊性与普遍性的联系，我们便可以说：历史与现代连接了。

第八章

秦汉时期岭南的经济发展状况

第一节　农业经济

一、秦和南越国时期的农业经济

（一）秦时期

秦发兵统一岭南的时间为公元前 218 年，南越国在前 204 年立国[①]，其间仅 15 年，依据考古资料讨论秦时的经济情况，其农业经济当属战国晚期者——虽然平定南越时，“越人皆入丛薄中与禽兽处”，后又“杀尉屠睢，伏尸流血数十万”，[②] 战争惨烈，对社会经济带来很大影响，但“会天下诛秦，南海尉它（佗）居南方长治之，甚有文理”[③]，又有所弥补。

前文业已估算，秦始皇统一六国后，岭南初时约有 70 万人口，那么在战国晚期还要稍多一些。虽然属于战国时期的文化遗存遍布岭南各地[④]，但那些人主要居住在冲积平原。这在先秦部分也已论证了。

综观两广所发现的青铜器[⑤]，本地铸造的器物大多为工具，少数为武器，个别为乐器（如横岭山的甬钟等），这意味着青铜器在社会生产中已有相当程度的应用，而叠石山铜锸[⑥]（T4②：7）的出土，表明还有翻土用的青铜生产工具。

有学者已将广东以往出土铁器的情况作了整理研究[⑦]，考虑到铁器的易氧化和广东的埋藏条件（地下水位高、酸性土、长期延续的大聚落少）

---

① 张荣芳等：《南越国史》，广东人民出版社，1995 年，第 24、64 页。

② （汉）刘安：《淮南子》卷 18《人间训》，上海古籍出版社，1991 年，第 203 页。

③ 《汉书》卷 1《高帝纪下》，中华书局，1962 年标点本，第 73 页。

④ 徐恒彬：《广东青铜器时代概论》，广东省博物馆等：《广东出土先秦文物》，香港中文大学文物馆，1984 年。

⑤ 黄展岳：《论两广出土的先秦青铜器》，《考古学报》1986 年第 4 期。

⑥ 文本亨等：《深圳市叠石山遗址发掘简报》，《文物》1990 年第 11 期。

⑦ 杨式挺：《关于广东早期铁器的若干问题》，《考古》1977 年第 2 期。

等原因，不奢望会有大量的铁器出土。但近年仍有不少新的发现。如银岗①、叠石山②和横岭山③等地均有出土铁器，因此就现有资料说，至战国晚期，铁器在社会生产中也有相当程度的应用。

"越人得髯蛇以为上肴，中国得之而弃之无用。"④这是广东先民善于利用各种资源优势，发展特色经济的具体表现。因而估计岭南的经济发展水平时，还应注意到这一点。

综述秦时的社会经济情况：人口的绝大部分居住在珠三角冲积平原及其南北一带，主要用铁或铜质的生产工具发展农业生产，陶器生产已达登峰造极之水平，传统的木工手工业已发展到可制造大型木船或颇具规模的桩上建筑。

（二）南越国时期

战争结束后，"南海尉它（佗）居南方长治之"，社会稳定。近十万中土兵卒"与百越杂处"⑤，促进社会经济的发展。择其要叙述如下：

首先，聚落分布的范围大为扩散，主要有如下几个聚落群⑥：韶关⑦、

---

① 古运泉等：《广东博罗银岗遗址发掘简报》，《文物》1998 年第 7 期；邓宏文等：《广东博罗银岗遗址第二次发掘》，《文物》2000 年第 6 期。

② 文本亨等：《深圳市叠石山遗址发掘简报》，《文物》1990 年第 11 期。

③ 广东省文物考古研究所编著：《博罗横岭山——商周时期墓地 2000 年发掘报告》，科学出版社，2005 年。

④ （汉）刘安：《淮南子》卷 7《精神训》，上海古籍出版社，1991 年，第 76 页。

⑤ 《汉书》卷 1《高帝纪下》，中华书局，1962 年标点本，第 73 页。

⑥ 赵善德：《广东秦朝前后古遗址分布的比较研究》，《历史地理研究》1995 年第 2 期。

⑦ 主要有：杨少祥：《广东曲江南华寺古墓发掘简报》，《考古》1983 年第 7 期；廖晋雄：《广东始兴县的汉代城堡遗址》，广东省博物馆馆刊编辑部编：《广东省博物馆馆刊》，广东省博物馆，1991 年；梁明燊：《广东连江口发现汉代遗址》，《考古》1964 年第 8 期；邱立诚等：《广东乐昌市对面山东周秦汉墓》，《考古》2000 年第 6 期。

粤西南[①]、粤东梅县[②]、粤东北[③]、桂东南[④]和广州地区[⑤]聚落群。而且聚落的类型也多了起来，既有农业聚落，又有与边关相关的屯戍聚落，还有港口和都城。这些聚落的生成和发展，须有较雄厚的农业经济作为支撑，这从侧面反映了农业经济发展的总体情况。

其次，广东先民栽培籼稻由来已久。广西贵县除籼稻之外还出有粟[⑥]；广州 M1134：64 陶瓮中出有半瓮黍[⑦]，或知稻为当时主要的粮食作物，而耐旱的黍和粟作为补充。

品种多样的人工栽培瓜果和易捕捞的海产品[⑧]，则为丰富的副食品。

再次，前已述及，岭南出土的青铜器最大的特点是日常用器多，故应有更多的铜器应用于农业，如斧可用来砍伐树木以垦荒，镰可用来收割，等等。

---

① 崔勇：《广东徐闻县五里镇汉代遗址》，《文物》2000 年第 9 期。

② 邱立诚等：《广东五华狮雄山汉代建筑遗址》，《文物》1991 年第 11 期。

③ 邱立诚编：《澄海龟山汉代遗址》，广东人民出版社，1997 年。

④ 广西壮族自治区博物馆编：《广西贵县罗泊湾汉墓》，文物出版社，1988 年；蓝日勇等：《广西贺县金钟一号汉墓》，《考古》1986 年第 3 期；蒋廷瑜：《平乐银山岭汉墓》，《考古学报》1978 年第 4 期；蒋廷瑜等：《平乐银山岭战国墓》，《考古学报》1978 年第 2 期（黄展岳将这批墓葬的年代定为南越国时期，从之，请参黄展岳：《论两广出土的先秦青铜器》，《考古学报》1986 年第 4 期）。

⑤ 广州文物管理委员会等编：《广州汉墓》，香港文物出版社，1981 年；黄森章：《广州瑶台柳园岗西汉墓群发掘记要》，见广州博物馆等编：《穗港汉墓出土文物》，香港中文大学文物馆，1983 年；广州市文物管理委员会等编：《西汉南越王墓》，文物出版社，1991 年；冯永驱等：《广州南越国宫署遗址 1995—1997 年发掘简报》，《文物》2000 年第 9 期；南越王宫博物馆编：《南越国宫署遗址：岭南两千中心地》，广东人民出版社，2010 年。

⑥ 广西壮族自治区博物馆：《广西贵县罗泊湾汉墓》，文物出版社，1988 年，第 87 页。

⑦ 广州市文物管理委员会等编：《广州汉墓》，文物出版社，1981 年，第 180 页。

⑧ 广州市文物管理委员会等编：《西汉南越王墓》，文物出版社，1991 年，第 330 ~ 331 页。

图 8－1 铁工具

据不完全统计，共出土南越国时期的铁器 700 多件①，与农业生产密切相关的主要是锸、镢、锄、铲、斧和镰等（图 8－1）②。锸、镢和铲用来松土、翻土。锄就是《吕氏春秋·任地篇》中所说的“其耨六寸，所以间稼也”的“耨”，可用来中耕除草，也可松土、翻土。虽然这些铁工具的出土量不多，其中还缺乏中原地区战国中期已出现的、更先进的犁铧③和汉初不难见到的耙④，但相对于战国而言，铁器已较普遍地应用到农业

① 张荣芳等：《南越国史》，广东人民出版社，1995 年，第六章。

② 广州市文物管理委员会等编：《西汉南越王墓》，文物出版社，1991 年，第 60、101～112 页；广州市文物管理委员会等编：《广州汉墓》，文物出版社，1981 年，第 159～165 页。

③ 中国社会科学院考古研究所：《新中国的考古收获》，文物出版社，1961 年，第 60～62 页。

④ 王仲殊：《汉代考古学概说》，中华书局，1984 年，第 32～33 页。

生产中来了[①]。不过从出土铁器的种类和形态均同于中原或楚地者，以及从吕后的“制裁”措施“高后时，有司请禁南越关市铁器”[②] 看来，铁器主要还是仰仗中原楚地的供给。

二、西汉中期和东汉时期的农业经济

（一）人口分布概况

元鼎四年（前113），安国少季使南越失败，吕嘉遂反。于是汉武帝令粤人及江淮以南楼船十万师往讨之。五年秋，卫尉路博德为伏波将军，出桂阳，下湟水；主爵都尉杨仆为楼船将军，出豫章，下横浦；故归义粤侯二人为戈船、下濑将军，出零陵，或下漓水，或抵苍梧；使弛义侯因巴蜀罪人，发夜郎兵，下牂柯江，咸会番禺。六年冬，攻败粤人，纵火烧城。城中皆降伏波。南粤已平。遂以其地为儋耳、珠崖、南海、苍梧、郁林、合浦、交趾、九真、日南九郡。自尉佗王凡五世，九十三岁而亡。[③]

从此，南越真正隶属于汉朝。西汉中晚期“番禺以西至蜀南者置初郡十七，且以其故俗治，毋赋税”[④]，刺激了社会经济的发展。东汉时期更“铸作田器，教之垦辟”[⑤]，经济发展水平已与中原北地没有太大差距。下面以前文已述的南越国经济各方面情况为基础，进行比较讨论。

与前相比，聚落分布有两点不同：一是原来几个聚落群，不但继续沿用，还向周边扩展；二是都市数量的增多和规模的扩大。

上文述及的五大聚落群，只有桂东南地区和今广州地区发现有较大的、属于西汉前期的墓葬群和一些大墓[⑥]，其余地区的遗存多属西汉晚期

---

① 广州市文物管理委员会等编：《西汉南越王墓》，文物出版社，1991年，第332～334页。

② 《史记》卷116《南越传》，中华书局，1959年标点本，第2969页。

③ 《汉书》卷95《西南夷两粤朝鲜传》，中华书局，1962年标点本，第3854～3859页。

④ 《史记》卷30《平准书》，中华书局，1959年标点本，第1440页。

⑤ 《后汉书》卷76《任延传》，中华书局，1964年标点本，第2462页。

⑥ 桂东南地区的银岭山墓地，其中有110座墓葬，发掘者甄定为战国墓（参蒋廷瑜等：《平乐银岭山战国墓》，《考古学报》1978年第2期），但麦英豪和黄展岳等认为当为南越国时期的（参黄展岳：《论两广出土的先秦青铜器》，《考古学报》1986年第4期），本书从之。

和东汉时期。例如韶关地区，韶关市郊西河汉墓11座，9座为东汉墓。其北的乐昌对面山发掘了168座秦汉墓葬，仅53座为秦至西汉前期的。[①] 往南一直到今广州，近年的遗存发现颇丰，恕不一一列举。[②] 粤西南地区，多年来在徐闻清理了约300座墓葬，但大多为东汉墓[③]，并发现汉代遗存延伸分布到高州一带。桂东南地区，除了平乐银山岭墓地[④]有所延续之外，较晚的墓葬分布更广，较大型的墓葬也多[⑤]。尤值一提的是合浦望牛岭木椁墓，或为九真郡守的坟墓。[⑥] 现在广州市区的“河南”没有南越国墓，但有晚于此的汉墓。更南的佛山市区[⑦]、南海区[⑧]、顺德区[⑨]，还有较密集的东汉墓葬群。粤东地区近年除了龟山的发掘[⑩]之外，只见到零星的报道。实际上，由于生产的发展，原来的山区“流民稍返，渐成聚邑”[⑪]，也会有遗存被陆续发现的[⑫]。

南越国全盛时期的番禺是郡县同治的，这就意味着周边地区的墟镇稀疏。汉武帝平定南越之后，将其地分为九郡，郡有郡治，县有县治，这就势必使都市的数量增加。至于南越国之都城番禺，在汉武帝平定南越之

① 邱立诚等：《广东乐昌市对面山东周秦汉墓》，《考古》2000年第6期。

② 可参阅广州市文物考古研究所编：《广州考古六十年》，广东人民出版社，2013年。

③ 何纪生等：《广东徐闻东汉墓——兼论汉代徐闻的地理位置和海上交通》，《考古》1977年第4期；邓开朝等：《徐闻汉代文物的发现和研究》，见广东省博物馆：《湛江文史》（第19辑），湛江人民印刷厂，2000年。

④ 蒋廷瑜：《平乐银山岭汉墓》，《考古学报》1978年第4期。

⑤ 广西壮族自治区博物馆：《广西考古十年新收获》，见文物编辑委员会编：《文物考古工作十年（1979—1989）》，文物出版社，1991年。

⑥ 广西壮族自治区文物考古写作组：《广西合浦西汉木椁墓》，《考古》1972年第2期。

⑦ 徐恒彬：《广东佛山市郊澜石东汉墓清理简报》，《考古》1964年第9期。

⑧ 曾广忆等：《广东南海汉墓发掘简报》，《文物资料丛刊》（第4辑），文物出版社，1981年。

⑨ 杨式挺等：《广东顺德县汉墓的调查和清理》，《文物》1991年第4期。

⑩ 邱立诚编：《澄海龟山汉代遗址》，广东人民出版社，1997年。

⑪ 《后汉书》卷76《卫飒传》，中华书局，1964年标点本，第2459页。

⑫ 如2000年底，出人意料地在乳源县侯公渡发现了一个相当规模的六朝墓地。见广东省文物考古研究所编著：《乳源泽桥山六朝隋唐墓》，文物出版社，2006年。

后，或以为南迁至今顺德区简岸村[①]，或今市桥附近[②]，或以为所谓南迁乃古文献之杜撰[③]。若南迁，则至建安十五年（210）交州刺史步骘始返迁。[④] 若此，公元前111年至公元210年，原来“处近海，多犀、象、玳瑁、珠玑、银、铜、果、布之凑，中国往商贾者多取富焉”[⑤] 的都会番禺，则要衰落？然而查广州之汉墓可知，西汉中后期的96座，东汉时期的131墓，分布格局是越晚近，离城区越远[⑥]，墓葬的建设和随葬品也日渐丰富多彩，未见明显衰落。

（二）生产工具和农耕技术

在岭南，广西贺县莲堂东汉墓中出土的铁犁铧是岭南现知犁耕最早的考古证据。[⑦] 佛山澜石M14：21是一件水田附船模型（图8－2）。其间有“V”形犁铧和扶犁耕田状、插秧状、收割状的劳作俑，肥堆，以及用于农事的小船。M14：3是一件陶屋模型，内有陶俑在簸米、舂米、屠宰。[⑧] 像这种反映家居生活的陶屋模型，在广州东汉墓中出土更多。[⑨] 广东连县古墓出土的犁田耙田模型，虽然为西晋永嘉六年（312）之物[⑩]，但仍能反映东汉末年的情况[⑪]。

---

① 曾昭璇：《广州历史地理》，广东人民出版社，1991年，第219～228页。

② 吴宏岐：《广州城址二千年不变说商榷》，《学术月刊》2006年第5期。

③ 麦英豪：《广州城始建年代考》，《广州文博》1986年第3期。

④ 王范《交广春秋》曰：“交州治羸㟍县，元封五年移治苍梧广信县，建安十五年治番禺县。”参《后汉书》卷23《郡国志五·交州刺史部·注》，中华书局，1964年标点本，第3533页。

⑤ 《汉书》卷28《地理志下》，中华书局，1962年标点本，第1670页。

⑥ 广州市文物管理委员会等：《广州汉墓》，文物出版社，1981年，第2～5页。

⑦ 蒋廷瑜：《广西汉代农业考古概述》，《农业考古》1981年第2期。

⑧ 徐恒彬：《广东佛山市郊澜石东汉墓发掘报告》，《考古》1964年第9期。

⑨ 如M4011：5、M5008：2、M5032：1、M：5051：8、M：5041：36等，参广州市文物管理委员会等编：《广州汉墓》，文物出版社，1981年，第420～424页。

⑩ 徐恒彬：《简谈广东连县出土的西晋犁田耙田模型》，《文物》1976年第3期。

⑪ 王仲殊：《汉代考古学概说》，中华书局，1984年，第34页。

图 8－2　佛山和连县出土的农耕模型

"九真俗以射猎为业，不知牛耕，民常告籴交趾，每致困之"。东汉建武初，任延为太守，"乃令铸作田器，教之垦辟。田畴岁岁开广，百姓充给"。①

东汉建武二年（26）卫飒迁桂阳太守，今广东英德、曲江一带的含洭、浈阳、曲江三县地，属其管辖。卫飒凿山通道，发展生产，并整顿民间冶铁业。史载"耒阳县出铁石，佗（他）郡民庶长依因聚会，私为冶铸，遂招来亡命，多致奸盗。飒乃上起铁官，罢斥私铸，岁所增入五百余万"。后"南阳茨充代飒为桂阳。亦善其政，教民种植桑柘麻苎之属，劝令养蚕织履，民得利益焉"。②

任延仅在僻远山区"视事四年"，政绩便如此显著，暗示着当时当地完全具备了"铸田器垦田畴"的经济基础。而且早在西汉末，更僻远的交

① 《后汉书》卷 76《任延传》，中华书局，1964 年标点本，第 2462 页。
② 《后汉书》卷 76《卫飒传》，中华书局，1964 年标点本，第 2459～2460 页。

趾郡也已具此基础："初，平帝时（公元1—5年），汉中锡光为交趾太守，教导民夷。渐以礼义，化声侔于延。……岭南华风，始于二守焉。"①再者，既然东汉初的粤北山区，私铸之风已到非杀不可的严重程度了，那么西汉晚期的岭南，铸田器之术当已广为人知，只不过是东汉初又有较大发展罢了，进一步说冶铁业与犁耕同步，也未尝不可。

综合上述可知，西汉中晚期开始，岭南已用犁耕地，施用基肥种植水稻，用铁镰刀收割，但直至东汉仍未出现践碓等较先进的加工粮食设施。

（三）农作物品种和产量的变化

查《广州汉墓·墓葬登记表》，西汉中期墓出土的果品有乌榄、橄榄、梅、酸枣等，说明当时已普遍栽植。东汉前期墓除了以前出现的果品之外，还出有人面子、花椒、橄榄叶、高粱和青蚶。

墓葬中出土模型明器的情况：西汉中期有木猪，晚期出现陶猪、羊、牛、鸡、鸭、鹅、狗。水牛不多，马更少。

《汉书·地理志》说到儋耳、珠崖郡"亡马与虎，民有五畜"（颜师古注：牛、羊、猪、鸡、犬）。又说，南海郡有圃羞官，掌管岁贡橘、柚、龙眼、荔枝等珍贵果品。②

《齐民要术》云及，广东在南朝之前已有桔柚、甘蔗、芭蕉、椰子、槟榔、龙眼、荔枝、杨桃、橄榄、杨梅、人面子等多种果木。③ 此说法可信。

当时农作物的产量是很难估计的。汉初"一人蹠耒而耕，不过十亩，中田之获，卒岁之收，不过亩四石"④。西汉末"通肥饶之率，计稼穑之入，令亩收三斛，斛取一斗，未为甚多"⑤。可知每亩的产量3~4石。汉亩约当今0.7亩，每石约合20升，若换算为现在的计量，则约为100升/亩。这是可信的，但南方的肥美之土地可能还要高一些。

自西汉中晚期开始，汉墓中出土与粮食作物有关的如仓、廪的模型和酒器数量很多。可推测，若"毋赋税"，不暴敛，当时广东的百姓是不忧衣食的。

---

① 《后汉书》卷76《任延传》，中华书局，1964年标点本，第2462页。
② 又参（汉）杨孚：《异物志》，中华书局，1985年。
③ （北魏）贾思勰著，石声汉校译：《齐民要术》，中华书局，2009年。
④ （汉）刘安：《淮南子》卷9《主术训》，上海古籍出版社，1991年，第97页。
⑤ 《后汉书》卷49《仲长统传》，中华书局，1964年标点本，第1656页。

第二节　手工业情况

一、秦时手工业

手工业的发展情况也是度量经济水平的重要指标。下面讨论这方面的情况。

日用陶器注重种类和质量，如烧成温度高，陶质硬，多产釉陶。除了颇多的有盖饮食器外，还有建筑用的筒瓦、板瓦和瓦当。装饰用的纹饰则简化为“米字纹”，这暗示着陶器已经不值得人们去着意讲究了。

秦代，有较大规模的船台遗址[①]被发现（或以为该遗存乃桩上建筑基址[②]），说明木工手工业已发展到了相当高的水平。

二、南越国时期的手工业

此时手工业有了长足的发展，而广州汉墓和南越王墓出土的文物最具代表性，举其要略如下。

（一）铜器和铁器

最能说明铜器发展水平的，一是使用的普遍程度，二是工艺水平。南越王墓共出土铜器约 2 861 件，广州此时的 182 座墓葬中有 90 座共出土约 565 件（包括 120 枚半两钱）。显而易见的一个现象是帝王墓里的出土量大。此外，帝王墓和平民墓均以日常用器为多数，但二者的器类截然不同，如南越王墓所出的烤炉、煎炉、熏炉、灯、屏风构件等未曾在平民墓中被发现。这说明铜器在南越国人的心目中既是日用品，也是奢侈品。在工艺水平方面，如属于最高工艺层次的失蜡法，在中原北地是东周后半期

---

① 《广州秦汉造船工场遗址试掘》，《文物》1977 年第 4 期。

② 请参阅徐恒彬：《华南考古论集 · 南海“丝绸之路”概述》，科学出版社，2001 年，第 232 页注［7］。

出现的，在这里也见到了。又如东耳室出土的屏风铜构件①，虽然它的精美程度没法与曾侯乙墓中的尊盘②相比，但说明南越人已经掌握了这种先进的工艺。还应一提的是编钟，这在南越王墓东耳室出土有 3 套③。这种浑铸的青铜器，都是一器一模范的，要把十多件器物铸成“器形、纹饰相同，大小相次”（这就是所谓“编”的含义）已经不容易了，而编钟是乐器，还要求每个钟都能奏出准确的音阶，更非易事，而南越王国的工艺已达到了这样的水平。所有这些情况都与中原北地东周后半期的相近，而战国时期是我国青铜器发展的最高峰时期。

人类冶铁术发展的一般过程是：块炼铁→生铁→展性铸铁→熟铁；钢的品种是：渗碳钢→脱碳钢→炒钢。即使炼铁炉温未能达到铁的始熔温度（1 146℃），而仅稍高于 1 000℃也可获得块炼铁，故人们先行认识之。但它的含碳量在 0.5% 以下，软，要渗碳方可实际利用。当炉温达到铁的始熔温度而未达到全熔温度（1 537℃）时，则可获得生铁。但它的含碳量在 2.0% ~5.0%，硬而脆，要脱碳才能利用到生产中来。若使炉温迅速达到全熔温度，炼出来的就是熟铁，它的含碳量小于 0.1%，更软，要渗碳。无论是渗碳还是脱碳都必须熟练运用热锻加工和淬火技术。④ 现代技术是在液态的熟铁中注入适量的碳元素，并使之分布均匀，这就是炒钢。

南越王墓共出铁器 246 件，广州墓出 83 件，锻造类工具居多。经研究可知，钢组织的硬度已能满足需要，但铁件大多是几种含碳比例不同的原料打在一起制成的，而且经常利用废料重新加工锻制（图 8 -3）。由此可知，南越国时使用铁器已比较普遍，锻造技术比较发达，但冶铸业不发达⑤。

---

① 麦英豪等：《广州南越王墓》，生活·读书·新知三联书店，2005 年，第 57、412 页。

② 湖北省博物馆编：《曾侯乙墓》，文物出版社，1989 年。

③ 包括“文帝九年”句鑃。参麦英豪等：《广州南越王墓》，生活·读书·新知三联书店，2005 年，第 39 ~44、415 页。

④ 李众：《中国封建社会前期铁的冶炼技术的探讨》，《考古学报》1975 年第 2 期。

⑤ 麦英豪等：《广州南越王墓》，生活·读书·新知三联书店，2005 年，第 333、414 ~416 页。

图 8－3 南越王墓出土的铁鼎

（二）陶器

陶器以灰白色的硬陶（摩氏硬度 3～5 度）为主，釉陶占一定的比例，釉色青黄而透明，属南方早期的青釉系统。这说明古代的制陶工业已经发展到了顶峰。

陶器的器类有几个特点：一是器类繁多。从贮藏器、盥洗器、炊煮器、食器、酒器到奢侈享受器（如熏炉），应有尽有。二是贮藏器数量多，种类也多。如贮藏粮食的瓮，共出土 342 件，约占此期出土总陶器（3 490 件）的 10%，2/3 的墓葬中均有出土。又如罐，大的用于贮藏粮食，小的则用来盛贮一些副食品和调味品，共出土 1 353 件，占总陶器的 38.8%，90% 以上的墓葬都随葬。其他还有一些或与酒有关的，或小型的贮藏器等。三是酒器多。如可确认的有提筒、尊、鐎尊、温酒尊和卮，与酒有关的有瓿、壶、匏壶和钫等，而且数量不少，如壶共 194 件出于 105 座墓，钫共 102 件出于 64 座墓。四是较多见诸如熏炉这样的奢侈享受器。诸如灶、井、象牙、犀角等表示家庭财富的模型明器，也偶尔出现。五是陶建筑构件的增多。这类器物包括砖、瓦和其他构件。[①] 砖包括铺地用的方形砖，砌墙、砌井用的长方形砖，特殊的三角形砖、长条形砖和转角砖。瓦

---

① 主要有：《广州南越国宫署遗址 1995—1997 年发掘简报》、《广东徐闻县五里镇汉代遗址》、《广东五华狮雄山汉代建筑遗址》、《澄海龟山汉代遗址·遗物·汉代遗物·建筑材料》。

有板瓦、筒瓦和各式瓦当。其他构件有南越国宫署遗址出土的熊纹空心砖，应用于阶陛的踏步（图 8－4）。广州 1166 号墓和澄海龟山均有见到的陶管，用于排泄建筑物内部的积水。这些特征既反映了农业经济的发展，也说明了社会生产力水平的提高。

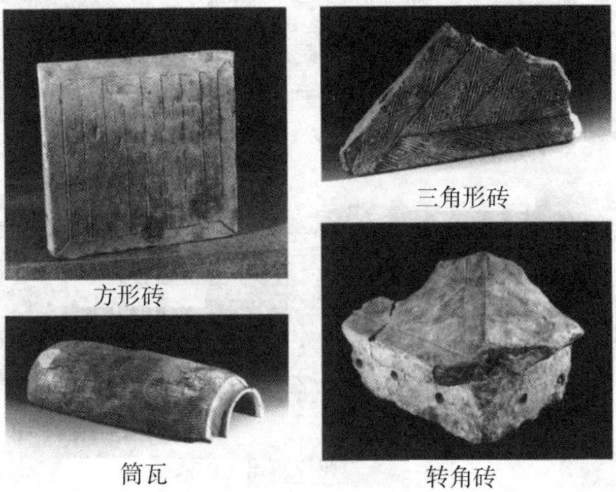

图 8－4　南越国宫署遗址出土的陶建筑构件

可将南越国出土的漆器特点归纳如下：第一，数量不少。如 20 世纪 50 年代在广州市郊发掘的墓葬中曾出土比较完整的 87 件。1976—1980 年，广西贵县罗泊湾 1 号墓、2 号墓和贺县金钟 1 号墓又有大批出土。1983 年发掘南越王墓，出土漆器更多。[①] 第二，工艺较原始。如罗泊湾 1 号墓的漆器，其胎质除个别的是夹苎胎以外，几乎都是木胎。木胎又以斫木胎最为普遍。斫木胎厚实，卷木胎较轻薄。但即使是数量颇少的卷木胎器物，它的顶、底仍是斫木胎，做好后再与卷木部分斗合。[②] 第三，一般贵族或富人均已使用，可见其普遍程度。如罗泊湾 1 号殉葬坑，木棺盖上刻有胡偃二字，是殉葬者的姓名；所出的漆器耳杯上也有刻着胡字的，可见此类

① 麦英豪等：《广州南越王墓》，生活 · 读书 · 新知三联书店，2005 年，第 336 ~ 338 页。

② 广西壮族自治区博物馆编：《广西贵县罗泊湾汉墓》，文物出版社，1988 年，第 69 页。

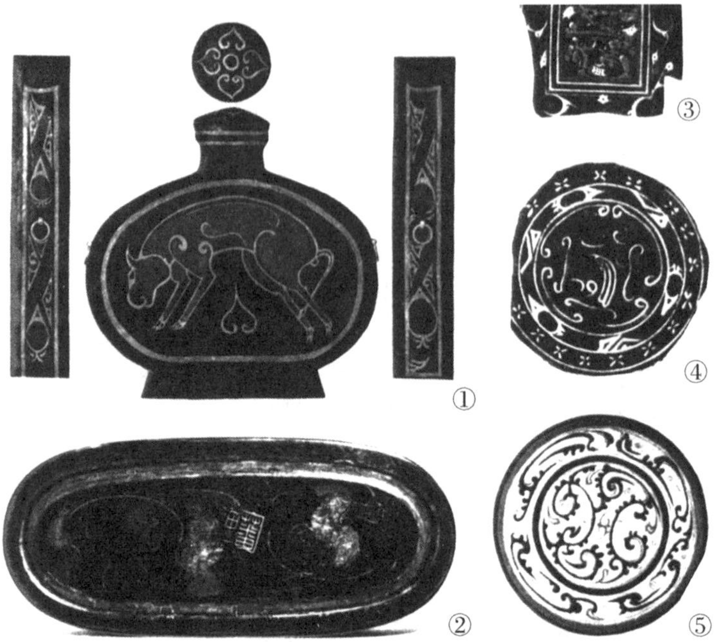

图 8－5　广州汉墓出土的漆器

［①扁壶（1134：46）；②奁（1097：53）；③④⑤小盒花纹摹本（1048：67、96，1134：47）］

漆器是胡氏的家居用品。[①] 第四，出土的漆器有相当部分为当地作坊所造。这表现在：其一，有些器物颇具特点，如南越王墓出土的漆博局、漆花翎式屏风、漆画铜镜以及罗泊湾墓出土的漆画铜筒、铜盆，均为汉代考古中所罕见。在铜器上施漆画、较多使用鎏金铜框镶嵌漆器和金银玉片装饰漆器等，乃南越漆器的特色。其二，南越漆器上也经常发现烙印或书写的文字，如"番禺"、"高乐"、"龙中"、"布山"、"市府草"、"市府×"、"×杯士"、"厨"、"胡"等，表明这些漆器大概都是南海郡番禺市府或布山市府经营的漆器作坊制造的。[②]

与漆器相关的木器，如木车的零件、佩有木剑并持有木盾的木俑、木

① 广西壮族自治区博物馆编：《广西贵县罗泊湾汉墓》，文物出版社，1988 年，第 70 页。

② 王仲殊：《汉代考古学概说》，中华书局，1984 年，第 47 页。

梳、木马、木兽和木船模型等，也有出土。

墓葬中的木椁室也能反映现实中的木工水平。广州此时期的墓葬共182座，其中竖穴木椁墓148座，约占81%。木椁室有两种：一种为“井椁”式。其做法是在垫木上铺底板。壁板作两纵两横，间叠层累在底板上，组成一个大木箱模样，最后封闭椁室的是顶盖板。底板一般厚10厘米、壁板20厘米。板间无榫槽，但侧板与端板用“子口夹角”相接合，这样的接合，在填土的压力下，能相互抗衡，结合得更坚固。另一种是“封门”式。这与前者的区别是，最后封闭椁室的是墓道一端的封门木柱。它在南越国时期仅偶见，西汉中期就开始盛行了，并一直沿袭到东汉晚期。从形式上说，它更像现实中的家室，可从中大致了解当时住房的情况。

由此可见，当时已能大量地砍伐木材，将其加工成大到椁室、棺材、房屋、家具的大木作，小至木桶、箱奁、玩物、木梳、木篦，无所不有。

下面详细考察纺织业的情况。广州平民墓中有18座墓共出土41件陶纺轮，菱形如算珠。M1134中1件陶纺轮的孔中尚残存木条一段，可知是以木为轴，用来将纤维加拈成细纱线的。这只是民间纺织业之一斑。

丝织品不易保存，故先罗列出土的情况，再据之估计实际的数量和使用程度，同时考察其品种和质量，最后才能推测它们的来源及其有关的交易情况。

出土的丝织品主要有三批：

（1）第一批，广州汉墓中仅M1097和M1134中出有绢的残片，无花纹。①

（2）第二批，罗泊湾汉墓的遗物中有麻鞋、麻布袜、漆缅纱帽、麻绳等，均残甚，但从该墓中出土的《从器志》② 得知：

衣袍五十领二笥：皆缯缘P——领为件；笥为方形竹器；“:”为重复号；缯缘是用缯饰竹笥的边缘；P是清点器物的记号。全句可理解为：衣袍五十件，装载在两个竹笥里，竹笥的边缘以缯装饰，已清点无误。

---

① 广州市文物管理委员会等编：《广州汉墓》，文物出版社，1981年，第179页。

② 广西壮族自治区博物馆编：《广西贵县罗泊湾汉墓》，文物出版社，1988年，第79页。

有州二小紞一笥：缯缘——有州当是有孔的意思；紞，冠之垂者。或理解为：有孔有垂紞的小冠二顶，装载在一个竹笥里。

缯六十三√匹三丈绪三衣一笥：缯P缯——√为秦代书写停顿分隔的句读符号；绪为苎之假借；缯后脱一缘字。整句为：缯六十三匹，每匹长三丈，还有苎衣三件装载在一个竹笥里。

布十七卷一笥：缯缘P——按，《淮南子·泛论训》："古者有鍪而绻领。"高诱注："鍪，头著兜鍪帽，言未知制冠也。绻领，皮衣屈而紩之。如今胡家韦袭，反褶以为领也。"[①] 全句或可理解为：以布为质料的"绻领衣"十七件。

大紞二√一笥：缯缘——相对于小紞。即有孔有垂紞的大冠二顶，装载在一个竹笥里。

综上，总数量为：衣袍50件，缯63匹，苎衣3件，布"绻领衣"17件，大小紞冠各2顶，以及用于保护或装载其他物件的"缯囊"（或细布囊、布囊）等。

（3）第三批，南越王墓所出。发掘者已对此作了总结[②]，举其要如下。

就出土状况可分为三类：一是"作为随葬品的原匹织物"。在西耳室西部约2.8平方米的范围内，丝织品多层叠放。出土时，织物已全部炭化朽毁。炭化堆积厚达20～30厘米。从出土现状估计，原批织物不下100匹。

二是"包裹随葬器物用的织物"。以西耳室为例，80%以上的铜器，78.7%的玉石器，30%以上的铁器，均用绢包裹着随葬。这组统计数字，仅就出土现状而言，可能有的器物，包裹绢痕已无保存；金银器上未见包裹痕迹，不一定是没有包裹。包裹用绢数如此之多，可以毫不夸张地说，墓主下葬时的用绢情况，有如现代用包装纸一般靡费。

三是"穿丝随葬器物的织物"。主要是指镜绶、镜袱、玉璧上的绶带，以及穿系玉饰的"组"。

下面就上述情况进行讨论。

---

① （汉）刘安：《淮南子》卷13《泛论训》，上海古籍出版社，1991年，第135页。

② 麦英豪等编：《广州南越王墓》，生活·读书·新知三联书店，2005年，第476页。

查广州 M1097 和 M1134 两墓的随葬品。两墓相同的是，均既随葬有鼎、盒、壶、钫等汉文化的“礼器”，也有瓮、罐、盒等南越地方特色的器物，以及铜器、漆器和玉器。不同的是，M1097 有 1 枚铜半两钱、8 件铁器和 2 枚无文玉印。M1134 却出土有 15 件陶犀角模型，漆扁壶，包括武士俑、骑马俑和女侍俑在内的 82 件木俑，还有木车残件、铜剑、木剑、木盾等武器。

查两墓的形制。均为南越王国早期的木椁单室墓。M1097 已遭破坏，无从复原；M1134 则可复原。[①] 说 M1134 是南越国时期广州最奢华的木椁墓，一点也不过分：墓穴长、宽、深分别是 5.54 米、3.1～3.25 米、4 米，木椁室内长、宽、高分别是 3.54 米、1.84 米、1.32 米。椁底板外四周填垫一层厚 0.2 米的白黏土以防潮。椁壁板厚约 0.2 米，四壁转角用“闳合落槽”加暗榫的方式构合，比两汉木椁墓中最常见的“子口夹角”复杂得多。椁室盖板还分两层，内层四角用对角扣接。椁室正中设一座棺房，固定于椁室底板之上，外周用板和枋组成两层结构，下层为棺房的回廊。两侧各设独木梯以供上下。棺房两侧各设门洞，并设示意可左右滚动启合的门扇。棺房内置两重的套棺一具，均内外髹漆，榫卯复杂。

由此观之，两墓的墓主或为贵族，或为“素封”[②] 者也。

贵县汉墓的墓主，被发掘者甄定为南越政权的地方官吏。

可见：其一，出土陶纺轮的数量不多，且出于平民墓，表明植物纤维织物是日常普通用品，但在贵族和富人的心目中是十足的“大路货”。其二，对于丝织品，在最高等级的贵族（如南越王）那里是近乎一般的日用品；在次一等的贵族（如贵县 M1 的墓主人）看来，仍不至于忍痛瘗埋；某些富人或与此有着特殊关系的人（如 M1097 和 M1134 的墓主人），却可借之表现地位、身份或冥托感情；在平民那里是弥为珍贵的东西。其三，贵族墓出土的众多丝织品中，有相当部分是装饰物件（如“缯缘”）、包裹

① 广州市文物管理委员会等：《广州汉墓》，文物出版社，1981 年，第 57～65 页。

② 太史公列举了各种操“拙业”、“奸事”、“恶业”、“贱行”、“辱处”、“小业”、“薄技”、“简微”、“浅方”之业致富之人，亦可“钟鸣鼎食”后，斥之曰：“千金之家比一都之君，巨万者乃与王者同乐。岂所谓‘素封’者也？非也？”（《史记》卷 120《货殖列传》，中华书局，1959 年标点本，第 3282～3283 页）

用品和穿系用品，这表明此时正是丝织品的盛行高峰期。

上面是对丝织品普及程度的认识，下面考察其品种和质量。

M1097 和 M1134 所出土的是无纹绢。

贵县墓的原物都已腐烂，出土时仅见到个别残片。麻制品的原料是苎麻和大麻，个别的标本（M1：244）支数在 200S/1 以上。丝织品主要是平纹的绢、纱衣料。其经纬密度为每平方厘米经线 41 根，纬线 31 根，主要原料应是家蚕丝。①

南越王墓出土的织物有绢、纱、罗、锦（包括绒圈锦）等几个大类，还有手工编织的组带。②

绢，有的经纬密度每平方厘米分别高达 280 根 ×100 根、300 根 ×80 根、320 根 ×80 根，可谓汉代细绢之冠。如此致密轻薄的绢，或即汉代的“冰纨”。

除超细绢外，还有研光绢、黑油绢、朱绢和绣绢等。

（1）研光绢是经过碾压工艺处理的平纹织物。南越王墓所出的为云母研光绢。这种织物轻薄、坚牢、平整，而且由云母粉产生泛光感，可能会达到类似缎织物一样的效果。目前仅见于南越王墓，中原楚地汉墓也未见。

（2）黑油绢。秦汉以来，我国发明以植物性油类涂于织物表面，使其具有防水功能的技术。文献记载有东汉的“油缇帐”。南越王墓出土的黑油绢，是目前所见年代最早的黑油绢。

（3）朱绢是在织造以前，先以朱砂涂染纤维，然后上机织造，即“先染”。先染后织能使涂染均匀，保证织物无糊孔现象，使织物外观美丽。南越王墓西耳室出土的 43 件玉剑饰，部分留有朱绢或朱纱的痕迹，显然是原来用朱绢或朱纱逐件包裹后入葬的。用朱染织物包裹玉器，这一方面说明人们对玉器的珍视，另一方面也说明朱染织物当时的“身价”是比较高的。

（4）绣绢即在绢底上加丝线刺绣图案，所见标本是使用朱、黑二色丝

---

① 广西壮族自治区博物馆编：《广西贵县罗泊湾汉墓》，文物出版社，1988 年，第 86 页。

② 麦英豪等：《广州南越王墓》，生活·读书·新知三联书店，2005 年，第477～486 页。

线，以先进的“辫子针”法绣制的。虽然图案还较草率，但仍不失为汉代高级的织物。

纱有“纱织物”、“朱纱”、“纚”、“绣纱”和“印花纱”几种。

（1）纱织物的表面较圆润发亮，似带丝胶，可能是生丝织成。

（2）朱纱与朱绢的区别仅在于前者的经纬组织远疏于后者。

（3）汉代官吏以纚纱作冠，南越王墓出土的少量纚纱残片很可能是纱帽的一部分。

（4）既然有绣绢，出现绣纱就很平常了。不过它是整匹、整卷地被随葬的。

（5）印花纱也是成匹随葬的。出土时已朽，无法辨认整体图案。

南越王墓还出土有菱纹罗。这种纱罗组织的底纹及起花部分的结构均很清晰，孔眼均匀，可见织造工艺之熟稔。

还出土有重组织的锦，虽然仅见到素锦和朱、黑二色锦，但富于立体感。结实厚重的绒圈锦（起毛锦）的出现，更足以说明纺织技术之高超。

西耳室中还出土一笥丝锦。丝锦是将缫丝后的碎丝集中并加以梳理、打制而成的。

认识品种和质量后，可讨论这些丝织品所反映的技术水平及其来源了。

第一，从工艺发展流程的角度考察，其中最高级的是绒圈锦（起毛锦）。严格意义上的锦是以“先染”的长丝作经纬，然后采用缎纹提花织成的，纬丝的颜色一般在三种以上。绒圈锦虽然只有朱、黑二色，但质感上已有了提花。这种织物的制作，除了要运用上列其他织物所需要的工艺之外，还需要织机的提花装置。

第二，从特殊工艺①的角度考察，出现了黑油绢、刺绣和印花纱。值得注意的是，在出土丝织品最多的西耳室中发现了2件青铜印花凸版。这套印版的发现说明南越国宫廷作坊中已有印花工艺。墓中的印花纱应是在当地印染的。而黑油绢是目前所见年代最早的。

第三，从特色或创造性的角度考察，云母研光绢为他地所未见。

---

① 特殊工艺不要求在一定的工艺水平基础上才产生，但工艺发展流程则受“前创后继”的制约。

第四，从织物质量的角度考察，出现了汉代高级的“冰纨”和朱绢。特别是“冰纨”，乃汉代细绢之冠。

第五，从生产管理的角度考察，已认识到了“废物利用”。相对于丝织物来说，丝锦是“大路货”，南越国有了自己的缫丝工匠和作坊才可能有这种“废物利用”的丝锦。

根据以下三点，足以说明南越国不但拥有官营的织物作坊，而且还可能略具规模。这三点是：①上述五点。②上述出土情况所反映的南越王“视绢帛如草筲”的惊人耗费。③汉皇帝多赐予功臣和使臣各种丝织品，但史籍中仅有“（汉文帝赐）上褚五十衣，中褚三十衣，下褚二十衣，遗王”[①] 的记载，而今海南岛一带“男子耕农，种禾稻苎麻，女子桑蚕织绩”[②]，却被史学家班固作为特色民风来描述，可见“桑蚕织绩”手工业之一斑。

总之，南越国时期种类多样的聚落已遍布各地。人们主要用铁工具进行农业生产，主食有水稻、黍和粟，副食丰富多样。陶器和铜器已发展到了顶峰。漆器的工艺水平还不高，却是官营的。从木椁室的情况可知，当时已能制作大开间的房屋。纤维布为一般平民的衣着。丝织品乃贵族和“素封”的衣料，而最高贵族则视之如草筲。这些本地制作的丝织品中，既有代表当时最高工艺水平的锦，也有最高质量的“冰纨”和朱绢，还有颇具特色的黑油绢和云母砑光绢。

三、西汉中晚期和东汉时期的手工业

陶器的制作工艺可说明生产力发展情况，而器类和器形的变化则反映社会经济情况。

这一时期制作工艺的最显著特征是釉陶的普遍使用。在北方，西汉中后期出现一种低温铅釉陶，它只在800℃左右的高温下烧成，内胎呈橙红色，疏松；釉也易于剥落或变质。南方各地所发现的却是在各种硬陶上施一层薄釉，或黄或绿，颜色都很浅，烧成温度约 1 200℃，属于青釉的系

---

① 《汉书》卷95《西南夷两粤朝鲜传》，中华书局，1962 年标点本，第 3850 页。又颜师古注“以绵装衣曰褚”。

② 《汉书》卷 28《地理志下》，中华书局，1962 年标点本，第 1670 页。

统。岭南此时出土的釉陶也属于这一种，并且数量颇多。例如，广州西汉中期墓出土的泥质硬陶中，施釉的共 1 009 件，占出土陶器的 64.23%，釉呈青绿或黄绿色者多，像西汉前期所出一些呈黑褐色、釉中杂质较多的已不见。[①] 以后，这方面的情况基本与此相近。

图 8－6　东汉后期俑座灯

图 8－7　扑满

器类和器形变化的第一个方面是日常生活中的必需品更多样了，例如灯和案，这在以前没有见到，有了这些，家居生活的内容就会更丰富。广州西汉中期墓所出的 M2056：26，可认为是最原始形态的陶灯，同一时期的 M2046：45，又可认为是最原始形态的“俑座灯”。之后，广州汉墓中形态更复杂的“俑座灯”（图 8－6）颇为多见。案的形状如今日简单的茶几。M3031：69 应是广州汉墓中最早的一件，属西汉后期。顺便提及，德庆出土的一件东汉铜案，阴刻的图画中有今日菜馆中昂贵的龙虱[②]，说明这种滋补的美味食品已为东汉人所认识。汉代坐榻实物出于河南郸县，榻面长 87.5 厘米、高 19 厘米，面刻隶书铭文“汉故博士常山大傅王君坐榻”。[③] 广州东汉墓所出的 2 件陶榻（M5080：90、M5080：91），各长 33.5 厘米、宽 24 厘米、高 8 厘米，可视为模型，也可视为比榻尺寸更小的“独座”。榻、几的出现，意味着人们日常起居和生活习惯发生了重大

① 广州市文物管理委员会等编：《广州汉墓》，文物出版社，1981 年，第 206 页。
② 徐恒彬：《广东德庆大辽山发现东汉文物》，《考古》1981 年第 4 期。
③ 曹桂岑：《河南郸城发现汉代石坐榻》，《考古》1965 年第 5 期。

的变化。①

第二个方面是出现了一些特殊用品。扑满（M3021：22，见图8－7）是用来储钱或商业活动时收款用的。它的出现说明商业活动的普遍。毂子（M3025：45）是车的零件，铜质者在南越王墓中曾有出土，但这是陶模型，意味着“素封”们已经渴望拥有车。陶船更多地被发现（详后），同此。熏炉，西汉前期已见于大墓中，此时更常见，它是用来焚烧一种特殊香料（详后）的，不管其用意是清净空气、治病，还是辟邪，都说明生活质量的提高。

第三个方面是表示财富的陶质模型明器大量流行。除了各地常见的家禽、家畜之外，还有岭南最具特征的各式陶屋、仓、井、船和灶等。广州汉墓所见最早的陶屋模型是“干栏式”的，最晚的是坞堡，但主流形式是单层曲尺形有后院的房屋和砖筑的楼房。结合广东两汉最为流行的墓葬形制是竖穴分室（或层）木椁墓（东汉后期的81座墓葬中，即有68座是砖室墓）的情况，可知当时富裕人家的住宅，与20世纪上半叶珠江三角洲农民的住宅形式无太大差别。

第四个方面是建筑用陶相当普遍。这从东汉后期摒弃木椁墓流行砖室墓可见一斑，不赘述。

木工手工业水平主要参考墓葬的椁室建设。中原北地在战国晚期就出现了空心砖墓，西汉早中期有所延续。但在西汉中期以后，中原和关中一带开始出现了用小型砖建筑的墓，即所谓的砖室墓，然后迅速普及。到了东汉，屋顶高宽的穹隆顶砖室墓已是墓葬形式的主流。与此同时，东汉时还流行从西汉末开始出现的石室墓。

然而在岭南地区，主要流行的还是木椁墓（表8－1）。

表8－1　广州汉墓木椁墓流行情况一览表

时期	总墓葬数量	木椁墓数	Ⅲ型木椁墓数
西汉早期	182	161	13
西汉中期	64	56	30

① 刘敦桢主编：《中国古代建筑史》，中国建筑工业出版社，1984年，第52、83页。

（续上表）

时期	总墓葬数量	木椁墓数	Ⅲ型木椁墓数
西汉晚期	32	32	20
东汉前期	39	29	25
东汉后期	81	13	13

表中的“Ⅲ型”墓是最复杂的木椁墓，分 5 式，表示由“分室”到“假分室”的演变过程。如 3 式有上、下两层的分室结构，棺室内还设有边箱。到了 5 式就变成“假双层分室墓”了。

上文曾列举过 M1134 木质棺椁的规模和复杂程度。下面再看 M2060 的情况。它的椁室外长 4.78 米，宽 2.8 米，现存高 1.34 米。底板 10 块，每块长 2.8 米，宽 0.36 ~ 0.53 米，厚 0.14 米，均横铺，南端的一块是门限。椁口用 6 根木柱封门，两侧的一根与壁板作“子口夹角”构合。封门柱直竖在门限上。门限凿出步级、凹槽、卯眼，把封门柱脚扣紧。

椁室内分两层，作立架式结构：在椁室后部约占全长 3/5 的地方，分立 3 对短木柱，木柱不贴侧壁，柱上用榫卯接合横梁，组成 3 对“Π”形的立架。南端短柱里侧凿出子口，与此柱横梁的结合处也凿出子口，成为器物室门洞内的门框。立架上铺板即成两层。

上层左边是棺室。棺室前面原设有木板门扇，下端尚有门轴，门板锯出 3 个凹缺，是拼板相互咬合用的。另外还有 3 个弓形器，形状颇像门把。

棺室及下层器物室的左侧均设边箱。

前室左侧还有间隔结构。隔壁上做出象征窗牖的设置。

器物室前壁的门洞，设板门两扇，可以启合。门洞右侧有直棂窗。①

不厌其烦的叙述只想证明汉代越人将死人的椁室制作得如此实用而又复杂，是如何不遗余力。试想，将直径超过 50 厘米的树木砍伐下来，加工成木板，已属不易。而将这些木板牢固地拼合成这样的椁室，难度更大。既然这种木椁室是当时最流行的，那么可知这种制作工艺的普及程度，进而可见当时的木工手工业水平之高。

目前发现南越国之后的墓葬，多为一般贵族或平民的墓葬，再加上难

① 广州市文物管理委员会等编：《广州汉墓》，文物出版社，1981 年，第 195 ~ 201 页。

以保存的原因，故所见的漆器和丝织品不多。不过有一点值得注意：精致的漆器多了，如M2016所出的8件耳杯均为夹苎胎，而且其上的针刻线纹流转活泼，技法娴熟。M4013所出的套盒，亦为夹苎胎，设计灵巧，漆面光亮如新。

简而言之，西汉后期和东汉时期，岭南聚落遍布各地，城市有所发展。已用犁耕地、施用基肥种植水稻、用铁镰刀收割，虽然未出现践碓等较先进的粮食加工设施，但从墓葬中出土较多与农业有关的器物和各种模型明器可推测，若“毋赋税”，不暴敛，百姓是不忧衣食的。同时，由于制陶业和木工手工业已发展到了相当高的水平，人们的生活内容已经相当丰富。

第三节　造船和航运

一、秦与南越国时期的航运

早在距今5 500年前后，远古越人或已使用“双架艇”沿海航行。

《韩书外传》载，周成王时，越裳（今越南北部）献白雉于周公，并言之凿凿来于海路：“久矣天之不迅风疾雨，海不溢波也，三年于兹矣，意者中国殆有圣人，盍往朝之。”《尚书》有相同记载[①]，《汉书·王莽传》也有提及，当可信。

《左传·哀公十年》：“（吴大夫）徐承帅舟师，将自海入齐，齐人败之，吴师乃还。”[②] 说的是公元前485年，吴国派遣海军由海上进攻齐国，但未入境，即为齐军所击退。这当是一场海战。《史记·吴世家》、《史记·齐世家》也有记载，可信。

实际上，当时吴国海军的装备已经颇具规模了。如《越绝书·佚文》所云：阖闾见子胥，敢问船备何如？“对曰：船名大翼、小翼、突冒、楼

① 见蒙文通：《越史丛考·“越裳为越章”辨》，人民出版社，1983年，第26页。

② 《春秋左传集解》，上海人民出版社，1977年点校本，第1766页。

船、桥船。令船军之教，比陵军（按即陆军）之法。大翼者，当陵军之重车；小翼者，当陵军之轻车；突冒者，当陵军之冲车；楼船者，当陵军之楼车；桥船者，当陵军之轻足骠骑也。”

章巽爬梳了诸多史籍，认为战国时代沿海交通线上的重要港口颇多，而东瓯、冶、番禺等各族越人的都邑也都是比较重要的港口。[①] 并且进一步推论说，《周礼·春官》“以十二风察天地之和”，实际记述着人们在公元前3世纪以前，已对一年中季风的变化有了正确的认识。[②]

既然如此，联系上文所叙述的战国时期的岭南，其社会经济已相对发展，与中原北地的贸易交往又是那样发达，借助海船与东南亚沿海进行交往，也就完全可以理解了。因此可推知“越之犀角、象齿、翡翠、珠玑”中的部分“珍怪”来自海外。

这样，秦始皇时徐福“求仙”最终落户日本，不但可信，而且还可进一步认为，是从琅琊台（今山东藏马）或芝罘（今山东烟台）港口发舶，先向东直驶而去，靠近朝鲜半岛后再沿海岸南下，横渡对马海峡到达日本的九州或本州。[③]

今广州市中山四路的秦汉遗址，或为造船工场，或为建筑遗址，见仁见智。但估计当时有能力制造载重25～30吨的木船[④]，因为下列三条互为增援的资料，是有力的佐证：

其一，建元三年（前138），“闽越围东瓯，东瓯告急。遣中大夫严助持节发会稽兵，浮海救之。未至，闽越走，兵还”。

元朔元年（前128），“东夷秽君南闾等口二十八万人降，为苍海郡”。服虔注曰：“秽貊在辰韩之北，高句丽沃沮之南，东穷于大海。”

元鼎六年（前111），“秋，东越王馀善反，攻杀汉将吏。遣横海将军韩说、中尉王温舒出会稽，楼船将军杨仆出豫章，击之”[⑤]。

这说明，至汉武晚年，西汉王朝制造海船的能力和海军作战能力之

---

① 章巽：《我国古代的海上交通》，商务印书馆，1986年，第8页。

② 章巽：《我国古代的海上交通》，商务印书馆，1986年，第9页。

③ 姚楠等：《七海扬帆》，中华书局（香港）有限公司，1990年，第23～25页。

④ 《广州市文物志》编委会编著：《广州市文物志》，岭南美术出版社，1990年，第50页。

⑤ 《汉书》卷6《武帝纪》，中华书局，1962年标点本，第158、169、189页。

强，完全可能影响到当时的南越国，因为既然闽越有实力“围东瓯”，南越国的海上航运水平也不可低估。

其二，汉武帝准备征伐南越时，大修昆明池，“治楼船，高十余丈，旗帜加其上，甚壮”，那是因为“是时越欲与汉用船战逐”。[①] 这暗示着南越国的楼船亦如此“甚壮”。

经过准备后，汉武帝“令粤人及江淮以南楼船十万师往讨（南越）”。元鼎六年（前111）“冬，楼船将军将精卒先陷寻峡，破石门，得粤船粟因推而进，挫粤锋，以粤数万人待伏波将军”。陷番禺时，“吕嘉、建德以夜与其属数百人亡入海”，“（伏波）遣人追。故其校司马苏弘得建德”。[②]

可见，南越国之河船、海船装备，果真“甚壮”！

其三，考古发掘获南越国时的木船模型5件，均出自今广州。M1048：87只存船底及旁板，系由一整段凿出[③]；东山（今越秀区）的是彩绘楼船，惜未可复原[④]。

此处需注意，随葬品反映人们的欲望，但模型并非出于大墓，表示了当时社会对船的使用相对普遍。进而说明，南越国的造船业已具相当规模。

二、西汉中晚期的航运

汉武帝平定南越之后，又于元封二年（前109）“遣楼船将军杨仆、左将军荀彘将应募罪人击朝鲜”[⑤]。

“（元封五年）冬，行南巡狩……自浔阳浮江，亲射蛟龙江中，获之。舳舻千里。”[⑥] 这次巡幸江海的规模更大。

应当说，汉武帝建元至元封年（前140年至前105年），巡幸江海诸事频繁，这是一个高峰。但自此之后，史籍中非但未见与海河巡幸相关之

---

① 《史记》卷30《平准书》，中华书局，1959年标点本，第1436页。

② 《汉书》卷95《西南夷两粤朝鲜传》，中华书局，1962年标点本，第3854～3858页。

③ 广州市文物管理委员会等编：《广州汉墓》，文物出版社，1981年，第177、475页。

④ 黄淼章：《广州东山西汉木椁墓发掘记》，《广州文博》1986年第4期。

⑤ 《汉书》卷6《武帝纪》，中华书局，1962年标点本，第194页。

⑥ 《汉书》卷6《武帝纪》，中华书局，1962年标点本，第196页。

事，反倒是因为反逆或大旱、冬无冰以致“罢郡”之事不绝于史。[①] 例如：

始元元年（前 86），益州廉头等（西南夷别种名）二十四邑皆反；

始元五年（前 82），罢儋耳、真番郡；

元凤五年（前 76）秋，罢象郡，分属郁林、牂柯；

甘露二年（前 52）夏四月，遣护军都尉禄将兵击珠崖；

初元三年（前 46）珠崖郡山南县反，博谋群臣。待诏贾捐之以为宜弃珠崖，救民饥馑。乃罢珠崖。

为什么要罢郡呢?

“武帝末，珠崖太守会稽孙幸调广幅布献之，蛮不堪役，遂攻郡杀幸。……中国贪其珍赂，渐将侵侮，故率数岁一反。元帝初元三年，遂罢之。凡立郡六十五岁。”[②]

司马光从另一侧面记录：“（初元三年）春，（元帝）诏曰：‘珠崖虏杀吏民，背叛为逆。今廷议者或言可击，或言可守，或欲弃之，其指各殊。朕日夜惟思议者之言，羞威不行，则欲诛之；狐疑辟难，则守屯田；通乎时变，则忧万民。夫万民之饥饿与远蛮之不讨，危孰大焉？且宗庙之祭，凶年不备。况乎辟不嫌之辱哉！今关东大困，仓库空虚，无以内赡，又以动兵，非特劳民，凶年随之。其罢珠崖郡，民有慕义欲内属，便处之；不欲，勿强。’”[③]

若将社会状况、航运和海外交往联系起来考察，可以说西汉晚期中国的航运有过短暂的式微。

又，“建初八年（83），（郑弘）代郑众为大司农。旧交趾七郡贡献转运，皆从东冶（引者注：今福州），泛海而至，风波艰阻，沉溺相系。弘奏开零陵、桂阳峤道，于是夷通，至今（引者注：南朝刘宋范晔时）遂为常路”[④]。

东汉桓帝（147—167 年在位）时，桂阳太守周昕对瀑亭至曲江（今

---

① 可参阅《汉书》中的武、昭、宣、元、成、哀、平帝纪。

② 《后汉书》卷 86《南蛮西南夷列传》，中华书局，1964 年标点本，第 2835 ~ 2836 页。

③ （宋）司马光：《资治通鉴 · 汉纪二十八 · 元帝初元三年》，中华书局，2007 年标点本，第 906 页。

④ 《后汉书》卷 33《郑弘传》，中华书局，1964 年标点本，第 1156 页。

韶关市）之水路进行整治，“由是小溪平直，大道允通。利抱布贸丝，交易而至”①。

这两段文献说的是，在东汉建初八年（83）之前，交趾七郡贡献转运多未经过岭南，而直接泛海经东冶，因此经常沉船溺海。后郑弘开通了岭南峤道，同时桂阳太守周昕又对今韶关一带的水路进行整治，交趾→岭南→岭北各地才成为贸易常路。

另，广州汉墓未见西汉后期的木船模型，属西汉中期的仅有2件：

M2060：34，从所存残板可知，这船的规模较大，为楼船的结构。

M2050：28，复原之，船中有两舱，前舱较高，成方形，上为四阿盖顶，左边开一个方形的“横门”，后舱稍矮一些，长形，两坡上盖，分向两边斜出。舱旁两边有走道。撑楫的木俑有五个，前面四个，尾舱前一俑坐于板凳上。② 这或为行驶于江河的交通船。

此为佐证，亦可从中了解到广东的航运业也受大背景的影响，经历过这种曲折的过程。

三、东汉时期的航运

平帝元始元年（1）“春正月，越裳氏重译献白雉一，黑雉二”。

元始二年（2）“春，黄支国献犀牛”③。

“莽既致太平，北化匈奴，东致海外，南怀黄支，唯西方未有加。……越裳氏重译献白雉，黄支自三万里贡生犀。”④

可见，史称“光武中兴”或“岭南风华，始于二守”⑤，在新莽时期已露端倪。不过，航运业在东汉以后才有更大的发展。

“建武十二年（36），九真徼外蛮里张游，率种人慕化内属，封为归汉

---

① （清）《广东通志》卷200《周府君功勋碑》，商务印书馆，1934年影印本，第3629~3630页。

② 广州市文物管理委员会等编：《广州汉墓》，文物出版社，1981年，第246~248页。

③ 《汉书》卷12《平帝纪》，中华书局，1962年标点本，第348、352页。

④ 《汉书》卷99《王莽传》，中华书局，1962年标点本，第4077页。

⑤ 指九真太守任延和交趾太守锡光，参阅《后汉书》卷76《任延传》，中华书局，1964年标点本。

里君。明年，南越徼外蛮夷献白菟、白兔。至十六年，交趾女子征侧及其妹征贰反，攻郡。……于是九真、日南、合浦蛮里皆应之，凡略六十五城，自立为王。交趾刺史及诸太守仅得自守。光武乃诏长沙、合浦、交趾具车船，修道桥，通障溪，储粮谷。十八年，遣伏波将军马援、楼船将军段志，发长沙、桂阳、零陵、苍梧兵万余人讨之。明年夏四月，援破交趾，斩征侧、征贰等，余皆降散。进击九真贼都阳等，破降之。徙其渠帅三百余口于零陵。于是岭表悉平。"①

当时，"军至合浦而志卒，诏援并将其兵。遂缘海而进，随山刊道千余里"，斩征侧、征贰后，又"将楼船大小二千余艘，战士二万余人，进击九真贼征侧余党都羊等"。②

这两条史料所记载的史实相当丰富。一是光武帝在处理"海外反逆"这类事情时，再也不像元帝那样诛守两难了。讨之，是有政治基础和经济基础的。③ 二是主力军队为"伏波将军"、"楼船将军"率领的，颇具规模的"海军"。三是最后达到"岭表悉平"的手段是全新的"徙其渠帅"。

之后直至顺帝永和二年（137）的一百多年间，"徼外蛮夷"与东汉王朝的关系是以"贡献"和"内属"为主流。

顺帝永和二年，以往利用就近郡兵的方法已不足以解决问题，反而"贼势转盛"了，"会侍御史贾昌使在日南，即与州郡并力讨之，不利，遂为所攻。围城岁余而谷不继，帝以为忧"。顺帝后采纳李固的建议，拜祝良为九真太守，张乔为交趾刺史，采用"设方略"、"开示慰诱"的方法，使"皆降散"，"由是岭表复平"。④

再后的四、五十年间，若"贪暴无度"，则"蛮夷相聚，攻杀县令"；

---

① 《后汉书》卷86《南蛮西南夷列传》，中华书局，1964年标点本，第2836～2837页。

② 《后汉书》卷24《马援传》，中华书局，1964年标点本，第2836～2837页

③ 关于此还有其他方面的解释，如有人认为，刘秀是七郡刺史的连襟，他们两人是同一郡的人（《后汉书·岑彭传》注引《东观汉记》：刺史邓让之妻是刘秀的大姨子）。可能由于这个缘故，刘秀在公元29年轻而易举占领了这片南方领土。参王赓武著、姚楠编译：《南海贸易与南洋华人》，中华书局香港分局，1988年，第32页。

④ 《后汉书》卷86《南蛮西南夷列传》，中华书局，1964年标点本，第2837～2839页。

若“威惠素著”，则“徼外贡献”。但后者是主流。[1]

估计当时海运情况时，一定要把握住这些基本的情况。因此，我们对下面这段阐述表示赞同。

“汉代的造船地点分布全国。在内地的有长安（长安以东的船司空县，今陕西华阴东北，即因造船而得名）、洛阳、巴蜀（四川）、湘州（长沙郡和洞庭湖一带）、庐江郡（今安徽庐江县一带。《汉书·地理志》谓庐江有楼船关，可见西汉时设船官于此。又其所属寻阳，为汉时楼船集中之地）、豫章（今江西南昌附近）。沿海地区有渤海郡（故治在今河北沧县）、琅琊郡（今山东诸城县东南一带）、东莱郡（今山东掖县至福山一带）、会稽郡（秦、西汉时郡治在今江苏苏州，东汉移治今浙江绍兴）、永嘉郡（今浙江温州）、闽越（今福建福州）、南海郡（郡治番禺，今广州）、合浦郡（郡治徐闻，后又移治合浦）、交趾郡、日南郡。”[2]

虽然，东汉初据守长江中游的公孙述已经制造“十层赤楼帛兰船”（唐李贤注“盖以帛饰其兰槛也”[3]）了。不过应当认识到，上举的有些造船地点（如长安）当为西汉时期极盛一时的，东汉初年海运的高度发展，仅局限于东南沿江滨海一带。因为“和帝永元九年（97）都护班超遣甘英使大秦，抵条支（今伊拉克），临大海欲度，而安息（今伊朗）西界船人谓英曰：‘海水广大，往来者逢善风三月乃得度，若遇迟风，亦有二岁者，故入海人皆赍三岁粮。海中善使人思土恋慕，数有死亡者。’英闻之乃止”[4]。

一般认为，甘英未可渡海的一个主要原因是他航海知识的贫乏。作为汉朝一位著名的使者对航海知识认识不足，显然与当时海运业的普及程度低有着密不可分的关系。

东汉广东海运的发展，又可以用出土文物加以说明。

广州汉墓出土的东汉前期木船模型1件。M4013：戊26，经部分复原，得知船上建有重楼，桨十支和橹一支。大部分木板都有彩绘花纹，以朱、

---

① 《后汉书》卷86《南蛮西南夷列传》，中华书局，1964年标点本，第2839页。

② 周连宽等：《汉代我国与东南亚国家的海上交通和贸易关系》，《文史》（第9辑），中华书局，1980年。

③ 《后汉书》卷13《公孙述传》，中华书局，1964年标点本，第537页。

④ 《后汉书》卷88《西域传》，中华书局，1964年标点本，第2918页。

黄、蓝、粉、墨五色相间绘成，有两块三角形的木板，中部镂空，绘以龙虎相斗的画面。另一块可能是船舱上镂空的天花板，画有相背的鸟和云气纹。① 这种楼船的推进器是先进于桨的橹，而且讲究舱位的装饰，应是客货混载的船只。

东汉后期的航船模型较多，但均为陶质模型。前已述及的佛山墓水田附船模型当为农耕运输小艇。

德庆墓出的航船模型首尾翘起，底平。船内分头舱、楼舱和舵楼。头舱拱形蓬顶。楼舱是船上的主体建筑：盖呈庑殿顶，两侧有对称窗户，有门与船尾舵楼相通，两侧墙壁用复线弦纹分成五格，可能表示梁柱结构。楼壁与两边船舷相接处各有三个小孔，大概表示底舱的透光排气孔。② 该船没有见到樯、帆的迹象，但已明确地使用舵了，也是客货混载的船只。

广州墓出土航船模型 4 件。

黑山墓的已残，形制不清。

东郊红花岗船的结构形制较简，船体较长而宽，底平。两舷上而后能够架“梁担”8 根。舱室在中部，不分间格，舱盖为拱形蓬顶，4 俑分立在蓬盖上，皆作撑篙的动态。

M5080：127（图 8－8），船体长条形，首尾狭，中部较宽，底平。船头两边各插桨架 3 根，船舱横架梁担 8 根。船前有锚，船后有舵，两旁为司篙的走道。船内分前、中、后三舱。船尾还有一间矮小的尾楼，后舱右侧附一小房，有门互通，是厕所。船上有俑 6 个。此船应是比较大型的可作客货混载的内河航船。这种船有梁担则船身骨干坚强，吃水深，负载量大，行驶平稳，风涛不易掀簸，显示了当时广州地区造船技术的进步与水运交通的发展。③

---

① 广州市文物管理委员会等编：《广州汉墓》，文物出版社，1981 年，第 356 页。

② 杨耀林等：《广东德庆汉墓出土一件陶船模型》，《文物》1983 年第 10 期。

③ 广州市文物管理委员会等编：《广州汉墓》，文物出版社，1981 年，第 427～430、475 页。

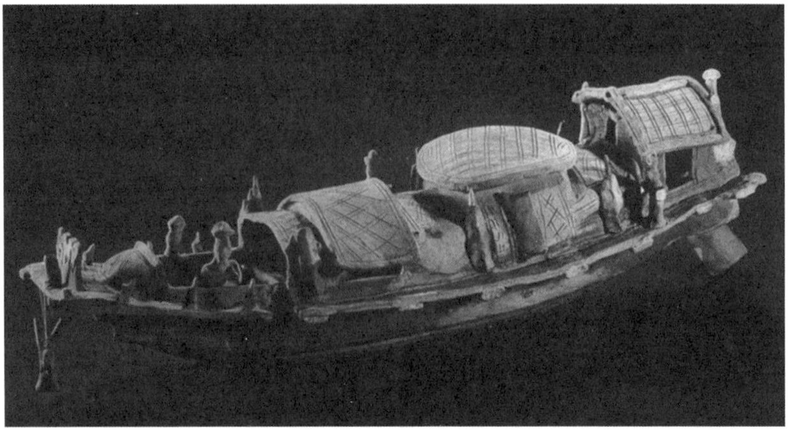

图 8－8　东汉后期船模型（M5080：127）

根据上述的航船模型，言“（秦汉时代，）楼船者，船上建楼三重，列女墙、战格，树幡帜，开弩窗矛穴，外施毡革御火，置炮车，檑石铁汁，状如小垒”①。可信。

东汉末，曹操于建安十三年（208）先“作玄武池以肄（习）舟师”②，同年九月，以“船步兵数十万”与周瑜督领的 7 万～8 万水兵大战于赤壁（今湖北江夏区西赤矶山，或湖北蒲圻西北赤壁山），吴将黄盖取轻利舰十舫，中江举帆，同时放火。时风盛猛，悉延烧岸上营落。倾之，烟炎张天，曹军大败。③ 这就是著名的赤壁之战。此记载中没有涉及大船的结构，但从近百万水军大战的规模估计，大船当是非常壮观的，并已用了帆船。而且上引文献中所提到的交趾七郡贡献转运，皆从东冶（未经岭南）泛海而至，也非用帆船不可。

至此，可以总结岭南秦汉时期的航运情况如下：

秦时，徐福可渡海至日本，岭南亦可造 25～30 吨的木船，沿海岸航行求取“珍怪”。

南越国时，汉武帝制备了高十余丈的楼船，中国航运发展出现高峰，

---

① （明）茅元仪辑：《武备志》卷 116《战船》，天启元年刻本。

② 《三国志》卷 1《魏书一·武帝纪》，中华书局，1959 年标点本，第 30 页。

③ 《三国志》卷 54《吴书九·周瑜传》，中华书局，1959 年标点本，第 1261～1263 页。

南越国也有与之侔比的河船、海船装备，但民众在日常生产生活中较广泛地使用各种木船，却是其他地区所罕见的。

西汉晚期，由于经济萧条、社会动荡，中国航运有过短暂的式微，岭南也受其影响。

东汉初期，端倪于西汉末年的“光武中兴”，促使中国航运渐显兴旺，东南沿江滨海地区，均可见到使用舵、橹和风帆的数层楼船。岭南既有此类大船航行于河海，也有较之简便的各种中、小木船，普遍使用于日常生产生活，一般民众甚至把木船视为努力置备的家产。

第九章

秦汉时期岭南的城市和商业

第一节　关于番禺城起源问题

对番禺城（今广州）的始建年代，学者们有不同的看法。麦英豪认定是秦汉，其证据是“大概从番禺到今日之广州，城区中心一直未变，只是日渐扩展”，“在广州市区内至今还未发现早于秦汉时期的遗迹与遗物”。[①]根据考古发现研究历史，大家都明白的一条常识是有了发现可说其有，没有发现未可说其无。但是近年广州城区的考古发现甚多，这番禺城的四至和规模已经基本清楚，人们就忽略了这条常识，这也可以理解。因此从此说的学者不少。另一说法是曾昭璇所倡，“我们试定广州建城有2 853年历史，时间主要是以越城的历史为依据。计年由1991年计起”。越城是指秦代任嚣、赵佗所建的城池。这座越城前身又是南武城、楚庭郢等。这里是以楚庭郢计起的：“因为郭棐《通志》卷三称‘粤服楚，有楚庭，即今郡城’，时为周夷王八年（前862）。而黄佐《广东通志》亦称‘楚庭郢在番禺’，可见这座小城即广州的前身。但是可惜这座‘楚庭’和‘南武’没有留下考古、文物上的证据。”[②] 由于没有考古上的证据，所引的两种志书又都是明代著作，因此从此说者不多。

马克思和恩格斯合撰的《费尔巴哈》一文说：“随着城市的出现，也就需要有行政机关、警察、赋税等等，一句话，就是需要公共的政治机构。”[③]“城市这种人们的居民点”，“是当社会前进到某些地点出现了人口、手工业生产、商业交换以及财富的集中时而出现的；同时存在的另一些居民点，则表现为人们生活的相对孤立和分散。这也就是说，只有到出现了城市和乡村的差别时，城市才算真正形成。在通常情况下，这个时期便是文明时代的初期”。[④] 张光直广征博引后也认为，“中国初期的城市，不是经济起飞的产物，而是政治领域中的工具。但与其说它是用来压迫被

---

① 麦英豪：《广州城始建年代考》，《广州文博》1986年第3期。

② 曾昭璇：《广州历史地理》，广东人民出版社，1991年，下篇第一章。

③ 《马克思恩格斯选集》，人民出版社，1972年，第56页。

④ 俞伟超：《中国古代都城规划的发展阶段性》，《文物》1985年第2期。

统治阶级的工具，不如说是统治阶级用以获取和维护政治权力的工具”①。

经典作家和前辈考古学家所理解的都是现代意义上的城市。但是东汉许慎在《说文解字》中却把“城”和“市”区别开来，认为“城，以盛民也”；“市，买卖所之也”。这就把番禺城起源的讨论引向复杂了。

如果运用现代意义上的城市概念去分析迄今为止的考古资料，上文所述的“任嚣城”是郡治，盛民的设施、买卖的地方、人口和财富等都比其他居民点更为集中，设有公共行政机构，所有的条件都满足了。无疑就是古人理解的“城”与“市”的重合。

但是，我们给城市开出若干个条件，即使某地点完全满足了，它也不是这座城市的起源而是形成。讨论城市的起源是希望借助城市这个概念（或称范畴）来探讨它形成的过程和动因，进而了解和理解历史。若此，就应该花精力去分析先秦时期，今广州所依傍的某个地方；哪个时段（譬如东周）某一地方的人口密度大，其中的某个居民点又可能集中了更多的人口；哪个时段的古代商品经济发达，某一居民点又可能集中了手工业生产、商业交换以及财富，而其他居民点则相形见绌，进而理解个中的历史实际。

在文献中，《古本竹书纪年》称：“魏襄王七年（前312），越王使公孙隅来献乘舟始周及舟三百，箭五百万、犀角、象齿。”②《今本竹书纪年》也言及：“越王使公孙隅来献乘舟三百，箭五百万及犀角、象齿。”③ 更精确的记载是：“四月，越王使公师隅来献舟三百、箭五百万及犀角、象齿。［《水经·河水注》引《纪年》（诗铭案：‘引纪年’三字原脱）：‘魏襄王七年四月，越王使公师隅来献乘舟始罔及舟三百、箭五百万、犀角、象齿焉。’］”④ 上述这三条记载是可信的：战国晚期越国（辖境在今浙江省一带的越国）通过公师隅向魏国进贡了一批东南沿海特有的物品。

至明清，有四位大史家的著作涉及公师隅，先罗列如下：

明嘉靖黄佐《广东通志·舆地志三》：“广州城始筑自越人公师隅，号

① 张光直：《关于中国初期“城市”这个概念》，《文物》1985年第2期。

② 参仓圣明智大学刊行之学术丛编第15册的第30页。

③ 参《丛书集成初编·竹书纪年》，中华书局，1985年，第89页。

④ 方诗铭等辑证：《古本竹书纪年·周赧王三年》，中华书局，1981年。

曰南武。后任嚣、赵佗增筑之。在郡东。周十里。”①

明万历郭棐《广东通志・郡县志九・流寓》：“周赧王时（前 315—256 年在位），有自立为王者隅。以无疆初避楚，居东武。有怪山浮来镇压其地，因名东武山。乃往相度南海，将依山筑南武城拟之。而越王不果迁，时三晋惟魏最疆，越王与魏通好，于是使隅复往南海，求犀角、象齿以献之。隅久在峤外，乃得诸琛，并吴江楼船，会稽竹箭献之魏。魏王乃起师送越王往荆，栖之沅、湘，于是南武疆土，遂为越贡奉邑，称雄于交趾云。”②

清初顾祖禹《读史方舆纪要・广东二》：“广州城今府城也。旧《图经》：广州州城，始筑自越人公师隅，号曰南武。《吴越春秋》：阖闾子孙避越岭外，筑南武城。后楚灭越，越王子孙避入，始兴令师隅修吴故南武城是也。秦以任嚣为南海尉，初居泷口西岸，俗名万人城，在今城西二十七里。既，乃入治番山隅，因楚亭之旧。其治在今城东二百步，俗谓之任嚣城。又相传南海人高固为楚威王相时，有五羊衔谷，萃于楚亭，遂增筑南武，城周十里，号五羊城。及赵陀代嚣，益广嚣所筑城，亦在今治东，今谓之赵陀城。汉平南越，改筑番禺县城于郡南六十里，为南海郡治，今龙湾、古坝之间是也。”③

清初屈大均《广东新语・宫语》的前半部分基本类似于郭棐通志，后半部分并列三个“或曰”述及筑南武城的三种可能性。其中之一述及：吴国曾在越岭外筑有南武城，越国灭吴时吴王子孙曾避于彼。及楚灭越，“越王子孙自皋乡入始兴，有鼻天子城，令公师隅修吴故南武城。既不果往，而赵佗遂都之。故佗自称南武王，而宫亦号南武宫”④。

《水经注》记载：连水出大庾岭，南流注于东溪（浈江）。又西，邪阶水注之，水出县东南邪阶山。水侧有鼻天子山。鼻天子，所未闻也。邪阶水又西北注于东江。东江水与邸水和利水合，于东江口西注于北江。溱水（也即北江）自此有始兴大庾之名，而南入浈阳县。

---

① （清）《广东通志》（第 15 卷），1997 年誊印本，第352 页。

② 《稀见中国地方志汇刊・广东通志》（第 42 册），第 520 页。

③ （清）顾祖禹辑著：《读史方舆纪要》（第 5 册），中华书局，1955 年，第 4165 页。

④ （清）屈大均：《广东新语》，中华书局，1985 年。

溱水南迳浈阳县，旧汉县也。王莽之基武也。溱水又西南历宁口、太尉二山之间，是曰浈阳峡，溱水出峡，左则资水（当为滃江）注入，溱水又西南，洭水（连江）入焉。溱水又西南，迳中宿县会一里水，其处隘，名曰观岐。溱水又西南迳中宿县南，吴孙皓分四会北乡立焉（当为绥江注入）。溱水又西南注于郁（汇合西江）而入海。[①]

武溪水（武江）东南流，右合溱水（北江），过曲江县名泷水，南出峡（浈阳峡）谓之泷口。西岸有任将军城，南海都尉任嚣所筑也。嚣死，尉佗自龙川始居之。东岸有将军庙。此外，西汉初曾在今广东英德市连江口置洭浦关和万人城，现在又在这一带发现南越国时期的城址。

“汲冢竹书”里的公师隅，根本就没有与岭南的这个“越”，更没有与这个“越”的“城”互相关联的蛛丝马迹。为什么明清的史书却把它变得丰满了？难道这四位大史家也在“层层累加”吗？我们斗胆讨论一下。

需要注意的是，东周时期尤其是战国中晚期，楚、吴、越对岭南地区的政治和文化的影响很大，鉴于此，岭南的越人“臣服”于彼是可以理解的。

在此前提下，吴楚之争吴胜而得势后，吴人扩张至岭南，因为他们需要“求犀角、象齿以献”，于是在紧邻越人经常交换物品的地点——依据上述，战国时期越人的古老商业已经比较发达，这种类似于买卖场所的“市”是存在的——建设一个具有简易防卫设施的“据点”，而且，这两个紧邻的地方是依山傍海、左右通衢的“形胜”之地，这并非不可能。后越王勾践灭吴，吴王子孙借助这个据点苟延残喘。楚灭越后，越王子孙投奔早年被魏王送栖之沅湘山区的公师隅，苟居于始兴鼻天子城的邪阶山一带，因为公师隅久在峤外，便派他去重整吴人的据点，但楚人不果迁，“形胜”之地便为任嚣和赵佗所利用，也是可以理解的。这段历史，假如史家们不把逾岭的吴人等具体为公师隅，不把据点和市具体为南武城，后人是不会质疑的。

实际上，中国史学中大多数的“具体”并非无稽之谈。在王国维的《殷卜辞中所见先公先王考》问世之前，人们确实怀疑夏朝的存在。之后，

---

① （北魏）郦道元：《水经注》卷38，见陈桥驿：《水经注校译》，杭州大学出版社，1999年，第668～671页。

学者们运用他所倡导的“两重证据法”，丰富了三代史，丰富了史前史。前事不忘，后事之师。在此前，我们已经比较充分地说明了，东周时期的珠江三角洲冲积平原尤其是东江冲积平原，已经发展形成了古代商品经济相对发达的农业经济社会，或者说是“地域体系整体”。因而，无论是“城”或“市”，还是二者的重合，都呼之欲出。秦始皇统一岭南后设三郡，南海郡最为重要，任嚣选番禺为郡县同治之地，无疑是因为它具备巩固统治和发展壮大的基础。被选中后，任嚣仅仅经营十年，便踌躇满志，嘱托赵佗以此立国，从此广州长盛不衰。近年，已经积累了相对丰富的广州市及其周边两周时期的考古资料，尤其是广州市萝岗区来峰岗遗址的资料，它们在敦促我们借助城市这个概念（范畴），去探讨番禺城形成的过程和动因，以及这段历史。

第二节　秦汉岭南城市的发展

一、东周秦汉岭南的对外交往与商业意识

有学者在论述南越国商品经济情况时认为，南越国境内的物资交换和南越国与中原内地的关市贸易，基本上都停留在以物易物阶段；南越国与海外的贸易，也采用以物易物的交换方式，因此南越国可能不存在商品经济。[①] 实际上把南越国商品经济活动分为辖区内和辖区外两部分来分析会更清晰些。辖区内的以物易物，无疑可判断其并不存在商品经济。对于辖区外就不必以此来衡量其商品经济的发达程度了。因为哪怕是现代，国与国之间的物资交换也是以物易物的，只不过是借助硬通货来结算而已。

物资交换也好，商品经济也罢，都与商业意识有关。若把商业意识理

① 黄展岳等：《从南越墓看南越国》，《庆祝苏秉琦考古五十五年论文集》编辑组编：《庆祝苏秉琦考古五十五年论文集》，文物出版社，1989 年。

解为“风俗”，则其形成既“系水土之风气”，也“随君上之情欲”。[①]《汉书·地理志》描述完诸郡地理沿革后，在“分野”概述岭南风俗时提到：番禺（今广州）“处近海，多犀、象、玳瑁、珠玑、银、铜、果布之凑[②]，中国往商贾者多取富焉。番禺（今广州），其一都会也”[③]。可见岭南的风俗（商业意识）具有“中国往商贾者多取富焉”的一面。

社会存在决定社会意识。基于上述内容，我们将借助考古学和文献的资料，大致复原东周秦汉时期岭南与海外进行物资交换的历史实际，以说明这是商业意识强烈的表现，进而从商业意识这个侧面探索当时岭南与中原内地经济活动方面的紧密联系性。

（一）岭南的海外交换活动及其所反映的商业意识

1. 东周时期

东周时，东江冲积平原已形成以陶瓷为纽带的贸易交往圈，并且可能通过水路将其影响扩大到沿海和海外岛屿，而番禺很可能就是这个贸易圈的中心。支持这一推测的是上文关于番禺城起源的论述。太史公在列举一系列地名的同时，特别指出邯郸（今河北邯郸）、燕（今河北易县）、临淄（今山东淄博市东北）、陶（今山东定陶西北）、睢阳（今河南商丘市南）、彭城（今江苏徐州）、寿春（今安徽寿县）、番禺（今广州）、宛（今河南南阳）为都会也。而番禺乃珠玑、犀、玳瑁、果布之凑。正如吕思勉所言，“此语必非指汉时”[④]。也就是说，秦汉时番禺这个大都会是在东周社会古老商业意识的基础上发展起来的。

2. 南越国时期

“自日南障塞（今越南岘港）、徐闻（今徐闻）、合浦（今北海）船行可五月，有都元国（今越南南圻一带）；又船行可四月，有邑卢没国（今

---

① 原文为：“凡民涵五常之性，而其刚柔缓急，音声不同，系水土之风气，故谓之风；好恶取舍，动静无常，随君上之情欲，故谓之俗。”见《汉书》，中华书局，1962年标点本，第1640页。

② 《广州汉墓》第478页主要援引韩槐准《龙脑香考》（《南洋学报》1941年第1期）认为，“果布”并非两种物品，而是盛产于今东南亚一带的一种香料，叫“果布婆律”（Kapur Barus），或“婆律”（马来语龙脑香下半Barus之音译），或“果布”（为上半Kapur的音译），或称“果布婆律”。从之。

③ 《汉书》卷28《地理志下》，中华书局，1962年标点本，第1671页。

④ 吕思勉：《吕思勉读史札记·秦营南方上》，中华书局，1980年，第618页。

泰国华富里）；又船行可二十余日，有谌离国（指暹罗古都佛统）；步行可十余日，有夫甘都卢国（今缅甸蒲甘地区）。自夫甘都卢国船行可二月余，有黄支国（今印度东岸建志补罗），民俗略与珠崖相类。其州广大，户口多，多异物，自武帝以来皆献见。有译长，属黄门，与应募者俱入海市明珠、璧琉璃、奇石异物，赍黄金杂缯而往。所至国皆禀食为耦，蛮夷贾船，转送致之。亦利交易，剽杀人。又苦逢风波溺死，不者数年来还。大珠至围二寸以下。平帝元始中（1—5 年），王莽辅政，欲耀威德，厚遗黄支王，令遣使献生犀牛。自黄支船行可八月，到皮奈（今印度尼西亚苏门答腊岛西北部一带）；船行可二月，到日南、象林（日南郡属县中最南一县，今越南广南维川南茶轿地方）界云。黄支之南，有已程不国（Sihadvipa，意为狮子洲，今斯里兰卡），汉之译使自此还矣。”①

学人一般根据这段文献把元鼎六年（前 111）汉武帝平定南越国作为“海上丝绸之路”形成的标志。事实上这是南越国在农业经济、造船和航运相对发展的基础上，积极开拓与海外的交往的延伸，也是南越国人强烈的商业意识所促成的航海成功。例如，航行过程中可能被“剽杀”，也可能“苦逢风波溺死，不者数年来还”，相当危险，但岭南竟有“应募者”与“（译长）俱入海市明珠、璧琉璃、奇石异物，赍黄金杂缯而往”。正是由于这些类似于“程郑”的“贾椎髻之民”② 趋于“利交易”，才勇于冒此风险。下列考古材料也支持这种说法。

上举广州南越王国早期的 M1097 和 M1134 两墓，均为南越国时期最奢华的木椁墓，也随葬有一些与商业贸易有关的物品。此外，编号为 1044、1048、1068、1069、1095、1172 的一些墓葬，其墓主人是中原南迁而接受土著文化（或土著越人受中原文化影响）的富裕者，墓中也随葬有与海外贸易有关的物品，如钱币、丝织品、漆器、熏炉、琉璃和珠饰等，说明这些墓主人的富裕与海外贸易有关，而他们的社会地位又为时人所乐道。

南越王墓随葬品中不乏精美的舶来品：主棺室的银盒（D2，图 9 - 1）、

---

① 《汉书》卷 28《地理志下》，中华书局，1962 年标点本，第 1670 ~ 1671 页。又，书中古今地名对照依《中国大百科全书·中国历史·南海交通》。

② 《史记》卷 120《货殖列传》，中华书局，1959 年标点本，第 3278 页：“程郑，山东迁虏也，亦冶铸，贾椎髻之民。”蒙文通认为“椎髻之民即越人”，见蒙文通：《百越民族考·南越、西瓯》，人民出版社，1983 年，第 19 ~ 23 页。

32枚金花泡（D138）、西耳室的5根原只（非洲）大象牙一捆（C254，图9－2）以及不少精致的象牙雕刻、熏炉和西耳室一个漆盒内的树脂状药物①。这从材料上说明了“四海（南越国）之内，咸仰朕（南越王）德，时乃风”② 的真实性。

图9－1 南越王墓出土的银盒

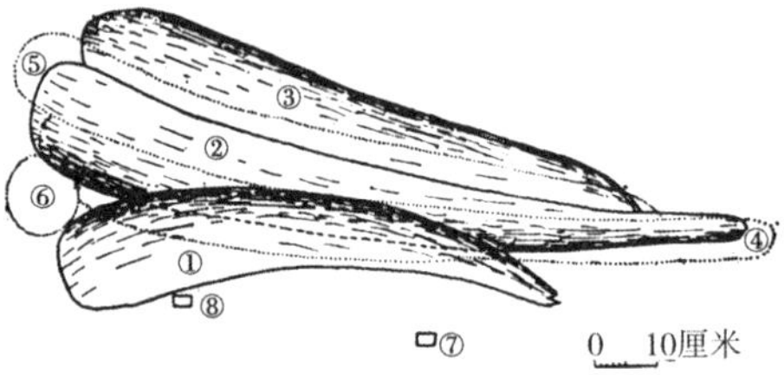

①~⑤象牙（C254-1）；⑥泥饼；⑦⑧金管（C254-2、3）

图9－2 南越王墓出土的象牙

南越国时期，一方面是商业意识的浓烈，另一方面，商品经济尚未发展起来，这似乎是互相矛盾的。但诚如《从南越墓看南越国》所指出的那样：第一，“《汉书·地理志》西汉元始二年统计，南海、郁林、苍梧、交趾、合浦、九真、日南七郡（缺儋耳、珠崖二郡），总户二十一万多，人口一百三十七万多。上溯一百多年的南越国时期，人口恐不及此数，假定南越国人口数（引者注：我们此前估算南越国中期将近一百三十万），其中甲卒占五十万，看来南越的成年男子全部要去当兵打仗，生产只能由妇女承担”。第二，“（南越国）织造技术也是比较发达的。它和制陶、冶铜、炼铁、制漆等手工业一样，都由王国的工官管理生产”。这表明，南越国所实行的是近似于“军事管制”的制度。既然如此，辖区内的商品经济当然发展不起来，但这并不影响南越国和统治阶层对外交往的商业意识。实际上，由于岭南主要手工业原料（如铜材、铁器、丝织原料等）需要由中

① 广州市文物管理委员会等编：《西汉南越王墓》，文物出版社，1991年，第209～210、213、346、139、343、345～346页。

② 《尚书·说命下》，（清）阮元校刻：《十三经注疏》，中华书局，1982年。

原内地供给，更促成了南越国必须与海外交换获取中原内地所冀求的犀、象、玳瑁、珠玑、银、铜、果布，再从中原内地交换获得生产资料。从这一点上说，南越国与海外的交往、与中原内地的交往是相辅相成的，甚至是南越国经济发展的基础和特色。

3. 西汉后期和东汉时期

上文表 7 - 3 虽然只对广州汉墓的部分器物进行统计，但足以说明在南越国及其被并入两汉版图后，南越大地与海外的交往和商业意识并没有衰落过。

此外，在汉武帝平定南越以后一直到东汉末年的考古遗存中，还出现了一些与商业活动有关的特殊用品：毂子是车的零件，铜质者曾出土于南越王墓，广州西汉后期贵族墓葬出土的是陶模型，这意味着从事商业活动的人们已经或渴望拥有车；陶船模型也更多地被发现；还有储钱或收款用的扑满，等等。漆器虽然不多，但值得注意的是，精致漆器的比例比此前高了，如 M2016 所出的 8 件耳杯，均为夹苎胎；M4013 所出的套盒，亦为夹苎胎，设计灵巧，漆面光亮如新。据考古学家莫里斯的研究，在缅甸掸邦境内发现的铜器和青铜器，主要是受中国青铜文化的影响，其铸造青铜器的技术，是从中国传入的。① 而岭南与之比邻，最容易对其发生影响，输出青铜器的可能性最大。《广州汉墓》第 479 页上写道："除一般的五铢铜钱外，在苏门答腊、爪哇和加里曼丹的一些古墓中也出土有中国汉代陶器。其中在苏门答腊出土的一件陶鼎，底部有西汉元帝初元四年的纪年铭文；加里曼丹出土的一件印圆圈纹的陶魁，与广州西汉后期到东汉前期的同类器形极为相似。"如果说南越国时期的陶器尚未达到最高水平的话，之后其质量就接近于瓷器了，例如广州西汉中期墓的泥质硬陶，烧成温度约 1 200℃，施釉的占出土陶器的 64. 23%②，综观之，这样的陶器也是海外交往的见证之一。

文献资料也充分反映了南越大地与海外交往的频繁和商业意识的浓烈。

---

① 陈炎：《中缅文化交流两千年》，见周一良主编：《中外文化交流史》，河南人民出版社，1987 年，第 3 页。

② 广州市文物管理委员会等：《广州汉墓》，文物出版社，1981 年，第 206 页。

仅出珍珠而不产粮食的合浦郡（辖徐闻、高凉、合浦、临允、朱卢五县，但这里可能仅指盛产珍珠的徐闻县和合浦县），因为商贩常通，郡民可用珍珠换买粮食，在此安居乐业。但由于以前的郡守多为贪婪者，严责郡民过度采珠，导致珍珠质次量减。于是商旅不来，径到比邻的交趾郡贸易珍珠了，使原来的郡民“贫者饿死于道”。孟尝任太守之后，革除前弊，珍珠业复苏，商业繁荣，孟尝被奉为神明。①

东汉后期的吴恢为南海太守时，冀写经书车载北返，但年仅十二岁随之从官的儿子却劝说：“今大人逾越五岭，远在海滨，其俗诚陋，然旧多珍怪，上为国家所疑，下为权戚所望。此书若成，则载之兼两。昔马援以薏苡兴谤，王阳以衣囊徼名。嫌疑之间，诚先贤所慎也。”恢乃止。② 这说明西汉晚期以降，逾五岭求珍怪已是路人皆知的事实。进而言之，东汉时，番禺（今广州）显然是一个重要的商品集散地。

东汉末年的士燮兄弟雄长交趾郡治龙编（今越南河内），出入不但鸣钟磬，还有“笳箫鼓吹”，“胡人夹毂焚香”；吴时，他们还年奉予孙权“奇珍异果”，其中包括出产于海外的琉璃、翡翠、玳瑁、犀、象等。③

难怪李吉甫《元和郡县志》中说：“汉置左右侯官，在徐闻县南七里，积货于此，备其所求，与交易有利。故谚曰：欲拔贫，诣徐闻。”④

（二）中原内地的商业意识

上述民谚所反映的商业意识，不禁使我们想起了战国时期吕不韦花重金服侍秦质子异人、收买华阳夫人，最后登上政治舞台的故事和他的一段妙论：“吕不韦问其父：‘耕田之利几倍?’曰：‘十倍。’‘珠玉之赢几倍?’曰：‘百倍。’‘立国家之主赢几倍?’曰：‘无数。’曰：‘今力田疾作不得暖衣余食；今建国立君泽可以遗世。愿往事之。’”⑤ 只有商业贸易和商业意识发展到相当高的水平，才会出现这样的事情。

---

① 《后汉书》卷76《孟尝传》，中华书局，1964年标点本，第2473页。

② 《后汉书》卷64《吴佑传》，中华书局，1964年标点本，第2099页。

③ 事见《三国志》卷49《吴书四·士燮传》，中华书局，1959年标点本，第1192~1193页。

④ （唐）《元和郡县志·阕卷逸文》卷3，中华书局，1983年点校本，第1087页。

⑤ 《战国策》卷7，上海古籍出版社，1985年点校本，第275页。

史学界过去一般认为秦代的商品经济不甚发达，直到《云梦秦简》出土之后才改变看法。

《秦律十八种》中的《金布律》记载："百姓市用钱，美恶杂之，勿敢异。"说的是百姓在交易中所用的铜钱，无论是新钱还是磨损的钱必须同样通用，不得选择。

"禀衣者，……冬人百一十钱，夏五十五钱；其小者冬七十七钱，夏四十四钱。"这里规定得很详细：没有妻子的隶臣、府隶和城旦，要向官府领取衣服的，冬季每人缴一百一十钱，夏季五十五钱；小号的，冬季七十七钱，夏季四十四钱。夏季的、小号的耗料少，也少缴钱。

《司空》："有罪以赀赎及有债于公，以其令日问之，其弗能入及偿，以令日居之，日居八钱；公食者，日居六钱。"大意是有罪或欠债于官府要用钱来偿还的，应规定期限让其执行。如无力偿还的，即自规定日期起使之以劳役抵偿债务。每劳作一天抵偿八钱；由官府给予饭食的，每天抵偿六钱。①

一般平民也是这样。黑夫和惊都是秦设南郡后，由安陆"直佐淮阳"的士兵。黑夫的家书中有这样的一段话："遗黑夫钱，毋操夏衣来。今书即到，母视安陆丝布贱，可以为禅裙襦者，母必为之，今与钱偕来。其丝布贵，徒钱来，黑夫自以布此。"②黑夫的意思是安陆的丝布若便宜，母亲就帮他做衣服捎来，若贵就寄钱来他自己买布缝制。惊的家书说的也是钱和布的事情。

只要认真分析两汉时期的正史也能理解这种强烈的商业意识。

贾谊说："今背本趋末，食者甚众，是天下之大残也。"为什么会这样呢？虽然汉高祖时"凡米石五千，人相食，死者过半"，但"孝惠、高后之间，衣食兹殖"，社会经济得到了复苏。在贾谊看来战国是一个"贵诈力而贱仁谊，先富有而后礼让"的时代，文景时"民近战国"，因此民"皆背本趋末"。尽管"上感谊言，始开籍田，躬耕以劝百姓"，但实际上

---

① 睡虎地秦墓竹简整理小组：《睡虎地秦墓竹简》，文物出版社，1978 年，第 55、67、84 页。

② 湖北孝感地区第二期亦工亦农文物考古训练班：《湖北云梦睡虎地十一座秦墓发掘简报》，《文物》1976 年第 9 期。

已如晁错所言："今法律贱商人，商人已富贵矣；尊农夫，农夫已贫贱矣。"[①] 也就是说，随着经济的复苏，史称重农抑商的文景时期，人们的商业意识已经相当强烈了。

"故待农而食之，虞而出之，工而成之，商而通之。此宁有政教发征期会哉？人各任其能，竭其力，以得所欲。故物贱之征贵，贵之征贱，各勤其业，乐其事，若水之趋下，日夜无休时，不召而自来，不求而民出之。岂非道之所符，而自然之验邪？"[②] 从这段话中可了解到太史公已经理解了一般的经济规律：农产品，民既赖之为生，也是"工"的原料，而商业促使了这些工、农产品（商品）的流通。商品的价格低需求就大，价格高需求就小，自然调节，这就是人为所不能改变的"道"。如果说这是太史公从社会实际生活中"悟"出来的"道"，那么也就说明秦汉时期人们的商业意识已经强烈到一位古代史家也能够"悟"出近代经济规律来了。

汉武帝建元六年（前135），番阳令唐蒙随军征闽越，后奉王恢之命出使南越，从吃蜀产的枸酱中打听到"南越以财物役属夜郎"的岭南贸易事实，进而悟出由夜郎浮船牂牁江进攻南越之军事路线。[③] 唐蒙的聪明在于精通商业奥秘。

桑弘羊更把"天下名都"形成的内在原因说得一清二楚："非有助之耕其野而田其地者也，居五诸之冲，跨街衢之路也。故物丰者民衍，宅近市者家富。富在术数，不在劳身；利在势居，不在力耕也。"[④]

西汉末年，"平帝元始中，王莽辅政，欲耀威德，厚遣黄支王，令遣使献生犀牛"[⑤]。这从侧面说明当时商业意识的复苏。

"建初八年（83），（郑弘）代郑众为大司农。旧交趾七郡贡献转运，皆从东冶（今福州），泛海而至，风波艰阻，沉溺相系。弘奏开零陵、桂阳峤道，于是夷通，至今遂为常路。在职二年，所息省三亿万记。"[⑥] 这是

---

① 《汉书》卷24《食货志上》，中华书局，1962年标点本，第1127～1133页。

② 《史记》卷120《货殖列传》，中华书局，1959年标点本，第3254页。

③ 《汉书》卷95《西南夷两粤朝鲜传》，中华书局，1962年标点本，第3839页。

④ （明）桓宽撰，白兆麟注：《盐铁论·通有》，安徽大学出版社，2012年。

⑤ 《汉书》卷28《地理志下》，中华书局，1962年标点本，第1671页。

⑥ 《后汉书》卷33《郑弘传》，中华书局，1964年标点本，第1156页。

东汉官僚具有浓烈商业意识的真实写照。

治岭南文化者认为，岭南物质文化和观念文化的诸特征及内涵中，起主导作用的是商业性和平民性两个内涵，其中又以商业性为基础。[①] 本目仅追溯东周以来的考古和文献资料所反映的岭南对外交往情况，以充分说明之。东周以降，随着珠江三角洲冲积平原的逐渐形成，岭南远古文化也转变为以农业为主导的区域文化。因此能够相当地植入中原内地的农业文化因素而显示出更多的趋同性。[②] 然而如上文所论，东周秦汉中原内地文化又并非纯粹为“重本抑末”所左右，实际的社会生活和观念中至少存在着“贱商人，商人已富贵矣；尊农夫，农夫已贫贱矣”的强烈观念。正是这两种因素的啮合，促使岭南文化的重商性特质得以发展壮大。反过来说，治岭南文化者应当足够重视考古学研究成果所体现的岭南文化诸要素的生成与壮大过程，特别是东周秦汉这个关键时期中原内地文化对它们的影响作用。

二、两汉时期岭南城市的发展

（一）番禺是西汉海外交往中最主要的南方港口

在海上丝绸之路史的研究中，我们觉得借助“主要港口”更有效，因而本目专门探讨《汉书·地理志下》所提及的日南障塞、徐闻、合浦、番禺四个港口的地理环境和经济基础以及商业环境和交通路线的基本情况。

《汉书·地理志下》的这段文献是本目讨论的中心资料（下称地理志文献），先录出以便于行文。

（粤地）处近海，多犀、象、玳瑁、珠玑、银、铜、果布之凑，中国往商贾者多取富焉。番禺（今广州），其一都会也。（下称前段文献）。

自合浦徐闻南入海，得大州，东西南北方千里，武帝元封元年（前110）略以为儋耳、珠崖郡。（以下54字述海南岛的情况，省之）自初为郡县，吏卒中国人多侵陵之，故率数岁壹反。元帝时（初元三年，前46）[③]，遂罢弃之。（下称中段文献）。

---

① 李权时主编：《岭南文化》，广东人民出版社，1993年，第60、62页。

② 赵善德：《运用考古资料探索先秦岭南文化的尝试》，《文博》2003年第4期。

③ 《汉书》卷9《元帝纪》，中华书局，1962年标点本，第283页。

自日南障塞（今越南岘港）、徐闻（今徐闻）、合浦（今北海）船行可五月，有都元国（今越南南圻一带）；又船行可四月，有邑卢没国（今泰国华富里）；又船行可二十余日，有谌离国（指暹罗古都佛统）；步行可十余日，有夫甘都卢国（今缅甸蒲甘地区）。自夫甘都卢国船行可二月余，有黄支国（今印度东岸建志补罗），民俗略与珠崖相类。其州广大，户口多，多异物，自武帝以来皆献见。有译长，属黄门，与应募者俱入海市明珠、璧琉璃、奇石异物，赍黄金杂缯而往。所至国皆禀食为耦，蛮夷贾船，转送致之。亦利交易，剽杀人。又苦逢风波溺死，不者数年来还。大珠至围二寸以下。平帝元始中（1—5 年），王莽辅政，欲耀威德，厚遗黄支王，令遣使献生犀牛。自黄支船行可八月，到皮宗（今印度尼西亚苏门答腊岛西北部一带）；船行可二月，到日南、象林（日南郡属县中最南一县，今越南广南维川南茶轿地方）界云。黄支之南，有已程不国（Sihadvipa，意为狮子洲，今斯里兰卡），汉之译使自此还矣。[①]（下称后段文献）。

1. 关于“始发港”的提法

由后段文献知汉武帝时“南海丝绸之路”已经形成。这方面的研究由来已久，成果丰硕。[②] 20 世纪 80 年代末至 90 年代初，为配合和参与联合国教科文组织的“丝绸之路”综合研究活动，又掀起研究热潮，增添了新成果。[③] 2000—2003 年，分别在徐闻、雷州和广州召开了与此相关的学术

---

① 《汉书》卷 28《地理志下》，中华书局，1962 年标点本，第 1670 ~ 1671 页。又，书中古今地名对照依《中国大百科全书·中国历史·南海交通》。

② 请参陈佳荣：《西汉南海远航之始发点》，广东省博物馆编：《广东博物馆集刊》，广东人民出版社，1999 年，附录。

③ 当时主要出版了几种著作：a. 广东省文物管理委员会等编：《南海丝绸之路文物图集》，广东科技出版社，1991 年；b. 广东省人民政府外事办公室等编：《广州与海上丝绸之路》，广东省社会科学院，1991 年；c. 广州市国家历史文化名城发展中心等编：《论广州与海上丝绸之路》，中山大学出版社，1993 年；d. 李建生等主编：《南海“海上丝绸之路”始发港——雷州城》，海洋出版社，1995 年。

会议，成果也陆续问世。[①] 但由于多数学者一般只援用后段文献[②]，而后段文献中仅出现西汉版图中的三个地名，因此番禺是不是“南海丝绸之路”的“始发港”便成了论题。

“始发港”或“始发港之一”的提法，似本于后段文献中的“自”字。其实这里的“自……”也可解释为“从……计算起”。因为从徐闻或合浦出发，都要经过日南，而且航程或航行时间均相近，所以这实际上是两条在日南合二为一的航线（从日南航行到都元国，无须5个月，故计算的起始港口应是徐闻或合浦而不是日南）。这样，徐闻和合浦都是“始发港”了。本来“始发港”的提法就暗示着其他港口是中转港，因此后来就生出了“始发港之一”的提法。

其实，海船货运都是沿途泊港补给和卸货、装货的，在一条航线上，只要在某一港口装、卸主要货物，它就是主要港口。例如，以下这种情况是可能存在的：某些货船在雷州装载了10% ~20% 的货物，起航到徐闻，补充一些淡水、粮食，再装载80% ~90% 的货物，然后远航。若按这种提法，“始发港”应是雷州，但它只装载了10% ~20% 的货物，并不比徐闻重要。又例如，某些货船在番禺装载了80% ~90% 的货物，航行到徐闻再装载10% ~20% 的货物，然后远航。若按离开边境才算“始发”的提法[③]，始发港应在徐闻，但这时徐闻并不比番禺重要。因此“始发港”的提法并不一定能准确地反映历史实际，我们提倡使用“主要港口”而不沿用“始发港”或“始发港之一”。

---

① 前期的成果请参考《岭南文史》2000年第4期（湛江专刊）和2001年第3期；章深：《广州“海上丝绸之路”及其相关研究的新进展——“广州与‘海上丝绸之路’学术座谈会”评述》。后期有广东省文史研究所《岭南文史》编：《海上丝绸之路与中国南方港学术讨论会论文集》，岭南文史杂志社，2002年；黄启臣主编：《广东海上丝绸之路史》，广东经济出版社，2003年。

② 中山大学黄启臣教授注意到了前段文献的重要性，但未充分发挥，请参黄启臣：《徐闻是西汉南海丝绸之路的出海港》，《岭南文史》2000年第4期；陈佳荣先生引全了，但未将三段文献结合起来论述，请参陈佳荣：《西汉南海远航之始发点》，广东省博物馆编：《广东博物馆集刊》，广东人民出版社，1999年，附录。

③ 曾昭璇等：《广州：古代海上丝绸之路的起点城市》，广东省人民政府外事办公室等编：《广州与海上丝绸之路》，广东省社会科学院，1991年。

2. 番禺是西汉海外交往中的最主要港口

一个重要港口能否生成和发展，必须具备诸如自然、商业和运输等方面的优越环境。现主要利用考古资料等史料，考察比较地理志文献提及的日南障塞、徐闻、合浦、番禺四个港口及其相关地区这几方面的情况，以说明哪个港口是主要的，哪个是次要的。

（1）日南障塞。

汉武帝平定南越国后设日南郡，其建制当与北方边郡略同。当时边郡的部都尉直属于郡太守，兼主屯兵、屯田之事，守若干塞（或名障、障塞）。塞由候统辖而与塞尉直属若干部。部有候长、候史，下辖数隧。隧有隧长，率卒数人。[①]《居延新简》中的“候粟君所责寇恩事”册说东汉建武初年，客民寇恩受甲渠候粟君雇佣运鱼去觻得出售，二人后因经济纠纷而最终发生狱讼。又说，有些“候”甚至私铸钱币，干起“盗发冢”的勾当来。[②] 可见两汉之际边郡官吏从事商业活动以牟取暴利的现象相当普遍和严重。由此看来，日南郡的太守、候和塞尉经营商业也是完全可能的。同理，西汉王朝的船队到达日南障塞时，在此补充货物或其他给养，或者今东南亚诸国来华商船在此暂作泊靠，卸下部分货物再行北上，都是可能的。

然而，这个障塞不一定与日南郡治（都尉府治）或候官（候之官署）同为一地，例如后段文献中涉及的象林，就是黄支国使者泊靠的港口，但并非日南郡治，也不一定是县治[③]，也无法排除在日南郡某地设置了障塞只是汉武帝时昙花一现的事情。

因为竟宁元年（前33）匈奴呼韩邪单于入汉，“请罢边备塞吏卒，以休天子人民。天子令下有司议，议者皆以为便。郎中应侯习边事，以为不可许”。后来元帝使车骑将军口谕单于曰：“中国四方皆有关梁鄣塞，非独以备塞外也。”[④] 请注意“议者皆以为便”句。

又，《后汉书·志第二十三·郡国五》最后有司马彪一段话：“世祖中

① 陈梦家：《汉简缀述》，中华书局，1980年，第68、210页。

② 甘肃省文物考古研究所等：《居延新简》，文物出版社，1990年，第475~478页。

③ 一般认为象林即日南郡最南的一个县，这个停泊港口之地即为县治，但没有实证。

④ 《汉书》卷94《匈奴传》，中华书局，1962年标点本，第3803~3805页。

兴，惟官多役烦，乃多并合省郡、国十，县、邑、道、侯国四百余所。”刘昭在该处注曰：“世祖中兴……边陲萧条，靡有孑遗，鄣塞破坏，亭队绝灭。”

这两条文献说明至西汉晚期，障塞破坏，亭队绝灭，是真实的；而且在多数“议者”看来，也不必去缮治它。北方的障塞尚且如此，远离中原的日南障塞就更难长久维持了。

支持这种判断的还有西汉航海造船由盛转衰和罢郡之事实。

建元三年（前138），“闽越围东瓯，东瓯告急。遣中大夫严助持节发会稽兵，浮海救之。未至，闽越走，兵还”。

元鼎六年（前111）“秋，东越王余善反，攻杀汉将吏。遣横海将军韩说、中尉王温舒出会稽，楼船将军杨仆出豫章，击之”[①]。

这说明了至汉武晚年，西汉沿海地方政权制造海船和海军作战能力之强。

平定南越前夕，因为“是时越欲与汉用船战逐”，所以大修昆明池，“治楼船，高十余丈，旗帜加其上，甚壮”。[②] 陷番禺时，“吕嘉、建德以夜与其属数百人亡入海”，“（伏波）遣人追。故其校司马苏弘得建德”。[③] 南越国之河船、海船装备，也如此“甚壮”！

元封二年（前109），“遣楼船将军杨仆、左将军荀彘将应募罪人击朝鲜”[④]；“（元封五年）冬，行南巡狩……自浔阳浮江，亲射蛟龙江中，获之。舳舻千里”。[⑤]这次巡幸江海的规模更大。

所以说，汉武帝建元至元封年间（前140年至前105年），巡幸江海诸事频繁，这是西汉航海造船的高峰。但自此之后，史籍中非但未见与海河巡幸相关之事，反倒是因为反逆或大旱、冬无冰以致“罢郡”之事不绝于史。

始元元年（前86），益州廉头（西南夷别种名）等二十四邑皆反；始

① 《汉书》卷6《武帝纪》，中华书局，1962年标点本，第158、189页。

② 《史记》卷30《平准书》，中华书局，1959年标点本，第1436页。

③ 《汉书》卷95《西南夷两粤朝鲜传》，中华书局，1962年标点本，第3854～3858页。

④ 《汉书》卷6《武帝纪》，中华书局，1962年标点本，第194页。

⑤ 《汉书》卷6《武帝纪》，中华书局，1962年标点本，第196页。

元五年（前82），罢儋耳、真番郡；元凤五年（前76）秋，罢象郡，分属郁林、牂柯；甘露二年（前52）夏四月，遣护军都尉禄将兵击珠崖；初元三年（前46），珠崖郡山南县反，博谋群臣。待诏贾捐之以为宜弃珠崖，救民饥馑。乃罢珠崖。①

广州汉墓获南越国时（前219年至前111年）的木船模型5件②；东山（今越秀）出土的还是彩绘楼船，惜未可复原③。随葬品反映了人们的欲望，而模型并非出于大墓，表示了社会对船的普遍需求。进而说明，南越国的造船业已具相当规模。但西汉中期（至元成之际）墓所出的木船模型仅有2件④，而未见西汉后期（至建武初年）的木船模型。从中可了解到广东的航运业也受大背景的影响，经历由盛转衰的过程。

海外边郡的经济发展是到了西汉末东汉初才开始有起色的："九真俗以射猎为业，不知牛耕，民常告籴交趾，每致困之。"建武初，任延为太守，"乃令铸作田器，教之垦辟。田畴岁岁开广，百姓充给"⑤。"平帝时（1—5年），汉中锡光为交趾太守，教导民夷。渐以礼义，化声侔于延。……岭南华风，始于二守焉。"⑥

综合当时的历史情况，均不支持日南障塞成为相对持久的主要港口；当然，也可能仅是汉武帝时中国远航船只临时泊靠的地点而为地理志文献所提及。

（2）徐闻。

唐李吉甫说："雷州徐闻县，本汉旧县……汉置左右候官，在徐闻县南七里，积货物于此，备其所求，与交易有利。故谚曰：欲拔贫，诣徐闻。"⑦ 西汉王朝意识到徐闻对控制海南岛和有效管辖交趾、九真、日南的重要性，故在此设候官，而候官利用仓库，囤积货物，进行贸易，是完全

① 可参阅《汉书》中的武、昭、宣、元、成、哀、平帝纪。
② 广州市文物管理委员会等编：《广州汉墓》，文物出版社，1981年，第177、475页。
③ 黄淼章：《广州东山西汉木椁墓发掘记》，《广州文博》1986年第4期。
④ 广州市文物管理委员会等编：《广州汉墓》，文物出版社，1981年，第246～248页。
⑤ 《后汉书》卷76《任延传》，中华书局，1964年标点本，第2462页。
⑥ 《后汉书》卷76《任延传》，中华书局，1964年标点本，第2462页。
⑦ （唐）《元和郡县志·阙卷逸文》卷3，中华书局，1983年点校本，第1087页。

可能的。这也是候官军需职能的延伸。[①] 结合上引汉简所知的汉边郡官吏从事商业活动的情况，可信。

距唐徐闻县治（今麻鞋村）南约7里，即雷州半岛最南端的窖尾湾。现在窖尾湾的北部是一片塱地，其间生长着红树林等近岸植物。一条小河自塱地北缘山后逶迤南来，水面逐渐宽阔。湾南面临琼州海峡，近岸水域仍较深。再南远望见三个小洲，即清宣统《徐闻县志》中所说的“前临海，峙三墩”。就地理景观言，完全具备主要港口的条件。

1990年，考古工作者在窖尾湾两侧隶属于五里镇的仕尾村、二桥村和南湾村一带进行考古调查，采集到板瓦、筒瓦、瓦当和陶片等遗物，乃至“万岁”瓦当和1枚阴刻着“臣固私印”的铜印。1993年又在二桥村东缘临湾的高地上发掘了350平方米，出有墓葬、灰坑、房基和水井。1号墓、2号房基和②C层的年代或为西汉前期，其余则为西汉中期，文化遗存较丰富。[②] 又承当地考古工作者告知，2001年夏季还抢救性地清理了几座东汉砖室墓。再联系到近几年在此地周边地区的考古发现[③]可知，这里的聚落群略具规模，延续时间较长。甄定为港口遗址不会有什么问题。然而它要成为一个主要港口，还欠缺其他条件。

如港口腹地经济的发展水平较低，缺乏支持。“（徐闻）不产谷实。而海出珠宝，与交趾比境，常通商贩，贸籴粮食。”[④] 既然徐闻直至东汉还不生产粮食，西汉时的经济发展水平应当更低。平心而论，上引考古材料中，属于西汉的还很单薄，窖尾湾附近的聚落是在西汉逐渐生成，到了东汉才略具规模的。

又如交通路线，其海路部分应为：横渡琼州海峡后沿着“东西南北方千里的大州”（即今海南岛）的西岸航行到达其西南端某地，休整补给后直航日南障塞，与合浦航线合二为一。这段航程近250公里，虽需“横

---

① 张荣芳等：《汉代徐闻与海上交通》，见广东省文史研究馆《岭南文史》编：《海上丝绸之路与中国南方港学术研讨会论文集》，岭南文史杂志社，2002年。

② 崔勇：《广东徐闻县五里镇汉代遗址》，《文物》2000年第9期。

③ 何纪生等：《广东徐闻东汉墓——兼论汉代徐闻的地理位置和海上交通》，《考古》1977年第4期。

④ 《后汉书》卷76《孟尝传》，中华书局，1964年标点本，第2473页。

渡”琼州海峡和北部湾南海口，但根据表层海流的情况①以及当时的造船水平和航海技术②，不会太难。徐闻港通往内地的路线是由鉴江或南流江而上，经玉林平原，入北江、西江，溯漓江而上，过灵渠入湘江，进入长江水系。有学者认为这虽然几经周折，但在航海技术落后的条件下，这条商路终究是较安全的。③ 但我们认为这段路既不安全也不便捷：第一，有一段百余公里的艰辛陆路。相对于水路来说，陆路效率低，难防强盗杀人掠货，更有甚者还有包括老虎在内的猛兽。④ 第二，上述路线最终要利用灵渠进入长江水系，那么要全走水路的话，则可经番禺溯西江更为便捷，如此番禺的重要作用也就凸显了。

因此说徐闻只是一般重要的港口。

（3）合浦。

“合浦郡，武帝元鼎六年开，莽曰桓合。属交州。……县五：徐闻，高凉，合浦，有关。莽曰桓亭。临允……朱卢。都尉治。”⑤ 虽然合浦不是首县，但设关。王莽改合浦郡为桓合郡，也把合浦县的关名改为桓亭。关，要塞也。亭，“大率十里一亭，亭有亭长。十亭一乡……县大率方百里，其民稠则减，稀则旷。乡、亭亦如之……（全国）凡……乡六千六百二十二，亭二万九千六百三十五”⑥。

可见，西汉王朝把合浦看成一个要地。西汉合浦郡治在今广西合浦东北。建武十九年（43）交趾平定后，合浦郡治由徐闻迁至合浦境内的旧州（今浦北旧州）。合浦港口则在今合浦县城廉州镇西南5公里的三叉港（今乾江圩旁）。原来的合浦海湾，虽然已被南流江和海水回流夹带的泥沙淤积成较小面积的三角洲，但西汉时却是南流江的入海口，环境优越。从这里起航出海沿北部湾西行，可到占城、暹罗（泰国）、真腊（柬埔寨）、爪

---

① 参陈立新：《海上丝路话徐闻》，《岭南文史》2000年第4期。

② 《淮南子》卷11《齐俗训》：“乘船而惑者，不知东西，见斗极则寤矣。”见（汉）刘安：《淮南子》，上海古籍出版社，1991年，第113页。

③ 陈代光：《论秦汉时代徐闻、合浦、番禺在我国对外贸易中的地位》，见李长傅等：《南洋史地与华侨华人研究》，暨南大学出版社，2001年，第293~306页。

④ 《广东新语》卷21《兽语·虎》：“高、雷、廉三郡多虎。”见（清）屈大均：《广东新语》，中华书局，1985年，第531页。

⑤ 《汉书》卷28《地理志下》，中华书局，1962年标点本，第1630页。

⑥ 《汉书》卷19《百官众卿表上》，中华书局，1962年标点本，第742页。

哇、满剌加、三佛齐（今印度尼西亚婆罗洲、加里曼丹），直至波斯湾沿岸。通往内地的路线多为水路，即溯南流江走到尽头，再陆行约 20 公里，可在今广西北流市进入北流江，顺水进入西江，再溯西江及其支流经过灵渠进入长江水系。

我们在前文已述及了“北部湾沿岸”的文化遗存，目的是想说明那里是人口比较密集的地方。其实也顺便交代了具有海外交往特征的文化遗存。近年，广西的考古工作者又在合浦一带做了不少工作，所出土的遗存中确实有可视为“丝绸之路的物证”[①]。而且考古调查发现，合浦县城廉州镇东南、西南侧距离现在海岸 5 ~ 20 公里不等的地方，还有许多的汉墓未被发掘，说明当时这里生产得到发展，聚落规模大，商业和手工业繁荣。《盐铁论 · 力耕第二》云：“美玉珊瑚出于昆仑，珠玑犀象出于桂林。”可见作为一个港口，合浦在西汉中后期已具相当影响。

综合上述资料，可说合浦港基本具备了海外贸易主要港口的条件，应是西汉中期至东汉时期一个比较重要的港口。但有一个问题不可回避：在今北部湾顶端的合浦地区，我们确实只能检索到极为有限的六朝墓葬资料，可见到了六朝，那里又重新回到了西汉中期之前“地广人稀”的时代。[②] 其原因应当是：东汉桓帝时孟尝任合浦太守之前，合浦郡珍珠被过度开采，致使数量质量下降，合浦郡“行旅不至，人物无资，贫者饿死于道”。直到孟尝任合浦太守，革除弊端，方才“去珠复还，百姓皆反其业，商货流通”[③]。至三国时，“珠禁甚严，虑百姓私散好珠，禁绝去来”。演至东晋，番禺作为海上丝绸之路最主要港口的地位得以强化，而合浦郡“土地硗确，无有田农”，复又“人以饥困”（事指今徐闻地区，但今合浦地区基本同此）。[④] 由此可见，对于一个海外交往的主要港口，雄厚的腹地经济基础是尤为重要的，而合浦地区当时并不具备这样的条件。

---

① 广西壮族自治区文物工作队等：《合浦风门岭汉墓——2003—2005 年发掘报告》，科学出版社，2006 年。

② 黄小茜：《利用考古材料剖析六朝岭南人口分布格局及其相关问题》，暨南大学硕士学位论文，2010 年。

③ 《后汉书》卷 76《孟尝传》，中华书局，1964 年标点本，第 2473 页。

④ 《晋书》卷 57《陶璜传》，中华书局，1974 年标点本，第 1561 页。

（4）番禺。

其一，地理环境和经济基础。东周以降，珠江三角洲冲积平原迅速形成，战国晚期这里可能居住着 70 万～80 万人。而番禺地处珠江三大干流的汇合处，北倚低山丘陵，南临网河平原，可充分利用“山”、“水”的丰富资源；东西数百里肥沃的冲积平原，利于农耕。只有驻足于此方可信“负山险阻，东西南北数千里”[①] 之言。

具备了这样的基础，经过南越国近百年的经营，社会经济已有很大的发展。概而言之，南越国时有都城、港口、边关、农业等种类多样的聚落分布各地。人们主要用铁或铜质工具进行农业生产，主食有水稻、黍和粟，副食丰富多样。陶器已发展到了顶峰。漆器的工艺水平还不高，却是官营的。从木椁室的情况可知，当时已能制作大开间的房屋。纤维布为一般平民的衣着。丝织品乃贵族的衣料，而最高贵族则视之如草笥。这些本地制作的丝织品中，既有代表当时最高工艺水平的锦，也有最高质量的“冰纨”和朱绢，还有颇具特色的黑油绢和云母砑光绢[②]。

其二，商业传统和商业活动。太史公云番禺乃珠玑、犀、玳瑁、果布之凑。又说：“故待农而食之，虞而出之，工而成之，商而通之。此宁有政教发征期会哉？人各任其能，竭其力，以得所欲。故物贱之征贵，贵之征贱，各勤其业，乐其事，若水之趋下，日夜无休时，不召而自来，不求而民出之。岂非道之所符，而自然之验邪？”[③] 从这段话中可了解到司马迁已多少理解了一般经济规律。进而言之，他是相对了解了南越国经济情况才将番禺列为一大都会的。

东周时，珠江三角洲冲积平原已形成以陶瓷为纽带的贸易交往圈，而且可能通过水路将其影响扩大到沿海和海外岛屿，而番禺很可能就是这个贸易圈的中心。[④]

汉武帝建元六年（前 135），番阳令唐蒙出使南越，从吃蜀产的枸酱中打听到“南越以财物役属夜郎”的岭南贸易事实[⑤]；又，“程郑，山东迁虏

---

① 《汉书》卷 95《西南夷两粤朝鲜传》，中华书局，1962 年标点本，第 3847 页。

② 广州市文物管理委员会等：《西汉南越王墓》，文物出版社，1991 年，第 326～357 页。

③ 《史记》卷 120《货殖列传》，中华书局，1959 年标点本，第 3253～3254 页。

④ 赵善德：《关于番禺城起源的讨论》，《文博》2002 年第 1 期。

⑤ 《汉书》卷 95《西南夷两粤朝鲜传》，中华书局，1962 年标点本，第 3839 页。

也，亦冶铸，贾椎髻之民"[①]，椎髻之民即越人[②]。可见南越国人商业意识之强和商业活动的频繁。

如上所述，《广州汉墓》中的不少墓例有一共同特征，即"富"、"贵"墓葬的随葬品中往往有与海外交往相关的物件或现象。像广州南越国时的1134号墓和1153号墓，棺椁大而精致，随葬品丰富。前者出有15件陶质犀角模型和1件漆器扁壶，壶外表髹黑漆，两面各以朱漆绘一犀牛；后者出有陶质象牙和犀角模型。一般认为，犀牛产自东南亚、印度和非洲，因此当时可能有生犀或犀角由海路输入。[③] 进而可说这些墓主人可能是进行贸易交往而"千金之家比一都之君"的"素封"[④]。

此外还有南越王墓主墓室出土的银盒、金花泡，西耳室出土的原只大象牙一捆（5根）、一个漆盒内重26克的树脂状药物（或为产于红海沿岸乳香）等。

上述这些都是舶来品的物证，正合《淮南子·人间训》中所记录的"犀角、象齿、翡翠、珠玑"。进一步说，南越国已与海外有了较频繁的交往，经营海外贸易活动而致富的也不乏其人。

这种传统到了西汉中晚期仍在发挥作用，也可举出一些输入品和输出品的实例：此时"出土的玻璃珠中，西汉后期的一个样品（3019：58），经过化验，所含元素中的铅、钡成分是微量或没有，这与我国古代玻璃经由中外有关单位化验所得的共同结论是属于低温的铅钡玻璃系统截然不同，反之，与西方的古代玻璃相类。……广州所出的（玛瑙，如3029：70、3028：33）正如琥珀制品一样，恐怕不会来自云南，应为海外输入"[⑤]。

上文表7－3所反映的情况是：陶熏炉、陶托灯俑和珠饰等与海外交往的物件，自南越国至东汉末，其出土数量和频率均有增无减。

---

① 《史记》卷120《货殖列传》，中华书局，1959年标点本，第3278页。

② 蒙文通：《百越民族考·南越、西瓯》，人民出版社，1983年，第19～23页。

③ 广州市文物管理委员会等编：《广州汉墓》，文物出版社，1981年，第128、174、476页。

④ 《史记》卷120《货殖列传》，中华书局，1959年标点本，第3282～3283页。

⑤ 广州市文物管理委员会等编：《广州汉墓》，文物出版社，1981年，第477页。

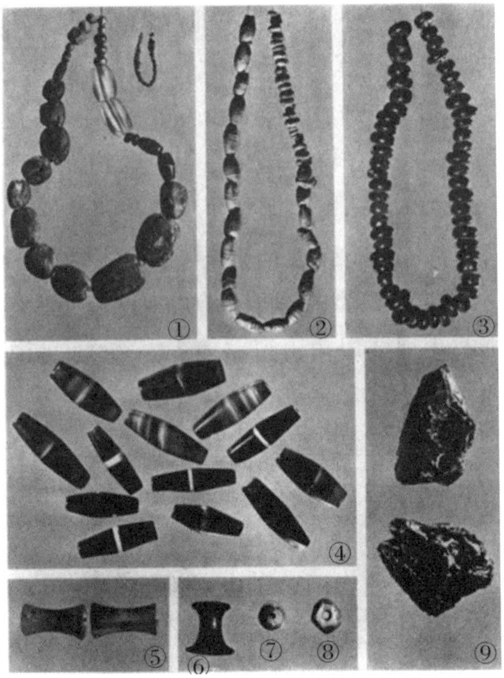

图 9－3　广州汉墓出土的珠饰

[①5054：2；②③④5036：68；⑤玛瑙珰（5054：1）；⑥琉璃珰（5054：5）；⑦金珠（5046：31）；⑧石英珠（5075：22）；⑨蓝宝石（5010：2）]

图 9－4　南越王墓出土的铜熏炉

在印度尼西亚婆罗洲的三代、莫得其利和中爪哇均曾发现汉代的陶器。[①]《广州汉墓》第479页云："加里曼丹出土的一件印圆圈纹的陶魁，与广州西汉后期到东汉前期的同类器形极为相似。"因此很难排除这些陶器与番禺输出无关。

但上述的日南、徐闻和合浦三个港口，无论如何列举不了如此丰富的、与商业活动有关的实证。

其三，交通路线。由番禺通往当时的洛阳、长安有多条路线。一是越城岭道：由西江进入其支流漓江，经过秦时史禄率卒所凿之兴安运河进入长江支流湘江，然后顺畅地航运至长江。二是九嶷山道：在西江封开进入其支流贺江，经过一段陆路过萌渚岭到达岭北的沱江、湘江，进入长江水系。汉初陆贾出使南越国走的就是这一路线。三是骑田岭道：走北江，可在连江口进入其支流连江，也可在韶关进入武水，越骑田岭进入舂陵水而到达长江水系。四是大庾岭道：从北江的韶关进入浈水，越大庾岭从岭北的赣江进入鄱阳湖而达长江水系。[②]比较之，越城岭道无须走陆路，当最便捷。实际上，上面所说的徐闻（乃至合浦）若完全舍弃陆路而走水路，也可以沿海岸航行进入番禺而汇入此越城岭道。

当然，南越国都城番禺若因为楼船将军火焚之而导致汉武帝时"郡治南迁"，则会衰落而不太可能成为主要港口。但麦英豪已有专论否定了南迁。[③]补充之，火焚为《汉书》所记，但未有提及南迁，南迁之说始于明晚期的记载。对待历史事件记述的参商，当以成书早的、正史的为准。"番禺乃一都会"，并非仅汉武帝时成书的《史记》所言，而经过四人（即彪、固、昭、续）之手，阅三四十年于东汉和帝时成书的《汉书》，言之更详。既言之为都会也就很难说其衰落或南迁。另，广州所发掘的西汉中后期（跨130多年）的墓葬仅96座，而西汉前期（约110年）的则有182座，孤立地看是有衰落的嫌疑。但是，即使是衰落也只是人口的减少，而舶来品和输出品却是增多了。再，如上文所述，木船模型的少见、罢郡等现象也都反映出经济的衰落，但这种衰落是全国性的，是西汉后期相对

① 李知宴：《中国古代陶瓷的对外传播》（一），《中国文物报》，2002年1月9日。

② 陈代光：《简论南海丝绸之路》，见李长傅等：《南洋史地与华侨华人研究》，暨南大学出版社，2001年，第282～283页。

③ 麦英豪：《广州城始建年代考》，《广州文博》1986年第3期。

于南越国、汉武帝时期而言的，而不是番禺相对于“番禺南六十里”的所谓“新郡治”而言的。总之，很难相信雄才大略的汉武帝会放弃地理环境如此优越又经过100多年经营的都会，而在一片荒芜之地建设一座新郡治。

剖析上述几个港口情况不难发现，番禺无论是地理环境和经济基础，还是商业环境和交通路线，都是最优越的，而且在广州西汉墓的随葬品中也不乏与海外交往的物证，理应成为最主要的港口。但是史家班固却未在后段文献中提及，引起了现代史学家的讨论。

《汉书·地理志》文献后段虽未提及番禺为出海港，但在前段文献中，言之凿凿“（粤地）处近海，多犀、象、玳瑁、珠玑、银、铜、果布之凑，中国往商贾者多取富焉。番禺（今广州），其一都会也”。既然番禺是货物集散、“商贾者多取富”的大都会，那么，西汉南海丝绸之路始发港在番禺，出海港在徐闻就不矛盾了。[①] 也就是说，前段文献中既然已经提及都会番禺，后段文献也就不必重复了。因此说，番禺是西汉海外交往中最主要的南方港口。

（二）两汉时期城市的发展

除了番禺、徐闻、合浦等城市之外，由于汉代海上丝绸之路的兴起和形成也促进了其他一些城市的发展。

龙编（今越南河内），交趾郡治，位于红河下游，《交州记》曰：“县西带江，有仙山数百里，有三湖，有注、沆二水。”“羁旅之徒，皆蒙其庆”的士燮太守府居此，既粜米予合浦又与之争相销售珍珠。[②] 故有说“统治者重视对交趾的经营，交州刺史常注龙编，交趾因此成为交广区（岭南）的政治中心和经济中心”[③]。

广信（今广西梧州市），苍梧郡治、交州刺史治，位于西江、桂江交汇处，士燮祖居。东汉末各方觊觎此郡太守，屡有争杀，最后还是士燮“董督七郡”。东晋干宝《搜神记》记述了东汉的故事：广信妇女苏娥在高要县鹄奔亭被人杀害，托梦申冤曰：“夫死，有杂缯百二十匹，及婢女一人欲与旁县续缯，从同县男子王伯赁牛车一乘，直钱万二千，载妾并

① 黄启臣：《徐闻是西汉南海丝绸之路的出海港》，《岭南文史》2000年第4期。
② 《三国志》卷49《吴书四·士燮传》，中华书局，1959年标点本。
③ 刘希为等：《六朝时期岭南地区的开发》，《中国史研究》1991年第1期。

缯……至此亭外。”抛去其托梦的虚幻性，乘牛车从广信到高要卖缯的情节应是真实的。这就说明东汉时期广信的商业是相当活跃的，故广信当为一重要的商业城市。

布山（今广西贵港市），郁林郡治，滨西江最大支流郁江。罗泊湾汉墓出土大批烙印“布山”戳记的漆耳杯和刻有“布”、“蕃”（番禺）铭文的铜器，这两种产品均为“输出品”的主要品种，所以布山也是一个商业发达的城市。

桂林（今广西桂林市），郁林郡桂林县治，位于桂江上游、灵渠之南，扼岭南、岭北之交通要津。《盐铁论·力耕第二》云：“美玉珊瑚出于昆仑，珠玑犀象出于桂林。”因为无论是从番禺还是从徐闻和合浦进出的货物，都必须经过桂林这个“中转地点”，因而形成了一个“通衢之地”而发展成为一个商业城市。

上文所述主要是沿海和东江干流沿岸的城市，下面不妨把目光转向东江和北江。我们从东莞桑园木椁墓说起。

1990 年夏天，狮龙公路工程破坏了 1 座大型木椁墓。墓葬位于东江两条支流与寒溪河夹角南面，今属东莞市东城区的桑园工业区，我们称为桑园木椁墓。经过清理，我们基本弄清了墓葬的情况。①

该墓葬在以前的材料中也被称为“大岩大墓”——墓葬西侧位于丘陵延及谷地的交汇处，其东南的丘陵山峰向两侧延伸出较之略低的逶迤丘陵，西北前方约 400 米处为一海拔更低的岗丘，正西处生成一俗称“大岩”的大岩厦。可见该墓“风水”不错。

这是一座单棺木椁墓。棺柩为“独木穹隆顶棺”。它是用一段长 242 厘米、直径 80 厘米的木头凿心而成的。椁室通长 310 厘米、宽 168 厘米、高 150 厘米，由 3 块均厚 10 厘米的底板、8 块均厚 25 厘米墙板和 6 块均厚 30 厘米的盖板组成（图 9－5）。棺椁之间还修治有忠实地模仿现实住宅的棺房。所有木材均为香楠木，并可能是出于同一棵树。

---

① 东莞市博物馆馆藏资料，待刊。承蒙张龙先生垂告，谨此致谢。

图 9－5　桑园木椁墓出土情况

修好的棺柩直径是 75 厘米，那么整段木料直径约为 85 厘米。整个棺室、棺房和椁室必须用 3 段各长 242 厘米、250 厘米、350 厘米，相加为 842 厘米的木料。那么从这棵香楠木所取原木的体积是：$3.14 \times (0.85/2)^2 \times 8.42 \approx 4.78$（立方米）。香楠木的密度为 600～700 千克/立方米，那么整段原木的质量为 2 868～3 346 千克。

楠木为中国和南亚特有的、珍贵的樟科常绿大乔木，主要出产于我国的四川和湖广地区。四川有天然分布的楠木，它是组成常绿阔叶林的主要树种。楠木中的本类桢楠属（Phoebe Nees）①，高达 30 余米，胸径 1 米。由于它富含油脂、光泽强而淡雅、结构细而均匀、重量和硬度适中、干缩小、强度低、冲击韧度适中，故北京故宫太和殿、长陵，以及北海公园内的大慈真如宝殿、快雪堂等建筑物，均有楠木构件。

桑园木椁墓所用的原木长 8.42 米，在楠木中并不难求；但修治好的棺柩的直径为 0.75 米，那么其原木的直径不小于 0.85 米，这对于一般胸径为 1 米的楠木来说，应属难求之列。楠木难求，高大楠木更难求，那么在今东莞地区也就不可求了。因此可以断定树木采伐自四川或湖广某地（最大的可能是宜宾的深山老林）。

试想，从砍伐这棵大树，粗加工锯成 3 段，陆运到水边，装船水运到

① 中国科学院中国植物志编辑委员会编：《中国植物志》卷 31，科学出版社，1985 年。

东莞水边，陆运到加工地点，再进行深加工，举行相当仪式的埋葬，需要耗费多么大的人力和财力。这就需要墓主人结合利用政治和经济力量才能做到。利用政治力量必须具备基本群体，利用经济力量必须有财可敛，同时必须具备与之相应的社会经济环境。

通过比较缜密的综合研究，桑园木椁墓的年代可能为南越国晚期，最晚也在元鼎六年（前111）至西汉元帝末年（前33）之间的西汉中期。

秦始皇三十三年（前214）“略取陆梁地，为桂林、象郡、南海”① 三郡。《汉书》说得更为详细，并言及南越国之建立：秦并天下，略定扬粤（越），置桂林、南海、象郡。至二世时，南海尉任嚣病且死，召龙川令赵佗［颜师古注云：南海之县也，即今之循州（引者注：今惠州东）］托付之，三郡之地可立国。秦已灭，佗即击并桂林、象郡，自立为南粤（越）武王。② 上述三郡的辖地尚待细分，但第一，南海郡以珠江三角洲冲积平原为根基，南岭山脉以南的北江以东地区乃其辖地是不争的事实；第二，受南海尉任嚣托付的赵佗是东江三角洲的龙川县令，可见东江三角洲至少是南海郡的主要根基之一；第三，南越国建立之后，这一带无疑仍然是赵佗及其后代的主要根基之一；第四，一个重要的概念是：“在古代的未开发地区的行政建制，就是……刚刚纳入国家版图的地方（区），它设立郡县的依据，它的空间概念是个线和点。线主要是交通路线，点主要是交通路线里面的一些关节点，或者是军事上的一些重镇。”③ 综合上述四点，不必讨论秦时龙川县的具体地望，也足以说明今东莞某地乃南越国的主要根基之一。这样的“交通路线上的关节点或军事上的重镇”的形成基础，是东周时期东江冲积平原所形成的“具有古老的商业性质农业经济社会”。南越国其地被分为九郡后，此地当属南海郡所辖。雄才大略的汉武帝，当然不会舍去经济基础深厚的“东江冲积平原交通路线上的某一关节点或军事重镇”，也不会不加以重点管制和重点发展。

综合上述可断定今东江岸边至少形成一处以上的“城市”。

再考察北江流域。

---

① 《史记》卷6《秦始皇本纪》，中华书局，1959年标点本，第253页。

② 《汉书》卷95《西南夷两粤朝鲜传》，中华书局，1962年标点本，第3847页。

③ 刘志伟：《从建置沿革看“东莞”的地理区位优势》，东莞市政协等主编：《明清时期珠江三角洲区域史研究》，广东人民出版社，2011年，第238页。

如本章“关于番禺城起源问题”节所述，从“汲冢竹书”和《水经注》到明清时期的四大史家，持续关注这里的“城”，至少是有其历史社会的背景的。《水经注》卷38言之凿凿：武溪水（武江）东南流，右合溱水（北江），过曲江县（引者注：《汉书·地理志上》：武帝置，隶属于桂阳郡，王莽改名除虏）名泷水，南出峡（浈阳峡）谓之泷口。西岸有任将军城，南海都尉任嚣所筑也。嚣死，尉佗自龙川始居之。东岸有将军庙。①同时，考古工作者在这一带发现了南越国时期的城址。

上引文字说明了东周至东汉，这一带——在今天的地图上，浈水与武水汇合于韶关市，韶关市南约150公里处为今清远市，其间有滃江汇入北江的英德市，英德市南约20公里处为连江汇入北江的连江口。清远市南约60公里处为西江与北江的汇合口——业已存在交通路线上的某一关节点或军事重镇。

也许，这某一关节点或军事重镇随着南越国的灭亡而衰落。但从东汉开始则“枯木逢春”：

由于卫飒在东汉建武二年（26）迁桂阳后，凿山通道，发展生产，并整顿民间冶铁业；后茨充代飒为桂阳，亦善其政，教民种植桑柘麻苎之属，劝令养蚕织履，民得利益焉②，以致建初八年（83）为大司农的郑弘奏开零陵、桂阳峤道，于是夷通，遂为常路③。而这水路通峤道则是东汉桓帝（147—167年在位）时才得到完善延伸的：时桂阳太守周昕对瀑亭（今广东乐昌县城西北约50公里处）至曲江之水路进行整治，“由是小溪平直，大道允通。利抱布贸丝，交易而至”④。

那么，在海上丝绸之路鼎盛时期，北江从今广东韶关至清远河段流域理应形成一处以上的“城市”。我们期待着更丰富的考古发现。

---

① 见（北魏）郦道元：《水经注》，陈桥驿：《水经注校译》卷38，杭州大学出版社，1999年，第668~671页。

② 《后汉书》卷76《卫飒传》，中华书局，1964年标点本，第2459~2460页。

③ 《后汉书》卷33《郑弘传》，中华书局，1964年标点本，第1156页。

④ （清）《广东通志》卷200《周府君功勋碑》，商务印书馆，1934年影印本，第3629~3630页。

参考文献

一、古籍

1.《尚书》，（清）阮元校刻：《十三经注疏》，北京：中华书局，1982 年。

2. 陈戍国点校：《周礼・仪礼・礼记》，长沙：岳麓书社，1988 年。

3.《春秋左传集解》，上海：上海人民出版社，1977 年点校本。

4. 曹楚基译注：《庄子浅注》，北京：中华书局，1982 年。

5. 杨伯峻译注：《孟子译注》，北京：中华书局，1960 年。

6. 梁启雄译注：《韩子浅解》，北京：中华书局，1960 年。

7.《战国策》，上海：上海古籍出版社，1985 年点校本。

8.（汉）刘安：《淮南子》，上海：上海古籍出版社，1991 年。

9.《史记》，北京：中华书局，1959 年标点本。

10.（汉）桓宽撰，白兆麟注：《盐铁论》，合肥：安徽大学出版社，2012 年。

11.（汉）杨孚：《异物志》，北京：中华书局，1985 年。

12.《汉书》，北京：中华书局，1962 年标点本。

13.《后汉书》，北京：中华书局，1964 年标点本。

14.《三国志》，北京：中华书局，1959 年标点本。

15. 方诗铭等辑证：《古本竹书纪年》，北京：中华书局，1981 年。

16.《晋书》，北京：中华书局，1974 年标点本。

17.（北魏）郦道元：《水经注》，陈桥驿：《水经注校译》，杭州：杭州大学出版社，1999 年。

18.（北魏）贾思勰撰，石声汉校译：《齐民要术》，北京：中华书局，2009 年。

19. （唐）徐坚等撰：《初学记》，北京：中华书局，1962 年。
20. （唐）《元和郡县志》，北京：中华书局，1983 年点校本。
21. （宋）司马光：《资治通鉴》，北京：中华书局，2007 年标点本。
22. （明）茅元仪辑：《武备志》，天启元年刻本。
23. （清）屈大均：《广东新语》，北京：中华书局，1985 年。

二、各类志书

1. （明）《琼台志》（天一阁藏明代方志选刊），上海：上海古籍书店，1982 年。
2. （明）张二果、曾起莘重修：《东莞志》，全国图书馆文献缩微复制中心，2001 年。
3. （清）《广东通志》，南京：凤凰出版社，2010 年。
4. 桂林市地方志编纂委员会编：《桂林市志》，北京：中华书局，1997 年。
5. （清）《广东通志》，北京：商务印书馆，1934 年影印本。
6. （清）《广西通志》，南京：凤凰出版社，2010 年。
7. （清）舒懋官修，王崇熙等纂：《新安县志》，台北：台湾成文出版有限公司，1974 年。
8. （清）《英德县志》，广州：岭南美术出版社，2009 年。
9. 深圳市史志办公室辑：《深圳市十九镇简志》，深圳：海天出版社，1996 年。
10. 东莞市地方志编纂委员会辑：《东莞市志》，广州：广东人民出版社，1995 年。
11. 《东莞市石龙镇志》，广州：岭南美术出版社，2004 年。
12. 广东省东莞市水利局编：《东莞水利志》，东莞市印刷厂，1990 年。
13. 中国大百科全书总编辑委员会（地理学）编辑委员会等编：《中国大百科全书·地理学》，北京：中国大百科全书出版社，1990 年。
14. 中华文化通志编委会编：《中华文化通志》，上海：上海人民出版社，1998 年。
15. 广东省文化厅编：《中国文物地图集·广东分册》，广州：广东省地图出版社，1989 年。

16.《广州市文物志》编委会编著：《广州市文物志》，广州：岭南美术出版社，1990 年。

17. 黄观礼主编：《博罗县文物志》，广州：中山大学出版社，1988 年。

18.《珠江志》编纂委员会编：《珠江志》，广州：广东科技出版社，1991 年。

19. 广东省统计局编：《广东省地县概况》，广州：广东省地图出版社，1985 年。

20. 中国科学院中国动物志编辑委员会主编：《中国动物志》，北京：科学出版社，2001 年。

21. 中国科学院中国植物志编辑委员会编：《中国植物志》，北京：科学出版社，1985 年。

22. 中国科学院华南植物研究所：《广东植物志》，广州：广东科技出版社，2005 年。

23. 中国科学院华南植物研究所：《广州植物志》，北京：科学出版社，1956 年。

24. 许良国等编：《高山族风俗志》，北京：中央民族学院出版社，1988 年。

25. 侯学煜编著：《中国的植被》，北京：人民教育出版社，1960 年。

26. 广东省地质矿产局：《广东省区域地质志》，北京：地质出版社，1988 年。

27. 国家水产总局南海水产研究所等：《南海诸岛海域鱼类志》，北京：科学出版社，1979 年。

28. 曾呈奎主编：《中国海藻志》，北京：科学出版社，2000 年。

29. 中国科学院广西植物研究所编：《广西野生食用植物》，桂林：广西壮族自治区科委情报研究所，1961 年。

30. 吴兆洪等：《中国蕨类植物科属志》，北京：科学出版社，1991 年。

31. 中国科学院中国孢子植物志编辑委员会：《中国海藻志》，北京：科学出版社，2003 年。

三、考古资料

1. 中国社会科学院考古研究所：《新中国的考古收获》，北京：文物出版社，1961 年。

2. 广东省文物管理委员会办公室等：《广东文物普查成果图录（出土文物部分）》，广州：广东科技出版社，1990 年。

3. 广东省博物馆等：《广东出土先秦文物》，香港：香港中文大学文物馆，1984 年。

4. 香港康乐及文化事务署古物古迹办事处编制：《香港文物》，香港：香港政府印务局，1992 年。

5. 深圳市博物馆编：《深圳考古发现与研究》，北京：文物出版社，1994 年。

6. 珠海市博物馆等编：《珠海考古发现与研究》，广州：广东人民出版社，1991 年。

7. 广西壮族自治区文物工作队编：《广西文物考古报告集（1950—1990）》，南宁：广西人民出版社，1993 年。

8. 中国社会科学院考古研究所等：《桂林甑皮岩》，北京：文物出版社，2003 年。

9. 英德市博物馆等编：《英德史前考古报告》，广州：广东人民出版社，1999 年。

10. 秦维廉编：《南丫岛深湾考古遗址调查报告》，香港：香港考古学会，1978 年。

11. 广东省文物考古研究所等编：《珠海宝镜湾——海岛型史前文化遗址发掘报告》，北京：科学出版社，2004 年。

12. 广东省博物馆等编著：《佛山河宕遗址——1977 年冬至 1978 年夏发掘报告》，广州：广东人民出版社，2006 年。

13. 揭阳考古队等编：《揭阳考古（2003—2005）》，北京：科学出版社，2005 年。

14. 香港康乐及文化事务署古物古迹办事处编制：《香港的远古文化——西贡沙下考古发现》，香港：香港康乐及文化事务署古物古迹办事处，2005 年。

15. 广东省文物考古研究所编著：《肇庆古墓》，北京：科学出版社，2008 年。

16. 广东省文物考古研究所编著：《博罗横岭山——商周时期墓地 2000 年发掘报告》，北京：科学出版社，2005 年。

17. 睡虎地秦墓竹简整理小组：《睡虎地秦墓竹简》，北京：文物出版社，1978 年。

18. 广州市文物考古研究所编：《铢积寸累》，北京：文物出版社，2005 年。

19. 广州博物馆等编：《穗港汉墓出土文物》，香港：香港中文大学文物馆，1983 年。

20. 广州市文物管理委员会等编：《广州汉墓》，北京：文物出版社，1981 年。

21. 广州市文物管理委员会等编：《西汉南越王墓》，北京：文物出版社，1991 年。

22. 广西壮族自治区博物馆编：《广西贵县罗泊湾汉墓》，北京：文物出版社，1988 年。

23. 广州市文物考古研究所等编：《番禺汉墓》，北京：文物出版社，2006 年。

24. 广州市文物考古研究所编：《羊城考古发现与研究》（1），北京：文物出版社，2005 年。

25. 邱立诚编：《澄海龟山汉代遗址》，广州：广东人民出版社，1997 年。

26. 南越王宫博物馆编：《南越国宫署遗址：岭南两千中心地》，广州：广东人民出版社，2010 年。

27. 甘肃省文物考古研究所等：《居延新简》，北京：文物出版社，1990 年。

28. 王仲殊：《汉代考古学概说》，北京：中华书局，1984 年。

29. 区家发：《粤港考古与发现》，香港：三联书店（香港）有限公司，2004 年。

30. 贾兰坡等：《广西来宾麒麟山人类头骨化石》，《古脊椎动物与古人类》1959 年第 1 期。

31. 吴汝康等:《广东韶关马坝发现的早期古人类型人类化石》,《古脊椎动物与古人类》1959 年第 2 期。

32. 广东省博物馆:《广东翁源县青塘新石器时代遗址》,《考古》1961 年第 1 期。

33. 宋方义等:《广东封开、怀集岩溶洞穴调查简报》,《古脊椎动物与古人类》1981 年第 3 期。

34. 王令红等:《桂林宝积岩发现的古人类化石和石器》,《人类学学报》1982 年第 1 期。

35. 邱立诚等:《广东阳春独石仔新石器时代洞穴遗址发掘》,《考古》1982 年第 5 期。

36. 张镇洪等:《广东封开县罗沙岩洞穴遗址第一期发掘简报》,《人类学学报》1994 年第 4 期。

37. 易光远等:《广西柳州白莲洞石器时代洞穴遗址发掘报告》,《南方民族考古》1987 年第 1 期。

38. 曾祥旺:《广东番禺钟存大乌岗发现的旧石器》、《广州番禺飘峰山旧石器遗存》,《南方文物》1996 年第 2 期、1997 年第 4 期。

39. 吴伟鸿等:《香港深涌黄地峒遗址试掘简报》,《人类学学报》2006 年第 1 期。

40. 石峡发掘小组:《广东曲江石峡墓葬发掘简报》,《文物》1978 年第 7 期。

41. 何乃汉等:《柳州市大龙潭鲤鱼嘴新石器时代贝丘遗址》,《考古》1983 年第 9 期。

42. 杨豪等:《广东高要县茅岗水上木构建筑遗址》,《文物》1983 年第 12 期。

43. 陈红冰等:《广东南海县灶岗贝丘遗址发掘简报》,《考古》1984 年第 4 期。

44. 古运泉等:《高要县龙一乡蚬壳洲贝丘遗址》,《文物》1991 年第 11 期。

45. 叶杨:《广东深圳大梅沙遗址发掘简报》,《文物》1993 年第 11 期。

46. 招绍瓒等:《香港涌浪新石器时代遗址发掘简报》,《考古》1997

年第 6 期。

47. 李子文等:《广东南海鲩鱼岗贝丘遗址的发掘》,《考古》1997 年第 6 期。

48. 叶杨等:《深圳市南山向南村遗址的发掘》,《考古》1997 年第 6 期。

49. 广东省文物考古研究所等:《广东封开勒竹口遗址发掘简报》,《文物》1998 年第 7 期。

50. 古运泉等:《珠海平沙棠下环遗址发掘简报》,《文物》1998 年第 7 期。

51. 李子文:《广东三水市银洲贝丘遗址发掘简报》,《考古》2000 年第 6 期。

52. 李岩:《东莞村头遗址第二次发掘简报》,《文物》2000 年第 9 期。

53. 何安益等:《广西资源县晓锦新石器时代遗址发掘简报》,《考古》2004 年第 3 期。

54. 吴海贵:《广东东莞市园洲贝丘遗址的发掘》,《考古》2006 年第 6 期。

55. 莫稚:《广东白石坪山战国遗址》,《考古》1963 年第 4 期。

56. 莫稚:《广东清远发现周代青铜器》,《考古》1963 年第 2 期。

57. 莫稚等:《广东清远的东周墓葬》,《考古》1964 年第 3 期。

58. 莫稚等:《广东增城、始兴的战国遗址》,《考古》1964 年第 3 期。

59. 徐恒彬等:《广东德庆发现战国墓》,《文物》1973 年第 9 期。

60. 何纪生等:《广东四会鸟旦山战国墓》,《考古》1975 年第 2 期。

61. 蒋廷瑜等:《平乐银山岭战国墓》,《考古学报》1978 年第 2 期。

62. 何纪生等:《广东广宁县铜鼓岗战国墓》,《考古集刊》(第 1 集),文物出版社,1981 年。

63. 何纪生:《广东发现的几座东周墓葬》,《考古》1985 年第 4 期。

64. 文本亨等:《深圳市叠石山遗址发掘简报》,《文物》1990 年第 11 期。

65. 杨式挺等:《广东封开利羊墩墓葬群发掘简报》,《南方文物》1995 年第 3 期。

66. 古运泉等:《广东博罗银岗遗址发掘简报》,《文物》1998 年第

7 期。

67. 邓宏文等：《广东博罗银岗遗址第二次发掘》，《文物》2000 年第 6 期。

68. 邱立诚等：《广东乐昌市对面山东周秦汉墓》，《考古》2000 年第 6 期。

69. 黄增庆：《广西贵县汉墓的清理》，《考古学报》1957 年第 1 期。

70. 梁明燊：《广东连江口发现汉代遗址》，《考古》1964 年第 8 期。

71. 广西壮族自治区文物考古写作组：《广西合浦西汉木椁墓》，《考古》1972 年第 2 期。

72. 《广州秦汉造船工场遗址试掘》，《文物》1977 年第 4 期。

73. 梧州市博物馆：《广西梧州近年来出土的一批汉代文物》，《文物》1977 年第 2 期。

74. 蒋廷瑜：《平乐银山岭汉墓》，《考古学报》1978 年第 4 期。

75. 黄淼章：《广州瑶台柳园岗西汉墓群发掘记要》，广州博物馆等编：《穗港汉墓出土文物》，香港：香港中文大学文物馆，1983 年。

76. 覃彩銮：《广西北流铜石岭汉代冶铜遗址的试掘》，《考古》1985 年第 5 期。

77. 黄启善：《广西贵县北郊汉墓》，《考古》1985 年第 3 期。

78. 蓝日勇等：《广西贺县金钟一号汉墓》，《考古》1986 年第 3 期。

79. 冯永驱等：《广州南越国宫署遗址 1995—1997 年发掘简报》，《文物》2000 年第 9 期。

80. 崔勇：《广东徐闻县五里镇汉代遗址》，《文物》2000 年第 9 期。

81. 徐恒彬：《广东省佛山市郊澜石东汉墓发掘报告》，《考古》1964 年第 9 期。

82. 徐恒彬：《广东德庆大辽山发现东汉文物》，《考古》1981 年第 4 期。

83. 曾广忆等：《广东南海汉墓发掘简报》，《文物资料丛刊》（第 4 辑），文物出版社，1981 年。

84. 徐恒彬：《广东佛山市郊澜石东汉墓清理简报》，《考古》1964 年第 9 期。

85. 杨耀林等：《广东德庆汉墓出土一件陶船模型》，《文物》1983 年第10期。

86. 黄启善等：《广西昭平东汉墓》，《考古学报》1989年第2期。

87. 杨式挺等：《广东顺德县汉墓的调查和清理》，《文物》1991年第4期。

88. 张居英：《广西合浦县丰门岭10号汉墓发掘简报》，《考古》1995年第3期。

89. 彭书琳等：《广西北海市盘子岭东汉墓》，《考古》1998年第11期。

90. 熊昭明等：《广西合浦九只岭东汉墓》，《考古》2003年第10期。

91. 李海荣等：《广东深圳市咸头岭新石器时代遗址》，《考古》2007年第7期。

四、考古学论作

1. 北京大学考古系：《考古学研究》(4)，北京：科学出版社，2000年。

2. 苏秉琦：《中国文明起源新探》，香港：商务印书馆（香港）有限公司，1997年。

3. 张光直：《考古学专题六讲》，北京：文物出版社，1986年。

4. 陈梦家：《汉简缀述》，北京：中华书局，1980年。

5. 娄欣利：《先秦东江三角洲陶器研究》，北京：科学出版社，2010年。

6. 《庆祝苏秉琦考古五十五年论文集》编辑组编：《庆祝苏秉琦考古五十五年论文集》，北京：文物出版社，1989年。

7. 张忠培、许倬云主编：《中国考古学的跨世纪反思》（上），香港：商务印书馆（香港）有限公司，1999年。

8. 北京大学中国传统文化研究中心编：《文化的馈赠·考古学卷》，北京：北京大学出版社，2000年。

9. 香港中文大学中国考古艺术研究中心：《南中国及邻近地区古文化研究》，香港：中文大学出版社，1994年。

10. 中山大学人类学系等编：《边疆民族考古与民族考古学集刊》（第1集），北京：文物出版社，2009年。

11. 广州市文物考古研究所编：《广州考古五十年文选》，广州：广州出版社，2003 年。

12. 广东省文物考古研究所编：《广东省文物考古研究所建所十周年文集》，广州：岭南美术出版社，2001 年。

13. 杨春棠等编：《东南亚考古论文集》，香港：香港大学美术博物馆，1995 年。

14. 香港博物馆编：《岭南古越族文化论文集》，香港：香港市政局，1993 年。

15. 邓聪等编：《东南考古研究》（第 3 辑），厦门：厦门大学出版社，2003 年。

16. 封开县博物馆等编：《纪念黄岩洞遗址发现三十周年论文集》，广州：广东旅游出版社，1991 年。

17. 英德市博物馆等编：《中石器文化及有关问题研讨会论文集》，广州：广东人民出版社，1999 年。

18. 徐恒彬：《华南考古论集》，北京：科学出版社，2001 年。

19. 莫稚：《南粤文物考古集》，北京：文物出版社，2003 年。

20. 焦天龙：《更新世末至全新世初岭南地区的史前文化》，《考古学报》1994 年第 1 期。

21. 李有恒等：《广西桂林甑皮岩遗址动物群》，《古脊椎动物与古人类》1978 年第 4 期。

22. 吴瑞等：《广西桂林甑皮岩遗址陶器的科学研究》，《中国陶瓷工业》2005 年第 4 期。

23. 苏秉琦：《石峡文化初论》，《文物》1978 年第 7 期。

24. 李众：《中国封建社会前期铁的冶炼技术的探讨》，《考古学报》1975 年第 2 期。

25. 杨式挺：《关于广东早期铁器的若干问题》，《考古》1977 年第 2 期。

26. 蒋廷瑜：《广西汉代农业考古概述》，《农业考古》1981 年第 2 期。

27. 俞伟超：《中国古代都城规划的发展阶段性》，《文物》1985 年第 2 期。

28. 张光直：《关于中国初期“城市”这个概念》，《文物》1985 年第 2 期。

29. 黄展岳：《论两广出土的先秦青铜器》，《考古学报》1986 年第 4 期。

30. 赵辉：《关于考古学文化和对考古学文化的研究》，《考古》1993 年第 7 期。

31. 银洲遗址发掘考古队：《柱状取样法在贝丘遗址发掘中的应用》，《中国文物报》，1996 年 6 月 25 日。

32. 李岩：《广东早期青铜时代述略》，《考古》2001 年第 3 期。

33. 赵善德：《关于番禺城起源的讨论》，《文博》2002 年第 1 期。

34. 赵善德：《运用考古资料探索先秦岭南文化的尝试》，《文博》2003 年第 4 期。

35. 赵善德：《先秦东江三角洲先民择地谋生述论》，《兰州学刊》2013 年第 7 期。

五、相关学科著作

1. ［苏］C. П. 托尔斯托夫等主编，周为铮等译：《普通民族学概论》，北京：科学出版社，1960 年。

2. 凌纯声、凌曼立：《树皮布印纹陶与造纸印刷术发明》，台北：（台湾）“中央”研究院民族研究所，1963 年。

3. ［英］雷蒙德·弗思著，费孝通译：《人文类型》，北京：商务印书馆，1991 年。

4. ［美］史徒华著，张恭启译：《文化变迁的理论》，台北：远流出版事业股份有限公司，1989 年。

5. ［美］马文·哈里斯著，李培茱等译，陈观胜校：《文化人类学》，北京：东方出版社，1988 年。

6. ［美］E. R. 塞维斯著，黄宝玮等译：《文化进化论》，北京：华夏出版社，1991 年。

7. 梁方仲：《中国历代户口、田地、田赋统计》，上海：上海人民出版社，1980 年。

8. 刘敦桢主编：《中国古代建筑史》，北京：中国建筑工业出版社，1984 年。

9. 章巽：《我国古代的海上交通》，北京：商务印书馆，1986 年。

10. 曾昭璇：《广州历史地理》，广州：广东人民出版社，1991 年。

11. 吕思勉：《吕思勉读史札记》，北京：中华书局，1980 年。

12. 蒙文通：《百越民族考》，北京：人民出版社，1983 年。

13. 周一良主编：《中外文化交流史》，郑州：河南人民出版社，1987 年。

14. 姚楠等：《七海扬帆》，香港：中华书局（香港）有限公司，1990 年。

15. 张荣芳等：《南越国史》，广州：广东人民出版社，1995 年。

16. 李权时主编：《岭南文化》，广州：广东人民出版社，1993 年。

17. 李根蟠等：《民族与物质文化史考略》，北京：民族出版社，1991 年。

18. 佛山市方志办编：《佛山史话》，广州：中山大学出版社，1990 年。

19. 李根蟠等：《中国南方少数民族原始农业形态》，北京：农业出版社，1987 年。

20. 余清梅：《台湾少数民族——邵》，北京：台海出版社，2008 年。

21. 高泽强等：《海南黎族研究》，海口：海南出版社、南方出版社，2008 年。

22. 曹保明：《最后的渔猎部落》，上海：上海文化出版社，2004 年。

23. 姜彬主编：《东海岛屿文化与民俗》，上海：上海文艺出版社，2005 年。

24. 黄启臣主编：《广东海上丝绸之路史》，广州：广东经济出版社，2003 年。

25. 广东省人民政府外事办公室等编：《广州与海上丝绸之路》，广州：广东省社会科学院，1991 年。

26. 广州市国家历史文化名城发展中心等编：《论广州与海上丝绸之路》，广州：中山大学出版社，1993 年。

27. 李建生等主编：《南海“海上丝绸之路”始发港——雷州城》，北京：海洋出版社，1995 年。

28. 李长傅等：《南洋史地与华侨华人研究》，广州：暨南大学出版社，2001 年。

29. 广东省文史研究馆《岭南文史》编：《海上丝绸之路与中国南方

港学术讨论会论文集》，广州：岭南文史杂志社，2002 年。

30. 东莞市政协等主编：《明清时期珠江三角洲区域史研究》，广州：广东人民出版社，2011 年。

31. 李平日等：《珠江三角洲一万年来环境演变》，北京：海洋出版社，1991 年。

32. 张文奎：《人文地理学概论 · 聚落地理学》，长春：东北师范大学出版社，1987 年。

33. 郭声波主编：《南方开发与中外交通——2006 年中国历史地理国际学术研讨会论文集》，西安：西安地图出版社，2007 年。

34. 袁道先：《中国岩溶学》，北京：地质出版社，1994 年。

35. 任美锷等主编：《中国自然区域及开发整治》，北京：科学出版社，1992 年。

36. 陈正祥：《广东地志》，香港：天地图书有限公司，1978 年。

37. 司徒尚纪：《珠江传》，保定：河北大学出版社，2001 年。

38. 黄镇国等：《珠江三角洲形成、发育、演变》，广州：科学普及出版社广州分社，1982 年。

39. 黄玉昆等主编：《岭南地质与矿产》，广州：广东人民出版社，2003 年。

40. 戈峰主编：《现代生态学》，北京：科学出版社，2002 年。

41. 尚玉昌：《普通生态学》，北京：北京大学出版社，2002 年。

42. 金德祥等：《中国海洋底栖硅藻类》（下），北京：海洋出版社，1991 年。

43. 余勉余等：《广东省浅海滩涂增养殖渔业环境及资源》，北京：科学出版社，1990 年。

44. 余勉余：《广东省潮间带生物调查报告》，北京：科学出版社，1990 年。

45. 胡鸿均等：《中国淡水藻类——系统、分类及生态》，北京：科学出版社，2006 年。

46. 姚泊：《海洋环境概论》，北京：化学工业出版社，2007 年。

47. 竺可桢：《中国近五千年来气候变迁的初步研究》，《考古学报》1972 年第 1 期。

48. 周连宽等：《汉代我国与东南亚国家的海上交通和贸易关系》，《文史》（第9辑），北京：中华书局，1980年。

49. 何维鼎：《秦统一岭南投放了多少兵力?》，《华南师范大学学报》（社会科学版）1982年第4期。

50. 李从先、陈刚：《冰后期海进海退和沙坝—泻湖沉积体系》，《海洋学报》1984年第5期。

51. 费孝通：《中华民族的多元一体格局》，《北京大学学报》1989年第2期。

52. 王丽娟：《桂林甑皮岩洞穴遗址第四纪孢粉分析》，《人类学学报》1989年第2期。

53. 刘希为等：《六朝时期岭南地区的开发》，《中国史研究》1991年第1期。

54. 吕颂辉等：《南海大鹏湾浮游植物种群的季节演替》，《暨南大学学报》（自然科学与医学版）1995年第1期。

55. 赵善德：《从文化和地理角度考察古代广州的地位变化》，《暨南学报》1996年第1期。

56. 黄小平：《大鹏湾平洲岛附近海域生态环境特征及其演变过程》，《热带海洋学报》2004年第9期。

57. 吴宏岐：《广州城址二千年不变说商榷》，《学术月刊》2006年第5期。

后　记

考古专业毕业的人，有两个主要去处：一是到考古第一线即现在的考古所，二是到博物馆或高校。一线的同行很忙，这个工地还没完，那个工地已经等着。偶尔回单位，门卫“笑问客从何处来”。或能抽点时间来整理资料，也大多用“桥联法”来搞清“新增资料”的相对年代。桥联法就是用推论出来的结论当论据来继续推论，翻来覆去地桥联，真有点“层层累加”的嫌疑。不在一线的同行不很忙。他们只能捡起才刚刚公开出版的，却是十几年前或二十几年前，甚至是三十几年前的发掘资料，粗粗梳理，看有没有什么“漏”可捡，再扯上一些“历史问题”议论议论。我就是这种人。

像我这一类的人中又有两拨：一拨是自己说自己粗粗梳理，有点自谦；另一拨是少数人，他们不太理会考古学理论和方法，不分前后左右地罗列一番资料，就开始扯历史问题了。我这个人从来就随俗，不敢做少数人。

真的吗？我的学兄杨杰教授偶然浏览了我给研究生、本科生的授课稿以及其他一些文稿后，便让我发送过去。然后他设计了一个框架把它们有序地放进去，并用红色的文字标明他的增补、删除、修改的具体意见，一起传过来，逼我出版一部著作。“这是朦胧云、无根树，哪行呀！”我还不敢奢想。“我看是有岭有峰，高低错落，哪不行呀！”杨杰学兄有多年杂志主编的经历，这样逼我，就别无选择了。所以这本书是我单独署名的两人合作著作。我真挚地感谢你，杨杰学兄，没有你的关心和操作，这些杂乱无章的文字可能永远被关闭在文件夹里。我还要由衷地感谢我的妻子彭碧玲。儿子到外地读书，家里只剩下老两口，她又得了一点大病，本来我应该好好地陪伴她，照顾好她。但是她却反过来照料我，她自己的事、家里的杂事，全然一个人默默地做好了，只希望我活得健康。我至少要学她的一半，默默地做好自己的事情呀。这是我尽己所能增、删、改的潜在动力。

现在时兴出书，我也来随俗。但是你在不设考古专业的历史系里教书，拿人家n年前的资料来当史料，能扯淡出什么新鲜事，幸亏李岩教授和李海荣教授毫无保留地给我传来村头和咸头岭报告的电子版本。这种“尽可能使公众了解考古工作成果”的笨拙之举，难得“糊涂”。我真心感谢两位专家。还要感谢“南越文王墓”和“横岭山墓葬群”资料的整理者，他们的发掘报告并不拖延就公开了，让我受惠。也借此机会劝劝为数不多的一线同行，自己经手的发掘资料本来就是公众资源，早点整理出版吧。

这本书的部分资料出于我的几位研究生的辛勤劳动。黄小茜收集并初步梳理了有关自然环境的资料，并制作了咸头岭和村头两个遗址的食物网图表；娄欣利提供了经过深入研究的村头遗存的资料。我无论如何要好好感谢他们。

我在暨南大学服务三十余年，也被学校关照了三十余年。很多领导和同事的形象烙在我的记忆中。但特别要感谢的是文学院的院长王列耀教授、文学院党委邱向欢书记、暨南大学出版社总编辑史小军教授，他们把我当朋友，一直关心我的健康，关心我的工作。这本书的出版凝聚着他们无形的关爱。我以一名属下的名义向你们致敬。吴筱颖老师是拙著的责任编辑，她能干又敬业，没有她的无私努力，这本书出不来，出来也可能是怪怪的。我由衷地感谢你。

大凡出书的人都说时间很紧。我的时间不紧，但我很懒散，原计划的时间，前头不抓紧，最后只能强制限定，时间就变紧了。但最主要的是因为学识不够，好高骛远，致使书中错误颇多。恳请各位读者真心诚意赐教。我的永久邮箱是：tzsd@ jnu. edu. cn。常通邮件聊聊也不错。

赵善德谨识于暨南花园

2014 年 5 月